影響
中國歷史
的稅制變革
楊青平 著

序

這是一本通俗歷史讀物，是寫給歷史愛好者看的。朝代興亡是歷史的主線，歷史愛好者所讀的書，大都是說朝代興亡是「怎麼樣」的，而這本書卻是說朝代興亡是「為什麼」的。在中國歷史上，影響朝代興亡的因素很多，但是稅制變革對朝代興亡的影響最大。正如古人所云：「財賦者，邦國大本，而生人之喉命，天下治亂重輕繫焉」（《全唐文》卷四二一楊炎《言天下公賦奏》）。所以，了解稅制變革，可以增加歷史知識的廣度和深度。

稅收是國家存在的經濟體現，與國家相伴而生。在原始社會沒有稅收，當國家形成以後，統治者要對人民行使公共權力，而行使公共權力需要費用，這個費用便由人民繳納，人民繳納的這個費用便是稅收。最早的產業是農業，因而最早的稅收就是農業稅收。當工商產業發展起來以後，又有了工商稅。但直到清末民初，農業稅收仍是國家財政收入的主體。

從古至今，農業稅收經歷了三種形態。在夏、商、西周三代，實行井田制。井田制分為公田和私田。農民各自耕種私田，收穫歸己；農民集體耕種公田，收穫歸公。公田收穫歸公，稱為「公田之稅」。公田之稅是以勞役的形式納稅，這是農業稅收的第一種形態。春秋以後，井田制瓦解，公田也轉化為私田，國家按每戶耕種的地畝面積徵收農產品，史稱「履畝而稅」。這是實物稅，是農業稅收的第二種形態。唐朝中期以後，實物稅向貨幣稅轉化，但兩者並存的狀態一直保持到民國，這是農業稅收的第三種形態。

古代的稅制，包括稅、賦、役。稅是按地畝徵收錢糧，作為行政費用；賦是按人口徵收錢糧，作為軍事費用；役是指農民為國家服勞役和兵役。在夏、商、西周三代，農民的負擔主要是稅和役，只有發生戰爭，才徵賦。春秋以後，戰爭頻繁，軍費劇增，徵賦也像徵稅一樣成為制度，每年都徵。農民的稅、賦、役三項制度性負擔從春秋一直延續到民國。

在古代，賦稅制度和土地制度密切相關。秦朝確立了土地私有制度，允許土地買賣，這就必然導致土地兼併。秦朝短暫，未到土地兼併嚴重起來就滅亡了。西漢以後各個朝代，土地兼併都很嚴重。兼併土地的皇室貴族、官僚地主享有免賦稅徭役的特權。兼併土地的豪強地主和商人地主雖然未享有這種特權，但可以勾結地方官吏逃避賦稅徭役，而一個地方的賦稅徭役總量是必須完成的，那麼，普通農民的賦稅徭役就必然加重。這成為一個規律：土地不均必然伴隨著賦稅徭役不均。

古代的稅制經過五次大的變革。

夏、商、西周三代井田制下的公田之稅，稅率約為十分之一，所以史稱「什一稅」。春秋時期井田制瓦解後的「履畝而稅」，是第一次變革。稅率仍是田畝產量的十分之一，漢初劉邦減為十五稅一，文景時期又減為三十稅一，這都稱為田畝定率稅。稅雖然降低了，但賦並沒有減少，二者相加，要高於三代的「什一稅」。

三國時期曹操實行第二次稅制變革：將田畝定率稅改為田畝定額稅，稱之為租，租稅二字相通；將按人口徵收的賦錢改為按戶徵收絹、綿，稱之為調，調含「調撥」之意；租調之外，力役照徵。曹操的租調力役制，經兩晉、南北朝，到隋唐發展為租庸調制。所謂庸，就是多納絹可以代替服勞役。從此，力役可以轉化為賦稅。

唐朝德宗初年，宰相楊炎用兩稅法取代租庸調制，這是第三次稅制變革。兩稅法的「兩」是指夏秋兩次徵稅；兩稅法的「稅」，包括租庸調和其他雜稅的總額。兩稅法既然包括了庸，就意味著免役，但實際上力役照徵。

明朝萬曆初，內閣首輔張居正實行「一條鞭」法，這是第四次稅制變革。所謂「一條鞭」，是民間對「一條編」的俗稱，含義是：在一縣之內，把各種名目的賦稅合編為一條，折糧為銀，攤入地畝徵收；把各種名目的徭役合編為一條，折役為銀，一半攤入地畝徵收，一半按人丁徵收。

清朝雍正皇帝實行「攤丁入畝」，這是第五次稅制變革。所謂「攤丁入畝」，就是在一省之內，把「一條鞭」法留下的那部分由人丁承擔的丁銀也攤入地畝徵收，這是對「一條鞭」法的完善。從此，就徹底取消了人頭稅。但是力役並未禁絕，仍不時徵派。

在這五次大的稅制變革之間，還有不斷的小的變革，從小變革逐漸過渡到大變革。每一次大變革和小變革，都對歷史發展產生了深刻而具體地影響。這些影響將在本書的每一篇章詳細講述，此處只簡要概括為一句話：賦稅輕重決定朝代興亡。

明末清初思想家黃宗羲將四千年的稅制變革總結為一句話，叫「積累莫返之害」。黃宗羲認為：稅制變革一次，稅額就積累加重一次，而不會返回到之前的狀態；每一次稅制變革，都是合併賦稅之變革，而不是減輕賦稅之變革，合併之後，都會再加新稅。當代學者將「積累莫返之害」稱為「黃宗羲定律」。

我把複雜的稅制變革簡化為一個公式，以便讀者理解。這個公式就是「併稅——加稅——再併稅——再加稅」。

黃宗羲的理想是讓稅制返回到夏、商、西周三代的「什一稅」，可是歷史不會倒退，稅制也不會返回。他不會想到，三百多年後，中國農民徹底告別了農業稅收，這是國家工業化時期稅制變革的必然趨向。

工業化，是世界上絕大多數國家必然的發展道路。工業化不可能像農業那樣從土地上種植出來，它需要原始資本積累，而原始資本積累只能來自農業。在西方國家的工業化初期，它的原始資本積累一部分來自對本國農民的掠奪，如英國的「圈地運動」，更多地來自對殖民地的掠奪。中國的工業化起步較晚，原始資本積累主要來自農業稅收。中國大陸的農業稅收包括農業稅和低於市場價的糧食統購；臺灣的農業稅收包括田賦、隨田賦低價徵購稻穀和化肥換稻穀。當工業發達以後，工業提供的稅收成為財政收入的主體，農業稅收已經微不足道，這時，國家就要取消農業稅收，並實行以工補農。西方工業化國家通過對農業制定特別優惠稅率和對農產品實行價格補貼的方式，實現農業零稅率或接近零稅率。中國則直接免徵農業稅收。臺灣一九七三年取消隨田賦低價徵購稻穀制度和化肥換稻穀制度，一九七八年起田賦減半徵收，一九八八年停徵田賦。大陸一九八四年取消糧食統購制度，二〇〇四年開始減徵農業稅，二〇〇六年取消農業稅。

在中國延續四千年的農業稅收一去不復返了，但是以古為鏡，可以知興替，當今時代，政府徵稅，不可不察納稅人的承受能力。

我在撰寫此書期間，得到臺灣大地出版社社長吳錫清先生的具體指導，在此表示真誠感謝。

本人才疏學淺，書中可能存在不少錯誤，還望讀者批評指正。

楊青平

二〇〇七年十月一日

目錄

1 說文解字：稅、租、賦、貢／009
2 原始社會是無稅時代／010
3 稅收起源：公田之稅／013
4 赫赫宗周，豈是褒姒滅之／022
5 春秋：履畝而稅奠定爭霸實力／028
6 戰國：七國變法秦稱雄／050
7 暴秦酷役／062
8 文景之治／074
9 兼併之害／085
10 三國論稅／099
11 西晉的佔田制與奢侈風／111
12 東晉：政出豪門稅制多變／117
13 分合離亂十六國／128

目錄

14 淝水之戰／135

15 南朝：皇權加強稅制加重／141

16 北朝：均田制與朝代興衰／145

17 隋：重蹈秦朝覆轍／152

18 租庸調與大唐盛世／157

19 楊炎與兩稅法／165

20 五代十國雜稅氾濫／173

21 北宋的富強和貧弱／181

22 南宋與金的對峙／214

23 元朝興衰與稅制的關係／224

24 從朱元璋到李自成／252

25 滿清：從原始部落到封建帝國／270

26 土地革命改變中國／304

1 說文解字：稅、租、賦、貢

在講述稅制變革之前，先要把稅、租、賦、貢四個字解釋一下，以便閱讀。

稅，是禾字旁，最早的稅就是徵收糧食。

租，也是禾字旁，最早的租也是徵收糧食。

賦，由貝和武組成，原指徵收軍費。

東漢許慎《說文解字》說：「稅，租也。」又說：「租，田賦也。」曹魏時張揖《廣雅釋詁》說：「賦，稅也。」可見，在史籍中，稅、租、賦三字既有各自獨立的含義，又可以通用，而且可以互相組合，如租稅、賦稅、租賦等。到了近代，租才不再含有賦稅之意。

貢，即貢納、貢獻，有雙重含義。一是指農民繳納賦稅；二是指臣屬國向宗主國朝貢，朝貢是臣服的象徵，不能視為繳納賦稅。

2 原始社會是無稅時代

稅與國家相伴而生。國家產生政府，政府管理人民，管理人民需要費用，這個費用是由人民繳納的，人民繳納的這個費用，就是稅收。政府為什麼不可以自行解決管理人民的費用呢？因為政府不從事生產。那麼，政府就只能向人民徵收管理費用。

中國從夏代開始進入國家形態，至今約有四千年歷史，那麼稅收的歷史也為四千年。而在夏代以前，原始社會有一百七十萬年歷史，原始社會的後期進入了母系社會，至今也有五萬年歷史了。母系社會的組織形態是氏族組成部落，進入父系社會以後，部落又組成部落聯盟。在部落和部落聯盟時代，稅收是不存在的，故曰無稅時代。

傳說中的三皇五帝就是母系社會後期到父系社會後期的部落酋長或部落聯盟大酋長。中國最古的史書《尚書》記載的三皇是燧人氏、伏羲氏、神農氏，這三「氏」從古至今都被當作具體的人，而實際上他們是原始社會中某個時代的擬人化。燧人氏教民鑽木取火，代表發明火的時代；伏羲氏教民結網捕魚，代表漁獵時代；神農氏教民農作，代表農耕時代。神農氏亦稱炎帝。

司馬遷的《史記》不記載三皇，只記載五帝，依次分別是黃帝、顓頊、帝嚳、堯、舜。黃帝為五帝之首，號軒轅氏，又號有熊氏。黃帝可確信有其人，是個部落聯盟首領，被奉為中華民族的始祖之一，距今約四千六百年。而黃帝以前，還有三皇，所以習慣上籠統取一個整數，公認我們中華民族有五千年文明史。我們今天自稱為「炎黃子孫」，把炎帝排在黃帝之前，是因為炎帝（神農氏）比黃帝更早。

從神農氏起，我們的祖先就進入農耕時代。傳說古人「茹草飲水」，「採樹木之實」為食，常有「疾病傷毒之害」，於是有「神農氏教民播種五穀」；又傳說當時「人民眾多，禽獸不足」，於是有「神農氏因天之時，分地之利，製耒耜（注：農具），教民農作」。這些傳說反映了上古時代從採集業、漁獵業向農耕業發展的過程。考古證明，我們的祖先進入農耕時代至少在七千多年以前。

神農氏時代是母系氏族社會的後期。氏族以母系相傳，數代女性和她們的子女組成一個氏族。男性和氏族外的多個女性通婚，猶如現在個別少數民族的「走婚」；女性和氏族外的多個男性通婚，所生子女只知其母不知其父。所以，在氏族內沒有家庭，整個氏族就是一個「大家庭」。經濟上實行氏族公有制，沒有私有制，土地是公有的，大家共同勞動，收穫的產品是公有的，大家共同食用；政治上實行氏族民主制，沒有專制，氏族首領是全體氏族成員選舉產生的，可以是女性，也可以是男性。一個氏族繁衍到一定規模，就會像細胞分裂一樣分化兩個以上氏族。血緣相近的氏族組成一個部落。

黃帝以後，生產力發展，男性在生產中佔主導地位，母系氏族社會向父系氏族社會轉化，氏族以父系相傳，逐漸有了家庭，也逐漸有了私有制。由於母系氏族社會數萬年所養習慣的影響，氏族公有制仍佔主導地位，政治上仍實行氏族民主制，傳統的婚姻制度仍然殘存很長時間。這時的氏族部落，通過戰爭或和平的方式組成部落聯盟。部落和部落聯盟的首領，由各氏族首領參加的民主大會選舉產生。五帝就是各氏族部落選舉出來的首領。當時的民主制被後世描述為選賢任能的禪讓制，譽為「天下為公」。

氏族、部落、部落聯盟這些名詞最早見於美國十九世紀社會學家摩爾根的經典著作《古代社會》。原始社會的民主選舉制，也是摩爾根通過對當時仍處於原始社會階段的印地安人的研究後發現的。世界各民族都要經過原始社會階段，在這一階段，各民族的社會結構大抵相似。

從母系氏族社會到父系氏族社會，分配制度經歷三種形態：一，土地公有，共同耕作，收穫物共同食用；二，土地公有，共同耕作，收穫物留下一部分作為公用，即用於戰爭、祭祀、備荒，剩下的平均分配給每個家庭；三，氏族部落留下一份「共有地」，將剩下的公有土地平均分配給每個家庭，這叫做「份地」。「份地」的收穫歸家庭所有，「共有地」由全氏族共同耕種，收穫歸公，用於戰爭、祭祀、備荒。根據現代財稅理論，原始社會「共有地」的收穫屬於公積金、公益金性質，不屬於稅收。

部落聯盟的民主選舉制，到夏部落首領禹接任部落聯盟首領後被終結。禹憑著治水的威望，把部落聯盟首領的位置傳給他的兒子啟，開世襲制先河。

世襲制取代禪讓制，必然遭到一些氏族部落的反對。據《史記》記載，啟繼位後，「有扈氏不服，啟伐之，大戰於甘」，有扈氏部落戰敗，淪為奴隸，大概包括首領在內的全部落成員都淪為夏部落的奴隸。

按照普遍的歷史規律來看，世襲君主為了穩固自己的地位，就設置機構和官職來加強統治，這些機構和官職就是國家的政府。政府要行使權力，管理人民，於是便產生了稅收。

3 稅收起源：公田之稅

夏、商、西周被史家簡稱為「三代」。

三代的土地制度被史家稱為井田制。「井」字的兩橫兩豎表示田間的阡陌，阡陌就是小路，縱橫交叉的小路把土地分割成一個個方塊。最早描述井田制的典籍是《孟子》。孟子對井田制的描述是：「方里而井，井九百畝，其中為公田。八家皆私百畝，同養公田；公事畢，然後敢治私事。」翻譯成白話文就是：「一平方里為一井，一井為九百畝，等分成九塊，中間的一塊為公田，周邊的八塊為私田，八家共同耕種公田，耕種罷公田，然後才能耕種各自的私田。」孟子描述的是理想化的井田制，實際上井田制不可能這樣規整。井田制的實質是有公田私田之分，公田不一定處在私田之中，也可以處在私田之外。還有一種形式：更多的私田集中在一個地方，更大的連片公田集中在另一個地方。

井田制的私田源自氏族社會的「份地」，收穫仍歸個人所有，但私田並不是土地私有，只是區別於公田的一種說法，它歸屬於代表國家的統治者所有，個人只有使用權。井田制的公田源自氏族社會的「共有地」，但兩者的所有制不同。「共有地」及其收穫歸全氏族所有，公田及其收穫歸代表國家的統治者所有，這被稱為「公田之稅」。「公田之稅」是以勞役形式納稅。總之，公田和私田都歸屬於代表國家的統治者所有，所有的人都要通過在公田勞動的形式為代表國家的統治者納稅。此所謂「普天之下，莫非王土；率土之濱，莫非王臣。」

孟子對公田之稅的描述是：「夏后氏五十而貢，殷人七十而助，周人百畝而徹，其實皆什一也。」翻譯成白話文就是：「夏代每戶耕五十畝，商代每戶耕七十畝，周代每戶耕一百畝，分別實行叫做貢、助、徹的稅法，稅率皆為十分之一。」貢即貢納。助就是借助民力耕種公田。徹的含義是劃分，《詩經》中「徹田為糧」、「徹我疆土」等句可為證，就是劃出連片的公田以取稅。孟子這段話的關鍵是「稅率皆為十分之一」這個結論（準確地說是九分之一，因為私田公田之比為八：一，孟子這裏取了個約數）。「十分之一」這個比例被歷朝歷代視為先王之道，稅率超過十分之一即為重，稅率低於十分之一則為輕。所謂「先王」，就是儒家所崇奉的夏禹、商湯、周文王、周武王、周公旦。

這裏還有一個問題：為什麼夏代每戶耕五十畝，商代每戶耕七十畝，周代每戶耕一百畝呢？這是因為隨著生產工具的進步，一個勞動力所能耕種的土地面積自然逐步增加。可是，一個勞動力即使使用現在的八寸步犁也難以耕種幾十畝上百畝土地呀，除非用拖拉機。原來，周代以前的畝小，只相當於現在的三分之一畝，並且一年只種一季，當時還不懂得施肥，耕作相當粗放。到了戰國時期，古人才懂得施肥。這樣算來，當時耕種一百畝，只相當於現在的三十畝，現在一年種兩季，當時一年種一季，再折算一下，只相當於現在的十五畝。當時地廣人稀，一戶農民可以耕種無限量的土地，但限於工具和人力，一戶農民只能耕種這麼多土地。

夏代已形成「五穀」的概念：一是粟，就是穀子，在古代，粟一般指子粒，整棵的穀子則叫稷，祭祀時要用整棵的穀子，祭祀的地方叫社，所以就用「社稷」一詞代指國家，粟因此為五穀之首；二是黍，就是黍子，子粒比穀子大，也叫大黃米，產量比穀子低，現在已很少種植；三是秫，就是高粱；四是菽，就是豆類；五是稻，就是水稻，當時僅限於在淮河以南種植。這五種糧食作物皆起源於中國。另外還有麻，古人以麻的子粒為食，以其纖維製衣。現代廣為種植的小麥，起源於伊拉克，是商代以後通過游牧民族傳入中國北方的。

三代的公田之稅是以勞役的形式來實現的，就是讓農民在公田為國家的統治者勞動，但是農民的勞役並非僅限於此，還要為統治者服其他勞役。夏商兩代的末代國王，主要因為加重農民在公田之外的勞役而亡國。

夏代歷經四百多年，最後一個國王叫履癸，但是從古到今都稱他夏桀。這是為什麼呢？《史記集解》說「賊人多殺曰桀」。原來，「桀」的含義是嗜殺成性的賊人，這是人民送給他的惡謚。帝王的謚號一般都是褒義的，而「桀」這個謚號卻是貶義，是人民對他的詛咒。《竹書紀年》說他「作傾宮，飾瑤臺，作瓊室，立玉門」。《史記》說他「不務德而武傷百姓，百姓弗堪」。這兩段話的意思是，夏桀大造宮室，失德於民，役使百姓，百姓不堪承受。據《尚書》記載，夏桀面對百姓的反抗卻說：「天之有日，猶吾之有民，日有亡哉，日亡吾亦亡矣。」這句話的意思是，他就像天上的太陽一樣不會滅亡。《史記》記載：「有眾率怠不和，曰『是日何時喪？予與女皆亡』。」翻譯成白話文就是「民眾以怠工的方式進行反抗，憤怒地高喊：『這個太陽何時隕落，我甘願和你同歸於盡！』」

夏代不是一統天下，它是天下共主，其他邦國都臣服於它。夏桀的暴政不僅引起夏民的反抗，也引起各諸侯國的叛離。這時，崛起於東方的商乃興師率諸侯討伐夏桀，大戰於鳴條之野。鳴條在今河南封丘縣。夏桀大敗，被商的首領成湯流放到南巢，最終死在那裏。南巢在今安徽壽縣。商滅夏後，商的首領成湯會盟天下諸侯，即天子位。

商代的農業、畜牧業、手工業已使用奴隸，不過量不太大。商代經常殺死戰俘用於殉葬、祭祀，可見當時還不習慣把戰俘當作奴隸使用。在商代，奴隸遠沒有平民多，國家的收入仍以平民的公田之稅為主，奴隸創造的財富有限。

商的祖先名字叫契，史書上說契是舜時掌教化之臣，被封於商，即今河南商丘，遂以地名為國號。傳說契的母親吞玄鳥之卵而生契，這是母系氏族社會知其母不知其父婚姻制度在民間傳說中的表現。舜的時代雖然已經進入父系氏族社會，但數萬年的母系氏族社會的婚姻習慣仍然頑固地存在。夏建立時，商還很弱小，方圓僅七十里，臣服於夏。商在發展壯大過程中「十一征而無敵於天下」，在諸侯中有相當的號召力。商在滅夏之前遷都八次，滅夏後遷都五次，最後定都於殷，即今河南安陽。所以商亦稱殷、殷商。商湯滅夏得到伊尹輔佐，二人是後世儒家所歌頌的聖人。商湯之後，商代幾盛幾衰，興盛時期的商王都能施行德政，愛民納諫。其中第二十三代商王武丁少年時期和平民一起參加勞動，深知民間疾苦，即位後勤於政事，開創商朝的鼎盛時期。

商代歷經五百多年，最後一個國王紂在歷史上是和夏桀並列的暴君。紂的名字本不叫紂，叫帝辛，《史記》說「天下謂之紂」，為什麼天下人稱他為「紂」呢？《史記集解》說「殘義損善曰紂」，原來「紂」是殘暴的意思。這也是人民送給他的惡謚，是對他的詛咒。紂把殷都從安陽向南擴展到朝歌（今河南淇縣），向北擴展到沙丘（今河北平鄉），在這廣大區域內廣建離宮苑囿。這要花費巨大的財力，役使巨大的民力。《史記》說他在這裏「以酒為池，懸肉為林，使男女倮（裸）相逐其間，為長夜之飲」。這是說他生活奢侈淫亂。《史記》又說他「厚賦稅以實鹿臺之錢，而盈鉅橋之粟」。這是說他橫徵暴斂。鹿臺、鉅橋是商代的錢糧倉庫。《史記》還記載：「百姓怨生而諸侯有畔（叛）者，於是紂乃重刑辟，有炮烙之法。」這是說他對反抗的百姓和諸侯殘暴地施以酷刑。所謂「炮烙」，就是讓人抱著燒紅的銅柱向上爬，然後掉進炭火中燒死。

紂王據說是一個有文武之才的人，善用兵，能打仗，百戰百克。可他因才能而拒諫，因善辯而飾非，遠君子，近小人，對寵愛的妃子妲己更是言聽計從。他的叔叔比干對他的暴行諍言苦諫，竟被他剖心摘肝。如此殘暴無道，更激起大臣和人民的叛離。

這時，崛起於西方的周乃興師率諸侯討伐商紂王。周武王在姜尚（後世習稱姜太公）的輔佐下，率兵車三百乘，勇士三千，諸侯聯軍四萬五千人，陳師牧野。牧野在今河南衛輝市。當時紂王的主力部隊在東方征伐夷人，紂王臨時徵發平民和奴隸編成軍隊，共十七萬人（《史記》說「發兵七十萬」，似不可信，商代沒有這麼大的軍隊規模，當今史家疑為十七萬之誤），但這些平民和奴隸戰場倒戈，矛頭指向紂王，這可見民心之向背。紂王逃回他的行宮朝歌，自焚而亡。

周人的祖先叫棄，在舜時擔任農官。傳說棄的母親在野外見巨人腳印，欣然踩之而受孕，以為不祥，生子棄於陋巷，牛馬避而不踏，又棄於結冰的水渠裏，有飛鳥以羽翼裹覆，棄的母親以為神奇，遂抱回家中。因初欲棄之，故名曰棄。這又是母系氏族社會婚姻習慣的展現。棄的官職曰稷，後人尊稱棄為「后稷」，「后」表示他同時也是一個氏族部落首領，其部落在今陝西武功一帶。該部落世代盡力農墾，人口漸增，到公劉為首領時，已有較大影響，《詩經》有其篇。公劉之後九世，又產生一個傑出首領叫古公亶父。為避狄人侵逼，古公亶父率族人遷至岐山之南的周原。此地土地肥沃，適宜發展農業，部落迅速壯大，便以地名「周」為國號。古公亶父傳子季歷，季歷傳子昌。這二代首領都很能幹，以德望服人，部落內庶民擁戴，部落外賢人來歸，周邊部落紛紛依附，成為西方強國。於是，商王封昌為西伯，意為「西方的首領」。西伯昌繼續收羅人才。有一次，他在渭水邊遇見一位老者用直鉤垂釣，談起話來，發現老者對政治軍事有非常的見解，就拜為軍師。這就是「姜太公釣魚，願者上鉤」的傳說。

西伯昌就是周武王的父親，後來被武王追封為文王。據《史記》記載，西伯昌在商朝位列三公，因不滿紂王殘害大臣，被囚於羑（ㄧㄡˇ）里城。司馬遷在《史記．報任安書》中說，「文王拘而演周易」，說的就是這段史實。據說西伯昌在獄中把伏羲八卦推演為六十四卦。後來，西伯昌的臣下給紂王獻美女、名馬和奇珍異寶，西伯昌才被釋放。西伯昌決心滅商，但時機不成熟，到他的兒子周武王繼位後終於完成伐紂滅商大業。

周滅商後，據說天下邦國尚有一千多個，商朝的遺民也比周人多得多，吸取夏、商亡於諸侯的教訓，武王把自己的兄弟、族人、功臣和同盟者分封為華夏各地的諸侯，作為拱衛王室的屏藩。諸侯須向王室貢納賦稅。封了多少個諸侯呢？不同的史籍，記載不同。《左傳》說五十六個，《荀子》說七十一個，還有的古書說四百餘個。周初分封，實際上是武裝殖民，各諸侯帶領自己的族人到封地築城建國，實行永久軍事佔領。周人住在城內和近郊，稱為「國人」，遠郊的當地人被稱為「野人」，在野之人的意思，不含貶義。野人也稱庶民，就是非嫡系的意思。各個諸侯在其封地裏又給輔佐他的卿大夫分封土地，分封的土地叫作采邑，采邑上的居民也歸卿大夫統領。周王直轄鎬京（在今西安市長安區）周圍千里之地，是為王畿。周王室的卿大夫在王畿之內也有采邑，他們亦稱畿內諸侯。天子和諸侯的軍隊由國人組成，但並非常備軍隊，而是兵農合一，平時為農，納十分之一的公田之稅，戰時舉國皆兵，幾乎每個壯年男子都要為國家出征。國人應徵為兵，須自備軍糧上交，上交的軍糧叫作軍賦。兵器車馬則由國家配備。野人沒有當兵資格，但承擔的勞役則比國人重。西周王室實力強大，所以「禮樂征伐自天子出」。春秋以後，王室衰落，「禮樂征伐自諸侯出」。

西周把王稱為「天子」，即上天之子，同時認為民也是上天所生，民心代表天心。武王伐紂作《泰誓》說：「天視自我民視，天聽自我民聽。」天子代天保民，所以要親民、愛民。這就是文王、武王和周公旦奉行的「敬天保民」思想。周代開國之初，武王去世，即位的成王年幼，武王的弟弟周公旦攝政七年後歸政成王。成王之後是康王，這兩代在「敬天保民」思想指導下，開創西周盛世。《史記》評價成康之際「天下安寧，刑措四十餘年不用」。

井田制和公田之稅對歷史的影響　古代的稅制是建立在土地制度之上的，所以，井田制和公田之稅共同對歷史產生影響。公田和公田之稅源於原始部落的「共有地」和公積金、公益金。因為「共有地」和公積金、公益金是人民共同認可的，所以，公田和公田之稅也是人民共同認可的。人民共同認可的制度，就是合理的制度，自然會受到聖賢的充分肯定。井田制的實質是均田地，讓人人都享有平等的土地使用權，孟子從他的「仁政」思想出發，對井田制大加稱讚；公田之稅的實質是「十稅一」，是個人利益和國家利益之間的平衡點，孔子、孟子等儒家先賢視之為堯舜之道，天下中正。

據《國語．魯語下》記載：春秋時魯國公卿季康子執政，打算按田畝徵田賦，讓他的屬官冉有訪問孔子。孔子在公開會見的場合未作回答。冉有原是孔子的學生，在私下場合，孔子不客氣地說：「冉有，難道你不知道嗎？先王實行井田之制，借民力耕種公田，而按土地的遠近加以調整；對非農者徵賦，按其收入多少加以調整；徵派徭役，則照顧老幼。有軍旅出動才徵軍賦，無則免徵。有戰爭這一年，每一井田（注：八戶人家），出四十把禾（注：手握為把。禾指整棵的莊稼，用於戰前祭祀），八石飼草，四斛米，不超過這個標準。先王以為足。若季康子依法徵賦，就按周公的這個制度執行；若不依法徵賦，又何必來問我呢！」

孔子堅定維護周公時期的賦稅制度，但春秋時期禮崩樂壞，各個諸侯國都在加重賦稅。據《論語》記載，冉有最終沒有聽從孔子的勸告，不遺餘力地幫助季康子聚斂賦稅。孔子氣憤地對他的學生們說：冉有不是我的學生，你們可以鳴鼓而攻之。

戰國時期魏國宰相白圭欲「二十稅一」，卻遭到孟子的反對。據《孟子》記載：白圭問孟子，我想二十稅一，可乎？孟子回答說，你這是北方戎狄部落制度。孟子接著問白圭：萬戶之國，一人製作陶器，則可乎？白圭回答說：不可，陶器不夠用。孟子說：戎狄部落，因氣候原因，五穀不生，只能生長黍子，那裏不建城郭、宮廷、宗廟，沒有祭祀之禮，沒有諸侯之間互贈幣帛、互相宴飲之交往，沒有署衙和官吏，故二十稅一而足也。在中原國家，不要君臣百官，那怎麼可能呢？陶器不足，尚不可為國，何況無君臣百官呢？欲輕於堯舜之稅制，如大小戎狄部落也！欲重於堯舜之稅制，則如大大小小夏桀那樣的君主也！白圭最終沒有實行「二十稅一」。

井田制在春秋以後逐漸瓦解，但是井田制所具有的均田思想從古代一直影響到近代。西漢末，王莽篡漢，實行復古改制，試圖恢復井田制，因阻力太大，未能實現。西晉的佔田制，北魏、隋、唐的均田制，都體現了井田制的均田思想。民國時期孫中山先生提出的「平均地權」的口號，推動大陸和臺灣先後實行土地改革，實現了「耕者有其田」。

「十稅一」在春秋戰國時期成為儒家賦稅思想，影響中國歷史兩千多年。重於「十稅一」，必遭儒家反對；輕於「十稅一」，必被儒家讚揚。明末清初思想家黃宗羲提出，只有返回到三代的「十稅一」，才能扭轉稅制變革一次比一次加重的趨勢。

夏、商之亡，不是亡於「十稅一」，而是亡於「十稅一」之外的勞役加重。夏桀、殷紂儘管暴虐，卻不能改變井田制度，也就不能改變「十稅一」稅制。雖然加重勞役成為夏、商亡國之鑒，但後世仍有秦、隋等重蹈覆轍者。

4 赫赫宗周，豈是褒姒滅之

《詩經．小雅．正月》篇曰：「赫赫宗周，褒姒滅之」。這句詩成為褒姒滅宗周的經典結論。褒姒是西周末代國王周幽王寵愛的妃子。宗周就是鎬京，鎬京因西周宗室所在亦稱宗周。所謂褒姒滅宗周，指的是「烽火戲諸侯」的故事。據《史記》記載，周幽王即位第三年，關中的一個小諸侯褒國得罪幽王，進獻美女以贖罪。褒國人姓姒，史稱此女為褒姒。褒姒有如花如月之容，傾國傾城之貌，深得幽王寵愛。可是褒姒不愛笑，幽王用盡各種辦法，褒姒仍不笑。有佞臣獻計，說鎬京附近的山上置有烽火大鼓，用以傳遞犬戎入侵的消息，已多時不用，若點燃烽火，招來諸侯援兵，或可博得褒姒一笑。幽王依計而行，果然諸侯帶領軍隊紛紛趕來。褒姒見無敵情而援兵至，果然大笑。諸侯見幽王和褒姒在山上飲酒作樂，並無犬戎來犯，皆憤然而回。如此反覆，諸侯見烽火便不再發兵。後來，幽王廢王后及太子，立褒姒為王后，立褒姒所生之子為太子。被廢的王后是申侯之女，申侯的封地在今河南南陽。被廢的太子為避禍，投奔申侯。申侯聯合犬戎攻鎬京，幽王點燃烽火而諸侯兵不至。鎬京城破，幽王帶著褒姒向東逃往驪山，犬戎兵追上，殺幽王於驪山下，擄獲褒姒，盡掠鎬京財物而去。

這個如小說一般的故事生動有趣，但疑點多多。其一，「烽火傳警」制度是在秦漢修築長城後才有的，從西周到春秋未有軍事上使用烽火的記載，也未有考古發現；其二，司馬遷生活在漢武帝時期，寫《史記》時材料短缺，可能會採用一些民間傳說，「烽火戲諸侯」可能是當時的市井之談；其三，漢代「烽火傳警」系統工程浩大，從邊疆到內地每十里就要建一座烽火臺，不然就看不見烽火，這在國力衰弱的西周末期是建不起來的；其四，假設當時有「烽火傳警」系統，按當時的交通條件，關中諸侯趕到需要幾天，關外諸侯趕到起碼要十天半月，不可能在幽王和褒姒飲宴間即刻而至；其五，申侯封地距鎬京一千多里，犬戎距鎬京至少也有幾百里，如果有「烽火傳警」系統，申侯和犬戎發兵，幽王早就知道，可以動員鎬京周圍百姓做好戰爭準備，或及早撤退。

雖然「烽火戲諸侯」的故事值得懷疑，但是犬戎殺幽王擄褒姒掠鎬京卻是史實。史家和百姓都認為紅顏禍水必致亡國，所以，西周有幽王寵褒姒亡國之說，商代有紂王寵妲己亡國之說，夏代有夏桀寵妹喜亡國之說。夏、商亡於加重勞役，西周滅亡的根本原因，則要從西周的衰落過程中去尋找。

西周成康盛世之後，在昭王時就開始衰落。《史記》記載：「昭王之時，王道微缺。昭王南巡狩不返，卒於江上。」據《竹書紀年》記載，昭王南巡狩，是討伐楚國。

在商代，楚和周，都臣服於商。武王伐紂之後，周為天下共主，通過封賞，也將楚納為臣下。楚每年進獻過濾酒液用的一種叫苞茅的植物，以表示臣服，但卻向北兼併周封立的一些小國，那麼，周就失去了這些小國的貢賦。昭王因此討伐楚國。《竹書紀年》記載昭王三次伐楚，第一次無功而返，第二次損失慘重，第三次幾乎全軍覆沒，昭王也因船沉卒於漢江。昭王兩次慘敗，國力、民力大不如前，重建軍隊，又需耗費巨大財力，王道怎不衰微呢？為了維護王室的權威，昭王之死，沒有告訴諸侯。《史記》記載為「其卒不赴告。諱之也。」

西周和北方、西北方戎狄民族也常發生大大小小的戰爭。戎狄民族尚處在原始社會末期，部落眾多，互不統屬，經濟落後，搶掠成性，他們侵擾中原不為征服，只為獲得財富。而西周討伐戎狄，則意在征服，納為臣民，收取貢賦。

據《史記》記載，昭王死，穆王立，待政局安定，穆王欲征犬戎，有大臣勸他說，先祖以德服人，不炫耀武力，按先祖之制，犬戎之酋終生朝拜一次，就算臣服，如今做到了，而您要犬戎春夏秋冬四時獻貢，不合先祖之制，興兵遠征，也未必能制服犬戎。穆王一意孤行，乃征犬戎，「得四白狼四白鹿以歸」。從此，犬戎不來朝拜。《竹書紀年》對此事的記載是：穆王西征，俘獲犬戎五王，並將其部族遷至今陝西省、山西省北部。綜合兩種記載，可以認為，《史記》所說的「白狼」、「白鹿」，大概是犬戎部落的名號或圖騰。穆王西征犬戎的簡略記載，到春秋戰國時被演繹成一部小說，書名叫《穆天子傳》，說穆王乘八駿大車，帶著大隊隨從，到達西王母之邦，流連忘返，與美麗的西王母瑤池相會，互贈禮品，依依惜別。此書所說的西王母之邦，可能是指古代康藏地區的母系氏族部落。

《史記》對穆王之後共王、懿王、孝王、夷王的記載更為簡略，但從「懿王之時，王室遂衰，詩人作刺」一句可知人民對統治者有著不滿情緒。「詩人作刺」指的是《詩經·小雅·采薇》篇，這首諷刺時政的歌謠反映出戰爭給人民帶來的兵役負擔之繁重。

到厲王當政時，周王室與人民的矛盾已十分尖銳。《史記》記載：「厲王即位三十年，好利，近榮夷公。」有大臣諫厲王曰：榮夷公好專利，而不知大難將至；匹夫專利，猶謂之盜，王若專利，國人就不歸順您；若用榮夷公，周必敗也。厲王不聽，榮夷公繼續被重用。

厲王和榮夷公專什麼利呢？原來，厲王把山川林澤收歸王室所有，人民取用，必須納稅。而在此前，山川林澤之利，歸人民共用，不管貴族還是平民，誰都可以進入山川林澤砍柴、伐木，打獵、捕魚。厲王還向手工業和商業徵稅。而在此前，手工業和商業也是不徵稅的。厲王和榮夷公可以說是新稅種的創立者，中國從此有了山澤稅和工商稅，山澤稅稅率為「二十稅一」，工商稅稅率為「五十稅一」。

厲王為什麼「好專利」呢？史籍未載。不過，西周青銅器銘文記載厲王時期多次南征江淮夷族，有勝有敗，戰果不鞏固。這和「專利」聯繫起來可以產生這樣一種解釋：「專利」是為了籌集軍費。

「好專利」的厲王引起人民的不滿和反對。為了壓制輿論，厲王派了許多暗探四出監視人民，「有謗者，必察之」。然後，由巫師假託神靈說發現某人某時某地誹謗厲王，於是，「則殺之」。這導致「國人莫敢言」，路上相遇，以目示意。王室大臣召公諫曰：「防民之口，甚於防川。」厲王卻說：「吾能彌謗矣。」三年後，國人不堪迫害，舉行暴動，圍攻王宮，厲王出奔今山西霍縣，再也沒敢回來，幾年後死在那裏。

暴動的國人皆為周族，比野人地位高。國人中少數富者為貴族，多數為平民。西周的基層組織一直保留著氏族部落民主制度，國有大事，需徵求全體國人的意見，平時也允許國人議政。這是西周初期「敬天保民」思想的社會根源。而周厲王在政治上、經濟上都剝奪了國人的權利，於是就發生了中國歷史上第一次民主反抗專制的暴動。

厲王逃走後，太子靜藏在召公家裏，暴動者把召公家包圍起來，召公把自己的兒子假冒太子送出去，被暴動者殺死。暴動者恨厲王，但並不想推翻周王室，再說，自發暴動，群龍無首，也不可能建立一個新王朝。風暴過去以後，太子仍不敢露面，周王室由召公和另一個大臣周公共理朝政，史稱「共和行政」，持續十四年。這是中國歷史上第一次也是唯一一次「貴族共和」，這和古希臘、古羅馬的貴族民主制相似。

太子靜長大即位，是為宣王。宣王時期與戎狄蠻夷的戰爭更加頻繁，與南方蠻夷的戰爭取得了勝利，與北方戎狄的戰爭卻屢遭失敗。

據《史記》記載，宣王時期發生兩件大事。

第一件事是宣王「不籍千畝」。籍是借的意思，即借民之力耕種公田。「千畝」不是一千畝，而是地名，這裏有周王室連片的公田。按傳統，每年春季周天子都要在此舉行「籍禮」，這是表示天子親耕的儀式。宣王即位後卻廢除了這一儀式，史稱「不籍千畝」。為什麼要廢除這一儀式呢？因為「公田不治」，即農民不好好耕種公田，公田的莊稼長得不好，這使王室的收入大大減少。既然起不到鼓勵農民精心耕種公田的作用，乾脆就把這一儀式廢除了。

第二件事是宣王「料民於太原」。料就是數，料民就是調查戶口。太原泛指今山西、陝西北部。料民是為了徵兵、徵稅有依據。此前，西周的軍隊在千畝這個地方和戎狄爆發大戰，周軍大敗，急需補充兵員和軍費，所以才料民。

宣王死，幽王立，西周的國力已經嚴重衰退。這個時期，又發生地震、乾旱等嚴重自然災害，人民流離失所，饑寒交迫，但幽王任用「好利」的虢石父為卿，這與厲王任用「好專利」的榮夷公如出一轍，都是要進一步加重賦稅。

敘述完西周的衰落過程，也就找到了西周亡國的根本原因，那就是：國力、民力被連年戰爭所消耗；國力、民力又因「公田不治」而得不到恢復；加重賦稅又遭到國人的反對；天災又使國力、民力雪上加霜。結果，對外不敵犬戎，對內不能控制諸侯，無論發不發生「烽火戲諸侯」的故事，諸侯都敢於按兵不動。

幽王死後，申侯聯合其他諸侯擁立申后生的太子為王，是為平王。鎬京已被犬戎掠奪一空，破壞得殘敗不堪，關中的土地也多被犬戎盤踞，於是平王東遷洛邑（今洛陽），是為東周。西周歷二百五十七年而亡，可概約記憶為二百五十年。民間常說周朝八百年，還包括春秋三百年、戰國二百五十年，春秋戰國也稱東周。

山澤稅、工商稅和「公田不治」對歷史的影響　厲王開徵山澤稅和工商稅，激化了國人與王室的矛盾，但這兩個新稅種仍被永久保留下來。因利益所繫，新的稅種一旦開徵，就不會被取消。在西周，山澤稅和工商稅在國家財政收入中所佔比重不大，並不能改善國家的財政狀況。對財政影響最大的是宣王時期「公田不治」，這意味著公田之稅減少，而山澤稅和工商稅遠遠不能彌補公田之稅的損失，王室實力因此下降，以致對外不敵犬戎，對內不能控制諸侯。「公田不治」是井田制瓦解的徵兆。公田之稅每況愈下，國家必然要廢除公田，擴大私田，然後對私田徵稅。這一變革在春秋時期逐漸完成。

5 春秋：履畝而稅奠定爭霸實力

西元前七七〇年，平王東遷洛陽，直轄地域只相當於現在十幾個縣的面積，賦稅收入更不如前，實力不及一個諸侯。各諸侯國仍尊東周天子為王，但東周王室已不能干涉各諸侯國的事務。

歷史進入春秋時期。「春秋」一詞源自孔子編定的魯國史書《春秋》。春秋截至時間有三種劃分：一，截至西元前四〇三年，這一年韓、趙、魏三家分晉；二，截至西元前四五三年，這一年韓、趙、魏三家滅知氏；三，截至西元前四七六年，因為《史記》的六國年表是從西元前四七五年開始的。如今中國大陸史學界採用第三種劃分。照此劃分，春秋歷史為二百九十五年，可概約記憶為三百年。

春秋初期，有大小諸侯國一百四十八個，很多小國僅相當於現在一個縣甚至一個鄉的面積。東周王室無力控制諸侯，於是天下大亂。大國兼併小國和中等國，中等國也兼併小國，大國之間又爭相稱霸。

春秋無義戰。諸侯間弱肉強食靠的是實力，各國的實力基本上是公田收入，也就是公田之稅。但是，西周末年「公田不治」的現象，到春秋時期已蔓延到各諸侯國。《呂氏春秋》說農民在公田幹活「有所匿力也」，在私田幹活則「無所匿力也」。公田的莊稼長得不好，諸侯和卿大夫們的收入減少；私田的莊稼長得好，農民的收入增加。在春秋時期，鐵製農具和牛耕已開始推廣使用，農民不僅可以把已有的私田種得更好，而且還可以使用效率更高的生產工具開墾荒地，擴大私田。諸侯和卿大夫們面對不可遏制的「公衰私肥」的歷史趨勢，相繼對井田制和公田之稅進行了改革，以增加國家的收入，滿足戰爭的需要。這種改革就是廢除公田，或分給農民，或賜給卿大夫，這樣就免除了農民在公田上的勞役，然後按農民耕種的私田面積徵稅，史稱「履畝而稅」，稅率為百分之十。

戰爭不光需要改變稅制，還需要改變兵制。在西周，只有「國人」才有當兵的權利。在春秋，戰爭連年不斷，在《春秋》所記二百四十二年歷史中，共發生大小戰爭四百八十三次，平均每年兩次。各國為了增加兵員，就打破「國人」、「野人」的界限，把「野人」也編入軍隊。

隨著戰爭的繼續和擴大，各國除了履畝而稅，又按畝或者按戶徵收軍賦。西周時有戰爭才徵軍賦，而且只徵軍糧。春秋時徵收軍賦逐漸形成制度，每年都徵，包括軍糧和車馬兵器。田稅和軍賦加在一起，佔土地收入的百分之二十以上。

在春秋爭霸時期，戰爭推動了賦稅制度的改革，而賦稅制度又反過來影響戰爭的勝負，這可通過爭霸過程來說明。我們通常說春秋有五霸，就是齊桓公、宋襄公、晉文公、秦穆公、楚莊王，其實在五霸之前還有鄭莊公，在五霸之後還有吳王夫差、越王勾踐，共八個霸主。下面一一介紹。

鄭莊公初霸

鄭國的第一代封君鄭桓公是宣王的弟弟，被宣王封於鄭（今陝西省華縣）。西周末年，王室衰落，關中危機四伏，鄭桓公遷國於中原腹地（今鄭州市所屬的新鄭市），國名不變。今鄭州之名源自鄭國之名。鄭國土地面積不大，農業稅收入有限，但鄭國是中原的中心，交通方便，有利於經商，鄭國商人的足跡遍布東西南北各諸侯國。遷國之初，鄭桓公對商人們說：「爾無我叛，我無強賈，爾有利市寶賄，我無與知。」這句話的意思是，你們不要背叛我，永遠在鄭國依法經營，照章納稅，國家永不強買強徵，你們大發利市廣進財寶，也不必告訴我。這句話被史家視為鄭國與商人之間的盟約。這個盟約，雙方一直遵守到戰國時期鄭國亡於韓國。可見鄭人代代以誠信相傳。鄭國的商稅稅率史無記載，大概不會高於西周後期的五十稅一。這樣，鄭國的商業就一步步興旺起來，商人繳納的稅收成為鄭國的主要收入，鄭國因此而強大。當時，秦國、晉國、齊國、楚國還都沒有強大起來。

平王東遷，得到鄭國第二代國君鄭武公的保護，鄭武公因而擔任東周王室的卿士。第三代國君鄭莊公繼承了他父親的職位後權力更大，獨攬東周王室朝政大權幾十年，可以挾天子以令諸侯。鄭國既有經濟優勢，又有政治優勢，在和周邊諸侯國的戰爭中連打勝仗，逐漸形成霸勢，宋、衛、齊、魯無不畏服。

鄭莊公勢力強大，不把周平王放在眼裏。周平王不滿鄭莊公驕橫，想把鄭莊公的一半權力分給另一個卿士虢公。鄭莊公知道後，當面質問周平王，周平王不敢承認，於是二人就作出互相信任的保證。這個保證就是互相交換自己的兒子為人質。史稱「鄭周交質」。這是鄭莊公正式稱霸的標誌。天子竟不得不和諸侯交換兒子為人質，可見東周王室權威的衰落。周平王死後，周桓王繼位。周桓王要重振王室的權威，就重用虢公，完全剝奪了鄭莊公在東周王室的權力。鄭莊公自然不服，就不斷派軍隊去搶割周王室領地上的莊稼。幾年以後，周桓王統率幾個小諸侯國的軍隊討伐鄭國，卻打了敗仗，周桓王被箭射中肩膀。從此，東周王室的地位再也沒有恢復起來。在打敗周王室之後六年，在位四十三年的鄭莊公死去，鄭國發生內亂，兩個太子爭位，兩派大臣殘殺，內亂持續二十年。鄭國遂失霸主地位。

齊桓公九合諸侯

鄭國衰落下去以後，齊國逐漸強大起來。

齊的第一代封君是姜太公，封地在今山東沿海一帶。傳二百多年至齊桓公。齊國強大，是因為齊桓公任用管仲為相。管仲被齊桓公任用，是因為他的摯友鮑叔牙極力舉薦。

管鮑之交，留下千古佳話。二人早年共同經商，獲利分成，管仲總是多取一些。鮑叔牙知其家有老母，需要贍養，故不以為貪。管仲多次給鮑叔牙出主意，後多失敗。鮑叔牙認為，不是主意不好，而是時機不成熟。管仲作過三次小官，都被辭退。鮑叔牙認為，是國君不賢明，不是管仲不能幹。管仲被徵入伍，戰場上當逃兵。鮑叔牙認為，不是管仲膽小，而是他不願為不義之戰送死。

春秋初年，齊襄公昏庸無道，公子糾和公子小白外逃，管仲輔佐公子糾，逃往魯國。鮑叔牙輔佐公子小白，逃往莒國。後來齊襄公被殺，兩公子爭相回國繼位。管仲為使他輔佐的公子糾先到一步，率軍攔截公子小白，一箭射在公子小白的衣帶鉤上，公子小白裝死，管仲以為真，於是公子糾的隊伍放慢了速度，等趕到齊國，公子小白已經即位，是為齊桓公。齊桓公準備任用鮑叔牙為相，而鮑叔牙極力舉薦管仲，說管仲治國能力比自己強。齊桓公為了國家不計前仇，任命管仲為相。管仲感歎：「生我者父母，知我者鮑子也。」

管仲採取了一系列經濟改革措施。一是設置鹽官，用海水煮鹽，獲利豐厚。二是發展官營的鐵礦開採業、冶鐵業，煉出的鐵用於製造農具。當時的鐵器農具是最先進的生產力，相當於現在的拖拉機、收割機。三是率先實行農業稅制的改革。井田制和公田之稅的稅制已經束縛農業生產的發展，管仲就廢除公田，免除農民的公田勞役，實行「相地而衰（ㄘㄨㄟ）徵」的政策。相地就是衡量土地的肥瘠；衰徵就是有差別地徵稅。這就是「履畝而稅」，稅率十分之一。這極大地調動了農民的生產積極性，隨著農民收入增加，國家的稅收也增加了。齊國因此而強大。齊國是春秋時期最早實行「履畝而稅」的國家，時間在西元前六八五年。管仲把全國劃為二十一鄉，其中六個鄉專事工商，五十稅一，不承擔兵役勞役，十五個鄉實行兵農合一制度，農民平時一起務農，戰時一同為兵。

管仲在進行經濟改革的同時，又提出「尊王攘夷」的政治口號。尊王就是尊崇周天子，儘管周王室衰微，但畢竟還是各諸侯承認的天下共主；攘夷就是抗擊夷狄少數民族對中原的入侵。這個口號得到各個小諸侯國的贊成，都願意團結在齊國周圍。當時，北方的戎狄尚處在原始社會末期，部落林立，互不統屬，經常侵擾中原，對一些諸侯國威脅很大，北方的燕國首當其衝。燕國在今北京一帶。當戎狄入侵時，燕國向齊國求救。齊桓公親率大軍打敗戎狄，燕國感激不盡。不久，戎狄又侵略邢國、衛國。邢國在今河北邢臺，衛國在今河南淇縣。邢、衛向齊國求救，齊桓公立即出兵救援。雖然趕走了戎狄，但邢國、衛國的都城已經被戎狄毀壞，齊國又幫助邢國、衛國在新的地方修築新的都城。這樣，齊國在中原諸侯國家中的威望就更高了。

接著，齊桓公又帶領八個諸侯國的聯軍南下制止楚國向北擴張。

從西周到春秋時期，楚國一向被中原各諸侯國視為蠻夷國家。楚國不遵守周王室的禮制，周天子稱「王」，楚國的國君也稱「王」，而中原各諸侯國的國君只能稱「公」。自從西周昭王伐楚失敗以後，楚國就不斷進攻華夏諸侯。進入春秋時期，楚國加緊擴張，楚國國君五年不出兵，就自認為是恥辱，死後不能見祖先。當齊國強大時，楚國的領土已從湖北的漢江平原，向北擴張到河南的南陽、信陽、駐馬店，它的面積比任何一個中原諸侯國都大。齊國稱霸以後，楚國很不甘心，就進攻較近的鄭國，於是鄭國向齊國求救。

齊桓公率領中原八個國家的聯軍伐楚，有雙重目的，一是「尊王攘夷」，二是打擊情敵。齊桓公的情敵是誰？是楚成王。這裏需要講一段緋聞。有一天，齊桓公帶著他寵愛的蔡姬乘船遊玩，蔡姬因為得寵而敢於肆意撒嬌，雙手把著船舷使勁搖晃，晃得齊桓公站立不穩，齊桓公命她停止，蔡姬不聽，齊桓公很生氣。回宮以後，齊桓公就派人把蔡姬送回了她的娘家。蔡姬並非民間女子，她是蔡國的公主，她的哥哥是蔡國的國君。蔡國是個小諸侯國，在今河南上蔡縣和新蔡縣。遣送蔡姬以後，齊桓公後悔了，又想把蔡姬接回，可是，蔡侯已把蔡姬改嫁給楚成王，齊桓公悔恨交加。如今楚成王又率兵進攻鄭國，意圖稱霸中原，這國恨情仇豈能不報！

齊桓公率八國聯軍先伐蔡國，擊潰蔡國軍隊，包圍蔡國都城，繼而陳兵楚國邊境，和楚軍形成對峙之勢。兩軍對峙，但誰也不敢開戰，因為都沒有戰勝對手的把握。楚成王派大臣到齊軍中會見管仲，兩人一番唇槍舌劍，最後總算同意和解，雙方在召陵訂立盟約，各自撤軍。召陵就是今天河南漯河市召陵區。這個盟約的簽訂，實際上等於楚默認了齊的霸主地位。

過了一年，周王室發生王位之爭。這時在位的是周惠王，周惠王想廢掉太子，另立太子。齊桓公認為這不合禮制，就召集中原八個諸侯國開會，表示擁護太子。周惠王無力和齊桓公抗爭，太子終於沒被廢掉。四年後，周惠王死了，太子繼位，是為周襄王。周襄王自然非常感激齊桓公，齊桓公的威望達到了頂峰。

齊桓公在位四十多年，史書上稱他「九合諸侯，一匡天下」，是說他九次召開諸侯會議，一次制止周惠王廢太子而匡正天下。九次會議，以葵丘會議最隆重。葵丘在今河南蘭考縣。這次會上，齊桓公代表各諸侯國宣讀必須共同遵守的五條盟約：一，不准把水患引向別國；二，別國有饑荒，必須賣給糧食；三，不准更換太子；四，不准以妾代妻；五，不准讓婦女參與國家大事。前兩條強調的是友好協作，後三條強調的是封建禮制。這五條盟約，現在看來怪可笑的，在當時卻是最高準則。

管仲和齊桓公是春秋時期最耀眼的政治明星，為後世敬仰。孔子說：「管仲輔佐齊桓公，老百姓現在還受著他的恩惠呵！」這應是評價他的經濟改革。孔子繼續說：「沒有管仲，我們都要披散頭髮，衣襟左開，變成夷狄統治下的人了！」這是是評價他「尊王攘夷」之功。孔子和管仲都生活在春秋時期，但管仲死後百餘年孔子才出生。到戰國時期，孟子評價說：「五霸，桓公為盛。」

齊桓公的霸業主要依賴於管仲，管仲死後，齊桓公信任奸佞之臣，奸佞之臣屠殺了一批忠直之臣，導致內亂。兩年後，齊桓公死，五子爭位，齊國更亂。齊桓公停屍六十七天，沒人安葬，腐屍生蛆。從此，齊國衰落下去，失掉了霸主地位。

宋襄公圖霸未成

宋國是一個中等諸侯，封地在今河南商丘。

宋的第一代封君是殷紂王的庶兄微子。微子諫阻紂王而遭忌，便不再說話。武王克殷，微子拜謁武王，表示歸順。成王即位之初，周公旦平定了紂王的兒子武庚的叛亂，然後把微子封於宋，由微子安撫殷的遺民，繼殷祭祀。古時滅其國而不絕其祭祀。

齊國稱霸時，宋是齊的積極追隨者。齊桓公死，五子爭位，宋襄公用武力扶持太子繼位，是為齊孝公。齊孝公自然服從宋襄公，宋襄公自以為可以接替齊桓公的霸主地位，可是楚國卻在虎視眈眈呢！宋襄公想得到楚國認可，於是提出以宋、齊、楚三國的名義召集各諸侯結盟，楚假意應允。不料，就在結盟會議上，楚的軍隊突然出現，把宋襄公抓了起來，接著進攻宋國，宋國軍民頑強抵抗，才保住都城。楚國覺得捉一個光桿司令沒有什麼用處，就釋放了宋襄公。遭此劫難，宋襄公仍不死稱霸之心。

鄭國處在宋、楚之間，楚強，鄭國服從楚，不服從宋，宋襄公就發兵伐鄭。楚救鄭，與宋軍戰於泓水。泓水在今河南柘城縣。宋軍哪裏是楚軍的對手，而宋襄公卻還要在戰場上顯示自己的軍隊是仁義之師。楚軍正在渡河，宋襄公的參謀長請示出擊，宋襄公說，半渡而擊，非仁義之師所為。楚軍渡過河，還未列陣，參謀長又請示出擊，宋襄公說，寡人不擊不成佇列的軍隊。等楚軍排好陣列，宋襄公下令出擊，結果宋軍一敗塗地，宋襄公在敗逃中被射中一箭。箭傷加上氣憤，宋襄公不久就死去了。宋襄公圖霸，歷時五年，終未成功。他的教訓說明，要想稱霸，必須有強大的國力為基礎。

晉文公稱霸抗楚

晉國第一代封君是周武王的兒子、周成王的弟弟叔虞，傳至晉獻公時晉國才強大起來。齊桓公即位的第十年，晉獻公即位。晉獻公沒有參與齊桓公的霸業，而是忙於兼併擴土，先後兼併了周圍的小諸侯國和戎狄部落，疆域擴展至今山西幾乎全省以及接壤的河北、河南各部分。晉獻公給我們增添了兩個成語：一是「假途滅虢」，假虞國之道滅虢國，回師途中又滅虞國，晉國兼併小國由此可見一斑；二是「秦晉之好」，晉獻公把女兒嫁給秦穆公，鞏固兩國關係，晉國團結大國亦由此可見一斑。

晉獻公死後，他的五個兒子及其各自的同黨為爭奪君位互相殘殺，公子重耳和夷吾為避禍流亡國外，晉國處於混亂無君狀態。秦穆公派兵護送在秦避難的公子夷吾回國繼承君位，是為晉惠公。公子重耳回國無望，先後流亡到齊國、曹國、宋國、鄭國、楚國。楚成王熱情接待重耳，他很感激。一次，楚成王開玩笑地問重耳：「假使將來你回了國，該怎樣報答我呢？」重耳回答說：「楚國地大物博，晉國物產比不上楚國，我真不知道該怎樣報答您。我願意和楚國永遠友好，如果不得已發生戰爭，我一定退避三舍。」一舍為三十里，三舍為九十里。不料這句話後來真的應驗了。

重耳在楚國住了幾個月後，受到秦國邀請。秦國為什麼邀請重耳呢？原來，晉惠公在秦國武力支持下當上國君後，卻翻臉不認人，原來答應上臺後割給秦國五座城池，現在卻不兌現。更可氣的是，晉國發生饑荒，秦國支援糧食，但秦國遭災，晉惠公不但不救助，反而乘機率兵襲擊秦國。秦穆公率軍打敗晉軍，俘虜了晉惠公。念及姻親關係，秦穆公打算釋放晉惠公，但條件是讓晉惠公的太子來秦國作人質。晉國只好答應。晉惠公回國不久即病，晉太子偷偷從秦國逃回晉國，謀求繼位。秦穆公大為生氣，決心扶持重耳為晉國國君，這才派人去楚國邀請重耳。春秋時期秦楚關係尚好，楚國就同意了。重耳一行來到秦國，受到高規格接待，秦穆公還把宗室女子嫁給重耳為妻。這一年，晉惠公死，從秦國跑回來的太子繼位，是為晉懷公。秦穆公豈能容忍，顧是派軍隊護送重耳回國。秦軍擊敗前來抵抗的晉軍，在外流亡十九年、已經六十二歲的重耳順利奪位，是為晉文公，晉文公派人殺了晉懷公。這一年是西元前六三六年，是圖霸未成的宋襄公死後的第二年。

晉文公接手的晉國雖然政治動亂不斷，但經濟卻在持續發展，因為在九年前，即西元前六四五年，晉惠公實行了「履畝而稅」的改革，這是繼齊國之後第二個實行稅制改革的國家，如此看來，晉惠公並不是一個一無是處的君主。

晉惠公被秦國釋放回來以後，為重整軍隊，挽救危局，就採取了「作爰田」和「作州兵」兩項措施。「作爰田」出於《左傳》的記載，注解者對「作爰田」的注解為：「分公田之稅舊入於公者，爰之於所賞之眾。」這仍不好懂，還需進一步解釋。作，為也，這裏有承認、制定的意思；爰，易也，這裏有改變之意。連起來解釋，「作爰田」就是承認改變了地界的田。地界為什麼改變了呢？原來，農民開墾私田，侵佔公田，因而改變了田地的疆界。那麼，就要承認地界的改變，姑且算是國家賞給了眾人吧。但是地界變，稅亦變，過去的公田之稅就應由眾人分攤，稅率仍為十分之一。概括起來說，就是：井田制被破壞了，國家就按每人佔有的地畝徵稅。這項措施調動了農民種田積極性，農民的生產發展了，國家的稅收自然也就增加。「作州兵」的州，是「野人」的行政區劃單位，兩千五百家為州。「作州兵」就是過去不能當兵的「野人」也要當兵，以增加兵員，所需軍賦也自州內出。晉國「國人」和「野人」在服兵役上的界限從此取消。

晉文公奪位後，在晉惠公留下的較好的經濟基礎上勵精圖治，《國語》記載為「輕關易道，通商寬農」，「政平民阜，財用不匱」，按今天的話說，就是「為發展商業、農業提供寬鬆的環境，政通人和，百姓富足，國家財政充裕。」財政充裕，就可以擴軍備戰，晉文公把原來「二軍」的編制擴充為「三軍」。晉文公奪位的第二年，周王室發生內亂，亂黨勾結戎狄打進京城洛邑，周襄王逃到鄭國，派人請晉國出兵。晉文公帶兵打敗狄人，護送周襄王回京。周襄王為了酬謝晉文公，把今天河南濟源、溫縣、修武一帶賜給了晉文公。

又過兩年，晉楚爆發城濮之戰，城濮在今河南范縣境內，這是春秋以來最大規模的戰爭。城濮之戰因楚國伐宋而引起。稱霸中原，是楚的既定戰略，而稱霸也是晉文公的夙願。楚伐宋，宋自知不敵，向晉求救，晉出兵迎楚。為了爭奪霸主地位，晉文公已不顧當年流亡時楚成王對他的的恩惠，但他兌現了當初作出的「退避三舍」的諾言，這使楚軍更加驕縱，而驕兵必敗。晉軍兵車七百乘，楚軍兵車一千四百乘，結果卻是晉勝楚敗。不過楚軍只是敗退而已，並沒有全軍覆沒。城濮戰後，中原諸侯多服從晉，晉文公正式確立了霸主地位。可惜晉文公在位八年就死了，太子繼位，是為晉襄公，晉襄公之後是晉靈公，再後是晉景公，這三代繼承晉文公的霸主地位，但不斷受到楚的挑戰，不過晉的霸主地位仍然保持了四十年。

秦穆公稱霸西戎

秦的祖先居今甘肅天水一帶，與戎狄雜處，為周王養馬。周平王東遷，秦襄公護駕有功，平王把岐山以西的土地賜給了秦。這時候，秦才成為周的一個諸侯。平王所賜之地，多被犬戎盤踞，秦與犬戎爭奪土地，逐步佔據關中地區，傳八代到秦穆公時，秦已成為一個強國。

秦穆公在位三十九年，一心想進入中原，但進入中原必須突破晉的阻擋。秦進入中原的門戶是函谷關，當時叫桃林之塞，傳說夸父追日，渴死在這裏，他的手杖插在土裏，化作一片桃林，故而得名。當時的桃林之塞屬於晉的領地，晉軍扼守雄關，秦軍無可奈何。秦穆公扶持晉惠公、晉文公兩代國君登上君位，都是為了控制晉國，然後借路進入中原。但晉惠公背信棄義，晉文公成為一代霸主，使秦穆公願望落空。晉文公死，秦穆公就想趁機染指中原，派兵越過晉的領土千里迢迢去偷襲鄭國。秦軍在路上被鄭國一個販牛的商人發現，這牛販子一面派人回去向國君報告，一面假裝國君的使者，獻上所要販賣的十二頭牛，對秦軍將領說：「我奉國君之命，前來犒勞貴軍。」秦軍以為鄭國已有準備，就「滅滑而還」，滑國在今河南偃師市。回師至今河南洛寧縣時，遭到晉軍伏擊，秦全軍覆沒。為報此仇，兩年後秦軍伐晉，但遭到失敗。又過一年，秦穆公親自領兵伐晉，過了黃河就燒掉渡船，表示不勝不還。晉軍接戰不利，便堅閉城池，不敢再戰。秦穆公總算出了口惡氣，但這並不等於晉國的屈服。強大的晉國依然阻擋秦國東進中原，秦國只好繼續向西部戎狄地區擴張，《韓非子》記載秦國「兼國十二，開地千里，遂稱霸西戎」。在春秋三百年間，秦除了和晉發生這幾次小規模的戰爭以外，沒有和中原其他國家打過仗，和楚的關係也是比較好的。

秦的實力主要來自於兼併戎狄。戎狄分為許許多多的小部落，各自獨立，互不相統，所以容易逐個征服。被兼併的戎狄部落被秦編入軍隊，戰鬥力很強。那一年秦國遭災，晉惠公乘機襲擊秦國，秦穆公率兵迎戰，秦軍中就有戎狄兵。戰鬥中秦穆公受傷，被晉軍包圍，在此危急關頭，忽見三百名戎狄勇士衝入晉軍陣中拼死血戰，不僅救出秦穆公，還俘虜了晉惠公。他們之所以拼死營救秦穆公，是為了報恩。秦穆公曾丟失一匹名馬，被這些戎狄人殺吃了，秦穆公不僅不懲罰他們，還賞給他們酒喝。由此可見，秦穆公對待歸順的戎狄部落是很寬厚的，戎狄人和秦人是很融洽的。

秦在春秋時期仍實行公田之稅，到了戰國時期才實行履畝而稅，時間在西元前四〇三年，是各諸侯國實行履畝而稅最晚的。這反映了秦尚戎俗，政治、經濟、文化相對落後。秦穆公死，殉葬一百七十七人，更說明秦的原始和落後。

楚莊王問鼎中原

楚莊王是楚成王的孫子、楚穆王的兒子。楚成王時，楚國兩次北進中原，第一次受阻於召陵，與齊簽訂召陵之盟，實際上承認了齊的中原霸主地位；第二次敗於城濮，不得不讓晉成為中原霸主。但是楚國的實力並未削弱，而且越來越強。楚國的實力首先來自於對南方蠻夷小國的兼併。楚成王、楚穆王、楚莊王三代對蠻夷小國的兼併從未停止。楚國的實力也來自農業的發展。楚莊王任用具有卓越才能的孫叔敖為相，在孫叔敖輔佐下，楚國大力開墾荒地，興修水利，使農業生產得到迅速發展。孫叔敖在今安徽壽縣主持修建的芍陂水庫，可灌溉農田一萬多頃。

楚莊王是一個胸懷大略的君主，自謂「三年不飛，一飛沖天；三年不鳴，一鳴驚人。」楚莊王即位的第八年，率兵征伐今洛陽市所屬嵩縣境內的陸渾之戎。陸渾之戎是從西北地區遷徙過來的少數民族。這裏現在有一座大型水庫即以「陸渾」為名。楚莊王征伐陸渾之戎意在炫耀武力，於是就陳兵東周王畿邊境。周定王非常驚慌，派大臣前去慰問，楚莊王卻挑釁性地詢問象徵王權的九鼎的大小和輕重。周大臣答曰：「周政雖衰，天命未改，鼎之輕重，未可問也！」楚莊王碰了軟釘子，也未敢冒天下之大不韙，便班師回國。這就是「問鼎中原」這個成語的來歷。

楚莊王要爭奪中原霸主地位，必須打敗晉國，但楚晉不接壤，於是就征伐晉楚之間的鄭國，因為鄭依附於晉。西元前五九七年，楚圍鄭，鄭向晉求救，晉出兵後，而鄭已向楚投降。聽到鄭向楚投降的消息，晉軍主將主張撤兵，而副將則繼續前進，主將只好跟進。晉軍與楚軍戰於邲，邲就是今鄭州市所屬的滎陽市。晉軍初戰不利，主將就下令撤退，楚軍乘勝追擊，結果晉軍傷亡大半，楚軍大獲全勝。戰後，中原一些中小諸侯國紛紛歸附楚。楚莊王在位二十三年，死於邲之戰七年後，他的後代繼承了他的霸主地位，在今山東泰安召集十二諸侯會盟，正式成為和晉並立的霸主。但是，在以後的幾十年中，楚的霸主地位漸削弱，而晉的霸主地位則有所恢復，兩強相爭，晉略佔上風。

晉楚爭奪的焦點仍是鄭國。邲之戰二十三年之後，晉楚再次爭奪鄭國，大戰於鄢陵，就是今河南鄢陵縣。這次楚國戰敗。又過十八年，晉楚發生湛阪之戰，湛阪在今河南平頂山市，楚又戰敗。這是晉楚最後一戰。在春秋時期，晉楚共發生四次大戰，依次是城濮之戰、邲之戰、鄢陵之戰、湛阪之戰。四次戰爭發生在七十五年之內，晉三勝一敗。這說明什麼問題？說明了國力的強弱。兩國之間偶然一次戰爭，勝負可能決定於將帥的指揮水準，但是兩國長期對峙，最終的勝負只能決定於國家的實力。春秋霸主的實力來自兩個方面：一是對外兼併，二是對內改革。楚國兼併了許多南方蠻夷小國，而晉國也向北兼併了許多戎狄部落，向東兼併了一些華夏小國。但晉國很早就實行了以「作爰田」為標誌的履畝而稅的改革，使人民的收入和國家的稅收同步增加，在晉楚第三、第四次戰爭之間，晉悼公又實行一系列施惠於民的政策，《左傳》記載為「薄賦斂」，「節器用（力行節約）」，「時用民（限制勞役時間）」。而楚國在第四次晉楚之戰失敗九年以後，才實行「書土田」，「量入修賦」的改革，即登記私田面積，按面積和產量繳納賦稅，這也屬於履畝而稅。如此看來，誰履畝而稅實行得早，誰的國力就強。

中原休戰

春秋爭霸不僅消耗大國的國力、民力，更消耗小國的國力、民力。據統計，在春秋爭霸時期，屬於中等國家的鄭國遭遇戰爭七十多次，宋國遭遇戰爭四十多次，其他小國遭遇戰爭更多。這些中小國家夾在大國中間，首鼠兩端，吃盡苦頭。楚軍打來，投降楚國，楚軍一走，晉軍又打來，只好叛楚降晉，楚國又打來，又叛晉降楚，如此周而復始，戰禍連年。戰爭不僅使中小國家經濟遭到破壞，而且投降誰還得給誰朝貢。據記載，鄭國每次朝貢的物品要裝一百輛車，需一千人護送。在春秋初期工商業很發達的鄭國，就這樣日趨衰敗，再也興盛不起來。

持久戰亂必然渴望和平。在晉楚第四次戰爭後的第十一年，即西元前五四六年，宋國大夫向戌提議召開中原休戰會議，史稱「向戌弭兵」。參加會議的有晉、楚、齊、宋、鄭、魯、衛（今河南淇縣）、曹（今山東定陶縣）、許（今河南葉縣）、滕（今山東騰州市）、陳（今河南淮陽縣）、蔡（今河南新蔡縣）、邾（今山東鄒縣）共十三國，秦國贊成休戰，但未出席會議。在會上，楚國首先提出「晉、楚之從，交相見」。意思是晉楚各自的從屬國，要交相朝見晉、楚。就是說，服從於晉的國家，也要朝見於楚，服從於楚的國家也要朝見於晉。服從於晉的國家，多於服從於楚的國家，「交相見」以後，楚國就佔了便宜。晉國作了讓步，最後達成協定：齊、秦兩國除外，其他各中小國家既要向晉朝貢，又要向楚朝貢。中原爭霸，就這樣結束了。中小國家雖然擺脫戰爭的破壞，但對大國的朝貢卻增加了一倍，這些貢納最終都要以賦稅的形式加到人民頭上。

在春秋爭霸時期，小國的農民負擔是多少呢？以魯國為例來說明。西元前五九四年魯國實行「初稅畝」，《春秋》注解為：「公田之法，十取其一。今又履其餘畝，復十收其一。」就是說，原來公田的十分之一稅保留，公田分給個人後，再對私田徵十分之一的稅。兩個十分之一就是百分之二十。「初稅畝」實行四年後，魯國又「作丘甲」。丘是郊野農村行政區劃單位，九夫為井，四井為邑，四邑為丘。「作丘甲」就是以丘為單位徵派車馬甲兵。百餘年後，魯國又將「作丘甲」改為「用田賦」，就是將以丘為單位徵收軍賦改為按田畝徵收軍賦。「作丘甲」、「用田賦」都屬於百分之二十以外的負擔。魯國的稅率可作為中小諸侯國的代表。也難怪，作為小國，既要強兵自衛，又要向大國納貢，所以只好加重農民負擔。

大國的稅率是多少呢？以晉國為例。晉國在西元前六四五年晉惠公「作爰田」時，稅率是「分公田之稅」，即百分之十。一百多年後晉國王室衰弱，六家公卿專政，稅率也增加到了百分之二十。這有考古發現為證。一九七二年山東臨沂出土的銀雀山竹簡，記載晉國六卿中的五卿在其采邑對農民「伍稅之」，即稅率為五分之一，也就是百分之二十。

如此看來，隨著戰爭的加劇，中原諸侯無論大國還是小國，農民的負擔至少都增加了一倍。

向戌弭兵以後，中原休戰，但中原大國內部又開始卿大夫兼併，而決定兼併勝負的卻是賦稅的輕重。

先說晉國。晉國已形成六卿專政，這六卿分別是：趙、韓、魏、范、知、中行，他們分別佔有大量土地和人民，但最後趙、韓、魏三家把晉國瓜分，范、知、中行三家滅亡了。這是為什麼呢？銀雀山竹簡記載的吳王闔閭和軍事家孫武的一段對話，可給出答案。這段對話大意是這樣的：吳王問晉國六卿誰成誰敗，孫武回答說，范氏、中行氏的田制是一百六十步為一畝，戶耕百畝，稅率為百分之二十；知氏的田制是一百八十步為一畝，戶耕百畝，稅率為百分之二十；韓氏、魏氏是二百步為一畝，戶耕百畝，稅率也是百分之二十。相比較而言，雖然稅率相同，但范氏、中行氏的農民耕地面積少，稅後所得少，負擔相對更重，范氏、中行氏因而得不到農民的擁護，所以必然最先滅亡。而趙氏的田制是二百四十步為一畝，公家不徵稅，所以農民都擁護他。吳王聽後大受啟發，感歎道：「王者之道，在於厚愛其民者也」。孫武說趙氏「不徵稅」可能僅對本族國人而言，對土著野人肯定是要徵稅的。孫武的推斷幾年後就應驗了，范氏、中行氏果然被韓、趙、魏所滅。剩下的四家，數知氏勢力最大，知氏脅迫韓、魏一同滅趙，趙氏選擇晉陽作為固守的據點。晉陽就是現在的太原。當時的晉陽城雖然「城廓不治，倉無積粟，府無儲錢，庫無甲兵，邑無守具」，但百姓感於趙氏過去輕傜薄賦，願為趙氏死守城池。知氏圍攻兩年而不能克，便引水淹城，百姓寧願淹死也不投降。這時趙氏派人出城拉攏韓、魏兩家，說趙亡之後，下一步被滅的就是你們兩家啊！於是，韓、魏、趙三家聯手滅了知氏。五十年後，三家分晉，形成三個獨立的國家。現在稱山西為「三晉」就是由此而來。

再舉齊國的例子。齊國曾最早稱霸，但管仲和齊桓公死後，齊國長期內亂，公子爭位，大夫爭權，互相殘殺，在混亂的政局下，人民的負擔不斷加重。據《左傳》記載，齊國大夫晏嬰說：「民參其力，二入於公，而衣食其一。」這裏「公」是指王室，「參」同三，意思是農民的收穫，三分之二被王室徵收，自己只能留三分之一。王室因而失去農民擁護。而齊國公卿田氏在他的采邑裏對農民徵的田稅卻很輕，對山林漁鹽則不徵稅，出現饑荒時，借貸給農民糧食用大斗出，回收糧食時卻用小斗進，這是有意爭取民心。故而農民「愛之如父母，而歸之如流水」。這是說采邑上的農民都擁護他，其他地方的農民也都來投靠他。正因為如此，田氏才能廢掉國君，自己代立。史稱「田氏代齊」。

當中原各國進入卿大夫兼併階段以後，南方吳、楚、越三國則開始混戰。

吳王夫差北上稱霸

吳國在今江蘇南部太湖地區，國都是今蘇州市。

吳國第一代國君據說是周文王的兩個哥哥。傳說二人感知父王有傳位於三弟之意，就主動跑到蠻夷之地，為三弟讓位。二人隨蠻夷斷髮紋身之俗，被當地土著居民擁立為王，世代相傳。

吳的稱霸野心是晉挑動起來的。在晉楚第二次大戰之後，晉國採納了楚的叛將申公巫臣「扶吳制楚」的建議。申公巫臣到吳國後，幫助吳國訓練軍隊，讓吳國征服原先歸順於楚的一些小國，吳國因此國土擴大，勢力增強。

數十年以後，到了吳王闔閭時代，輔佐闔閭的是從楚國逃亡來的政治家伍子胥和從齊國投奔來的軍事家孫武。孫武讓闔閭了解到，晉國六卿在相互兼併中成敗的關鍵因素是賦稅的輕重，懂得輕徭薄賦，厚愛其民，才是王者之道。為了得到人民的支持，《左傳》記載闔閭「衣服財用，擇不敢費」，過著儉樸的生活；並且「勤恤於民，而與之勞逸」，這是說他救濟窮人，與人民同甘苦，而賦稅想必是很輕的。經過長期準備，在西元前五〇六年，也就是中原休戰會議四十年後，吳國大舉攻楚。孫武不愧是軍事家，以六萬兵力，把楚國二十萬軍隊打得落花流水，一舉攻克楚的郢都，楚昭王出逃。闔閭長期留在郢都慶功作樂。可是吳國南邊的越國見吳國國內空虛，便乘機伐吳，秦國也在楚國大夫的哭求下出兵救楚，闔閭只好撤軍。楚國經此打擊一蹶不振，闔閭放下楚國，決心報復越國。十年之後，吳國趁越王勾踐剛剛繼位，大舉興兵伐越。越王勾踐挑選一批敢死隊員，前進到吳軍陣前，但他們不是去拼死，而是去自殺，只聽他們大喊一聲，一起割斷自己的頭顱，吳軍看得目瞪口呆。趁吳軍驚魂未定，越軍發起衝鋒，吳軍大亂，敗退下來，吳王闔閭中箭，不治而死。

兩年後，闔閭的兒子夫差為父報仇，再次伐越。這次越國準備不足，遭到失敗，越王勾踐所率餘兵五千人被吳軍包圍在會稽山中（地處今浙江紹興）。值得說明的是，越國絕非只剩下這五千個男人，肯定還有更多的男人沒有從軍，要不然十二年以後越國怎能有五萬軍隊呢？這五千個男人即使一個生十個，十二年後才十二歲，怎能打仗？且說當時，越王勾踐突圍無望，準備自殺，他的謀士范蠡、文種勸他暫且投降，以圖再起。最終，吳王夫差接受越王勾踐的投降。關於這一歷史事件，多數史學家都認為吳王夫差為了貪圖財貨和美女西施才接受越王勾踐的投降。也有史學家認為，在吳國的決策層存在北進和南進兩派，太宰伯嚭（ㄆㄧˇ，大喜的意思）主張北進爭霸，相國伍子胥主張南進滅越，以絕後患。吳王夫差採納了北進的主張。北進需要實力，當時吳國的軍隊不超過六萬人，伐楚時傾全國之兵也就六萬人，想把越王勾踐率領的要作拼死抵抗的五千甲士消滅掉，吳軍起碼也得損失等量的兵力。所以說，吳王夫差接受越王勾踐的投降，是為了保存實力，北上爭霸。勾踐投降後，夫差自以為無後顧之憂，就全力北上，伐陳，伐魯，伐宋，伐齊，兵力傷亡很大。西元前四八二年，也就是越國投降十二年後，夫差率軍北上，於黃池與中原諸侯會盟。黃池在今河南封丘縣。夫差爭得盟主地位，卻傳來越軍攻入吳國的消息，便急忙回國。面對越國五萬精兵，吳國只好向越國求和。越王勾踐自知兵力尚不足以滅吳，就休戰而退。吳國為什麼向越國求和呢？那是因為吳國的實力已大不如前。吳國連年北伐，窮兵黷武，國力民力已消耗殆盡。吳王夫差也不像當年闔閭那樣「勤恤於民，而與之勞逸」，而是濫用民力物力，大造宮殿，在姑蘇臺上與妃嬪日夜淫樂，《左傳》記載他「視民如仇，而用之日新。」可以想見人民的賦稅是很沉重的，而「視民如仇」的夫差必然遭到人民的強烈反對，這是他注定要失敗的根本原因。

越王勾踐會盟中原

越人據《史記》說是「禹之苗裔」，其俗與吳同。

越王勾踐投降吳國之後，不忘雪恥而臥薪嘗膽，《史記》記載他被吳國釋放後「身自耕作，夫人自織……與百姓同其勞。」《左傳》記載越國「十年不收於國，民俱有三年之食」。這是說國家十年不徵稅，人民儲糧可食三年。勾踐取得人民的擁護，全國上下同仇敵愾，終於在會稽之恥二十一年之後滅掉吳國。這是臥薪嘗膽的第一目標，第二目標則是步夫差後塵，率得勝之兵，北上稱霸。越王勾踐在今山東滕縣會盟晉、齊、魯、宋等中原諸侯，周王派使者到會，賜給勾踐祭肉（祭祀祖先的供肉），這是周王對諸侯的最高禮遇，並封勾踐為諸侯之「伯」，伯就是霸主。時在西元前四七三年，這是春秋和戰國的交界時期。為了長期稱霸中原，勾踐把國都遷到今山東諸城市，除了秦、楚之外，中原各諸侯國都來向他祝賀。

越國稱霸，是個歷史機遇，當時中原各國進入大夫兼併時期，無力對外擴張，遂使這個南蠻小國成就霸業。但是，越國的生產力還是很落後的，《史記》說它「火耕而水耨（鋤草）」，「無積聚而多貧」，這樣的國力難以維持長久的霸業。

勾踐稱霸後八年而死，他留下的越國還是不能與逐漸恢復元氣的楚國相抗衡。進入戰國以後，越國在江淮以北的土地被楚國佔領，到西元前三〇六年，越國終被楚國滅掉。

履畝而稅對歷史的影響　中國農業稅的歷史可以劃分為兩大階段：夏、商、西周公田之稅延續一千三百多年，春秋開始的履畝而稅延續兩千六百多年。公田之稅本來是很合理的，只是幫國家耕田而已，豐歉多寡與民無關，但它不能適應農民對土地的私有化傾向，只好廢止。履畝而稅之所以受到農民歡迎，是因為它承認農民已有的私田、新開墾的私田，又把公田也分給了農民。與「公田不治」相比，履畝而稅使國家和農民都增加了收入。春秋爭霸，履畝而稅不是取勝的唯一因素，但卻是重要因素。齊國履畝而稅最早，所以最早稱霸。晉楚長期對抗，楚因履畝而稅太晚，實力稍遜於晉。秦國履畝而稅最晚，在西元前四〇三年，這已是戰國時期了，所以秦在春秋時期只能稱霸西戎，無力涉足中原。履畝而稅在廣義上還應包括履畝而賦。在西周，士卒承擔的軍賦僅是自備軍糧，車馬兵器由國家配備。到了春秋，車馬兵器也讓基層自備，最終還是要攤到農民頭上。兵役也由國人擴及到野人，形成全民徵兵制度，使戰爭規模和消耗比過去進一步擴大。這些變化說明，戰爭的勝負不僅取決於國力，而且也取決於民力。古代稅制所包括的稅、賦、役三項內容在春秋形成基本定制，後世雖然萬變卻不離其宗。

6 戰國：七國變法秦稱雄

「戰國」一詞源自西漢末年劉向編訂的《戰國策》一書。西元前四七五年為戰國的開始，因為《史記》的六國年表是從這一年開始的，韓、趙、魏三家也從這一年起有了紀年史。到西元前二二一年秦統一六國，戰國歷史為二五四年，可概約記錄為二百五十年。

戰國七雄是指秦、楚、齊、燕、韓、趙、魏。還有七個小國家，分別是宋、鄭、衛、中山、魯、越、東周。戰國時期東周已淪落為一個小諸侯。後來，宋被齊所滅，鄭被韓所滅，衛被魏所滅，中山被趙所滅，魯、越被楚所滅，東周王畿只剩百里之地，人口只有三萬，《史記》說「裂其地不足以肥國，得其眾不足以勁兵」，所以倒安全，一直到戰國末期才被秦所滅。

魏國逞強

戰國是變法時代，在你死我活的競爭中，紛紛變法圖強。戰國七雄中，最先稱雄的不是秦國，而是魏國。魏國因實行李悝變法而最先強大起來。

李悝變法開始於西元前四四五年，分為農業改革和法制改革，而主要是農業改革。農業改革包括「盡地力之教」和「平糴法」。

「盡地力之教」就是教農民充分利用地力的方法。他指出，如果農民治田勤謹，可增產百分之二十，反之就會減產百分之二十，這一增一減，產量相差百分之四十。因此，他作出規定：「必雜五穀，以備災害。」就是說，一個地區必須同時播種粟、黍、麥、菽、麻五種作物，這五種作物對自然條件有各自的適應性，可防止因災絕收。若種單一作物，遭災就難以補救。同時，他強調要充分利用空閒地，在住宅周圍要栽樹種桑，在菜園要間作套種各種蔬菜，在田埂上要種瓜果。這樣，民盡地力則產量增加，產量增加則稅收增加，年復一年盡地力，國家必然強盛。

「平糴（ㄉㄧˊ）法」是為了避免穀賤傷農和穀貴傷民。糴是買進糧食，與糶相對，糶是賣出糧食。李悝認為：豐收年景，穀賤傷農，農民繳納賦稅後，就無力擴大再生產，第二年國家的賦稅就會減少；災害年景，穀貴傷民，不生產糧食的其他平民承受不了糧價上漲，所從事的產業也會受影響，進而影響國家的稅收。因而，應當在豐收年景，國家出錢按平價購進糧食，在災害年景，國家按平價賣出糧食。這在當時是一項創舉，後世的均輸、常平倉，以及現在的保護價收購，都是由此而來。「平糴法」還可抑制商人對糧食的投機活動，從而達到穩定經濟、富國強兵的目的。

魏國實行李悝變法強盛起來以後，從西元前四〇八年始，在東面屢敗齊國，在西面侵入秦國，佔領黃河以西大片土地，並在那裏設立西河郡，派軍事家吳起駐守。秦國屢次欲奪回失地，都被吳起擊退。之後，魏國從今山西夏縣遷都今河南開封，又對韓國、趙國攻擊。魏國的強勢保持了五十年。隨著齊國、秦國改革變法，增強實力，魏國的力量便顯得敵一國有餘，敵兩國則不足。

西元前三五七年齊威王即位，不久，任用鄒忌進行變法。鄒忌要求國君「自附於萬民」，以人民的意願為重；「擇君子」擔任官吏，防止「小人」混雜其間；修訂法律，以法律清除奸吏。《史記》記載齊國經過改革變法，「人人不敢飾非，務盡其誠，齊國大治。」《戰國策》記載齊威王獎勵群臣吏民進諫：「能面刺寡人之過者，受上賞；上書諫寡人者，受中賞；能謗議於市朝，聞寡人之耳者，受下賞。」「令初下，群臣進諫，門庭若市」。

齊國的改革主要是政治改革。幾乎與齊國同時，秦國的改革則是政治改革結合經濟改革。西元前三五六年，秦孝公任用商鞅，實行變法。商鞅變法比李悝變法晚八十九年，但比李悝變法更深刻、更全面，所以秦國後來比魏國更強大。

商鞅變法的要點是：一、制定嚴刑峻法。其特徵之一是實行連坐：按五家為伍、十家為什編制戶籍，若一家藏匿違法者，其他九家知情不告，皆腰斬。第二個特徵是輕罪重罰。如：盜牛馬者，死。二、制定功爵制度。斬敵甲士首級一顆，賜爵一級，賞田百畝，賞宅九畝，免一人勞役。斬敵越多，爵級越高，賞賜越重。斬五甲首，除了賞田、賞宅、免役，還可以隸五家，這五家每月給立功者幹六天活，等同於為國家服勞役，不然賞他的田自己種不過來。斬九甲首，賞祿邑三百家，這三百家的稅歸他享有。還規定，國君的宗族若沒有軍功，不得享受其采邑的稅收。這樣，有軍功的平民，漸漸成了地主，無軍功的貴族漸漸失去了采邑。三、重農抑商。從事耕織，納粟、帛多者，可免勞役；從事商業而貧者，全家沒入官府為奴。對墾荒更有種種獎勵措施。如：三晉農民入秦墾荒，可三世不服勞役、兵役。與李悝相比，商鞅靠獎罰「盡地力」，比李悝靠勸導「盡地力」更有力度。四、改變畝制。按周制，一步寬、百步長為一畝。因為推廣鐵制農具和牛耕，商鞅認為，耕周制百畝「一夫力餘，地利不盡」，於是改二百四十畝步為一畝，是周制的近兩倍半，每個農夫按新畝制授田百畝。因為授田面積增加，所以需要「廢井田，開阡陌」，改變原來的地界。五、按產量徵稅。在商鞅變法之前五十年，秦國實行履畝而稅，史書記載為「初租禾」，稅率百分之十。當時還是百步為畝，現在改為新畝制，稅率不變，而納稅額卻是原本的兩倍多。秦就是這樣增稅強國的。六、按戶徵收軍賦。一家有兩個成年男子就必須分家，各授田百畝，一家分兩家，國家的軍賦就成倍增加；若不分家，只授田百畝，但加倍徵收軍賦。那麼誰還會不分家呢？秦就是這樣增賦強兵的。

商鞅變法從經濟上、政治上剝奪了貴族的特權，所以貴族對他恨之入骨。商鞅的嚴刑峻法對太子犯法也不放過，就讓太子的師傅代為受刑。等到太子繼位，便以「欲反」的罪名要逮捕他，他跑到他的小小的封地商邑發兵抵抗，兵敗後慘遭車裂。商鞅在秦推行變法十八年，變法已深深紮根，商鞅死後，變法的體制一直沒有變。

齊、秦變法以後，戰場上開始出現勢均力敵的局面。西元前三五四年，魏伐趙，攻破趙都邯鄲，趙求救於齊，齊國軍師孫臏設「圍魏救趙」之計，在半途伏擊魏軍，取得勝利。伏擊地點是桂陵，在今河南長垣縣。這個孫臏是輔佐吳王闔閭的孫武的孫子。但兩年後，魏國又打敗齊國，迫使齊國求和。又過一年，魏國以歸還邯鄲為條件，迫使趙國結盟。這是魏國在東線的戰爭與和平。與此同時，魏國在西線同秦國也在進行著一場戰爭與和平。秦國乘魏與齊、趙交戰之機，出兵攻佔魏國在黃河以西的幾個城池。魏國與齊、趙講和後，回頭向秦反攻，秦魏兩國國君相會修好，但秦佔了便宜。

又過十年之後，魏國就開始走下坡路。魏伐韓，三戰三勝，韓向齊求救。齊國軍師孫臏這次設「減竈誘敵」之計，就是在行軍路上每日減少鍋竈的數目。魏國軍師龐涓中計，以為齊軍減竈是因為兵員減少，於是率軍冒進，在馬陵中了齊軍埋伏，全軍覆沒，龐涓自殺。馬陵在今河南范縣。此役之後，魏國再也沒有進攻的能力，只能自守。秦國乘機攻魏，連連獲勝，奪去魏在河西的全部土地，秦魏以黃河為界，重新恢復了春秋時期的秦晉舊界。趙國、楚國也乘機攻魏並取勝。但是魏國瘦死的駱駝比馬大，雖不能進攻，但自守尚不至於亡國。

秦國稱雄

魏國衰弱後，七國中數秦最強，戰國進入合縱連橫階段。六國呈南北分布，南北為縱，南北聯合，稱為「合縱」。若六國合力擊秦，則秦必破。倡導合縱策略的代表人物是蘇秦。蘇秦針對各國的利害，憑三寸不爛之舌，說服六國簽訂合縱條約，他成了合縱條約組織的秘書長，一度佩六國相印。與合縱策略對立的是連橫策略。秦在西，六國在東，東西為橫，秦必須與六國中至少一個國家聯合，破壞六國的團結，才能最終取勝，這就是「連橫」。倡導連橫策略的是張儀，張儀長期為秦相。合縱連橫起始之年應為西元前三一八年。這一年，五國合縱擊秦，楚為縱約長。據《史記．六國年表》，這一年秦的記載為「五國共擊秦，不勝而還」，魏、韓、趙、楚、燕五國的記載皆為「擊秦不勝」。此後，六國之間矛盾重重，合縱成少敗多；秦威逼利誘，連橫屢獲成功。六國中楚、齊實力最強，秦必須破壞楚、齊聯合，然後削弱其一。秦楚接壤，便將楚定為首先打擊的目標。

在春秋時期，楚強於秦，秦實行商鞅變法之後，國力就超過了楚。楚也曾變法圖強。早在商鞅變法二十多年前，楚就任用吳起進行變法。吳起本是魏國將領，因受排擠，於西元前三八三年來到楚國，先任宛守一年，後任令尹一年。宛守就是南陽太守，令尹就是丞相。根據《史記》、《韓非子》、《戰國策》、《呂氏春秋》的零星記載，吳起擔任令尹期間的變法可歸納為五點：一，對於世襲貴族，「三世而收爵祿」，子孫不再承襲任何特權；二，「廢公族疏遠者」，「貴人往實廣虛之地」，就是把取消爵祿的王室後代和卿大夫後代遷到邊遠貧瘠地區開荒種地，讓他們自食其力；三，精簡裁汰「無能」、「無用」和「不急之官」，並削減在職官吏的俸祿，把節省下來的錢用於養兵和獎勵軍功；四，「塞私門之請」，「使馳說之士，無所開其口」，就是杜絕私下託請和跑官要官；五，「厲甲兵以時爭於天下」，就是要建立一支強大的軍隊，審時度勢，爭奪天下。通盤分析吳起的變法，基本上是政治體制改革，不涉及經濟體制改革，而且，改革的時間太短，僅一年時間，所以，無法和商鞅變法相比。一年後，支持吳起變法的楚悼王就死了。受到吳起變法打擊的卿大夫們，在為楚悼王治喪的那天，放亂箭射向吳起，吳起躲到王屍旁，亂箭射中王屍。按楚國的法律，謀殺者和吳起都要坐罪。結果，卿大夫被殺七十多家，吳起也遭車裂，和商鞅受到同樣的刑罰。吳起死後，變法失敗，楚國失去強盛的機會。

秦在打擊楚之前，作了三步準備。第一步，先滅巴蜀，版圖擴大一倍，實力更強，且巴蜀在楚上游，便於順江而下攻擊楚國。第二步，出函谷關，攻取魏的焦、曲沃，這兩個地方在今河南三門峽市，又打敗韓軍於岸門，岸門在今河南許昌市。魏、韓暫時屈服於秦。最後一步，秦相張儀向楚許以六百里土地為誘惑，騙得楚懷王與齊絕交。當楚懷王派使者向張儀索取六百里土地時，張儀卻說當初只許以六里土地。楚懷王大怒，發兵攻秦，但遭到失敗。從此，秦楚處於交戰狀態。齊、魏、韓都不會幫助楚，楚陷於孤立，而燕、趙在北方，鞭長莫及，只能隔岸觀火。在二三十年間，秦連連攻楚，楚每戰必敗，失去今湖北西部大片土地，只得遷都於陳，陳就是今河南淮陽縣。楚國衰敗就衰敗在昏庸無能的楚懷王手裏。楚懷王任用奸佞，不聽屈原諍言，反把屈原流放。不過，屈原卻是一個愚忠之臣，《史記》說屈原「雖流放……繫心懷王……冀幸君一顧」，可是楚懷王根本就沒想過要召見他。

楚國衰敗以後，六國中數齊最強，而齊並不致力於合縱攻秦，卻在六國中稱霸，南侵楚的淮北土地，西侵韓、趙、魏，並打算吞併東周王畿。齊的霸道行徑，引起各國不滿，秦暗自高興。這時，燕國要攻齊復仇。何仇之有？

原來，三十年前，燕王噲效法堯舜禪讓故事，把王位讓給他的相國。燕國的太子豈能容忍？於是發生內戰。齊國借平定燕國內亂的名義，打進燕國，佔領燕國達三年之久，在各國強烈反對下，齊才撤兵。燕國軍民擁立太子繼承王位，這就是燕昭王。燕昭王立志強國復仇，便四出物色治國人才，可是沒找到合適的人。他登門拜訪老臣郭隗，請求推薦人才。郭隗給他講了個千里馬的故事。說古時候有個國君，愛千里馬，派人找了三年都沒找到。他的侍臣終於打聽到某個地方有一匹名貴的千里馬，就跟國君要一千兩金子去買。沒料到侍臣到了那裏，千里馬已經病死。侍臣就拿出一半金子，把馬骨頭買回來。國君見到馬骨，大發雷霆，侍臣解釋說：「你肯花錢買千里馬骨頭的消息傳出去，還愁沒有人把千里馬送上來嗎？」果然不出一年，從四面八方送來好幾匹千里馬。郭隗講完這個故事，說：「大王一定要徵求賢才，就不妨把我當馬骨來試一試吧。」燕昭王聽了大受啟發，馬上拜郭隗做老師，造了一座很精致的房子給郭隗住。各國人才得知燕昭王「卑身厚幣，以招賢者」，紛紛趕到燕國來求見。最先來的是蘇秦，蘇秦的合縱策略就是在燕昭王的極力支持下實施的。接著，曾在齊國實施變法的鄒忌、趙國的軍事家樂毅等傑出人才紛紛來到燕國。燕昭王依靠這些人才，改革國政，發展經濟，訓練軍隊，國力一天天強大起來。

如今各國對齊的不滿情緒，正可被燕國利用，於是燕國聯合秦、楚、韓、趙、魏等五國大舉伐齊。五國出兵不多，各自佔領幾個城池便停止不前。而燕國傾全國之兵，在名將樂毅指揮下長驅直入，半年之內，攻下七十餘城，並洗劫一空。齊將田單，死守即墨，這個地名一直延用至今。即墨成為日後反攻的據點。燕軍佔領齊國五年，樂毅為收服人心，「禁止侵掠」，「寬其賦斂」。可是，燕昭王死後，新即位的燕惠王猜忌樂毅，改用騎劫為統師。騎劫殘暴，對齊的降卒施以劓刑，劓刑就是割掉鼻子，這激起齊人的仇恨。田單見民心可用，就伺機反攻。他別出心裁，使用幾千頭牛，給牛角綁上鋒利的尖刀，給牛尾繫上蘸了油的柴草，然後點燃柴草，將牛群驅向敵陣。此為「火牛陣」。在「火牛陣」的突然襲擊下，燕軍大敗，主將騎劫陣亡，齊人趁勢全民反擊，把燕軍全部驅逐出境。齊國雖然復國，但從此一蹶不振。而燕國雖然復仇，但也耗盡了國力。秦國怎不暗自高興呢！

六個合縱條約國家，未受重創的就剩韓、趙了。

韓國也曾變法圖強，幾乎與商鞅變法同時，韓昭侯用申不害為相，推行變法。《史記》對申不害的記述不多，只有六十九個字，是放在《老子韓非子列傳》中講的。申不害是較早的法家，為韓非所推崇。申不害的改革內容主要是兩個字：一為「法」，《韓非子》解釋為：「法者，見功而行賞，因能而受官」，就是論功行賞，按能力用人；二為「術」，即國君馭臣之術，《韓非子》解釋為：「操殺生之柄，課群臣之能也」，就是國君操生殺大權，督使群臣各用其能。申不害的理論基本上是君主集權理論，有利於強化君主統治，而無助於強國富民。在戰國七國中，韓國是最弱的國家，這從《史記．六國年表》中可以看出來。在《六國年表》中，韓國最輝煌的紀錄是：西元前三七五年滅鄭；西元前三五三年伐東周。它的實力只能欺負更弱小的國家。其他紀錄都是敗績，前期敗於魏，後期敗於秦。

趙國的改革，稍遲於商鞅變法，但主要是軍事改革，這就是著名的「胡服騎射」。按《史記．六國年表》記載，趙「初胡服」的時間在西元前三〇七年。趙與北方游牧部落相鄰，這些游牧部落在春秋時被稱為「戎狄」，在戰國時被稱為胡人。胡人短衣長褲，便於騎馬，而中原人的服裝是寬袍大袖，不便於騎馬。進行「胡服騎射」改革，就是仿胡人服飾，建立騎兵部隊。此前，中原各國的軍隊都是車兵和步兵。趙國只是做了開創性工作，並不能因為建立騎兵部隊，就可以馳騁天下，因為其他國家也可以仿效。西安秦始皇兵馬俑軍陣中就有騎兵部隊。實行「胡服騎射」以後，趙在六國中實力最強，但仍強不過秦。請看「初胡服」以後《六國年表》對趙的記載：「西元前二八八年，秦拔我桂陽（今山西清徐縣）」；「西元前二八二年，秦拔我兩城（地點不詳）」；「西元前二八一年，秦拔我石城（今河南林縣境內）」；「西元前二八〇年，秦敗我軍，斬首三萬」；「西元前二七〇年，秦攻韓閼與（今山西和順縣），趙奢將擊秦，大敗之」；「西元前二六五年，秦拔我三城（地點不詳）」。在這二十多年中，秦頻頻攻趙，趙丟城失地，敗多勝少。與此同期，韓、魏也被秦佔去大片土地。今之晉南、豫西一帶都成為秦國的新領土。接著就發生了慘烈的長平之戰。

在長平之戰之前，秦的連橫策略已發展為「遠交近攻」之策。韓國離秦最近，且最弱，秦國就大舉攻韓。西元前二六二年，秦軍攻下韓國的南陽郡（今河南焦作一帶），將韓國攔腰截為兩段：

一段為上黨郡（今山西晉城市、長治市），屬於山區；一段為中原地區（今鄭州以南地區）。韓國恐慌不安，派使者入秦，打算把上黨獻給秦國求和，以保中原，可是上黨守將不願降秦，寧願把上黨獻給趙國，趙國自然樂意接受，派老將廉頗率軍佔領上黨。趙國此舉等於虎口奪食，秦豈肯善罷甘休，於是派重兵進攻上黨。秦軍攻至長平（今高平，在晉城、長治之間），廉頗在此築壘堅守，秦軍一時無法攻克，便也築壘與趙軍對峙。兩壘相距二十多里，各長數十里。《史記》記載趙國投入兵力四十五萬人，對秦軍人數沒有記載，估計也在四十五萬以上。這是戰國時期最大規模的戰爭。秦軍屢次挑戰，趙軍拒壘不出。秦放出風聲，說秦不懼廉頗，幸虧趙國未以趙括為將。趙括是已故名將趙奢的兒子，趙奢曾打敗過秦軍，但趙括卻是個空頭理論家，「紙上談兵」這個成語說的就是他。趙孝成王果然中計，以趙括代替廉頗，而秦卻秘而不宣將主將換成名將白起。趙括上任後欲速戰速決，便揮兵出壘進攻。白起令秦軍正面詐敗，另設兩支奇兵備用。趙軍攻至秦軍壘前，不能攻破，而秦軍一支兩萬五千人的步兵，已截斷趙軍退路，另一支五千人的騎兵，監視趙軍壁壘內的留守部隊不能出壘支持。趙軍前後不能相顧，進退兩難，出壘進攻的大部隊，只好就地構築臨時工事防守，以待後援。秦昭王得到趙軍被圍的戰報，親自趕到南陽郡(今河南焦作一帶)，下詔給當地十五歲以上男子每人賜爵一級，全部調到長平東北面的高地，斷絕趙國國內的援兵和援糧。趙軍被圍四十多天，饑餓缺糧，人相食，輪番突圍，但終不成功。趙括親自率軍突圍，被秦軍射死。趙軍失去主將，軍心大亂，秦軍乘機進攻，趙軍束手投降。白起擔心降卒尋機反抗，僅釋放二百四十名幼童，其餘四十多萬人全部被坑殺。

評價長平之戰，可以歸罪於趙孝成王用人不當和趙括指揮錯誤，但也應從兩國的體制和機制上找原因。秦軍實行「斬首一顆，賞田百畝」的獎勵制度，因而士兵戰鬥力強。趙國沒有這項制度，趙孝成王賜給趙括重金，都被他個人獨享，連他母親也看不下去。趙括母親勸說趙孝成王不要任用趙括，但趙孝成王不聽。為了徵調南陽郡十五歲以上男子上前線，秦昭王下詔每人賜爵一級，從而鼓舞了這些新兵的士氣。賜爵一級是什麼待遇呢？就是相當於「斬首一顆」。仗還沒打，先給獎勵，當地居民怎麼不踴躍呢？而趙國也沒有這項措施。由此可見商鞅變法對秦國兼併六國所起的巨大作用。

長平之戰以後，趙國實力一落千丈，再也難以抗秦。秦繼續對六國蠶食，最終統一六國只是時間問題了。這個歷史機遇，三十年後留給了秦王嬴政，他僅用十年時間，以摧枯拉朽之勢掃平六國，統一天下。

戰國時期七國爭雄的戰爭是空前慘烈的，孟子說：「爭城以戰，殺人盈城；爭地以戰，殺人盈野。」武王伐紂，一場改朝換代的大戰，不過兵車三百乘，虎賁（勇士）三千，諸侯聯軍四萬五千。春秋爭霸，晉楚城濮之戰，晉軍不過兵車七百乘，一乘甲兵十人，徒兵(步兵)二十人，也就是兩萬多人參戰。到了戰國，一次戰爭，每一方的參戰人數少則幾萬、十幾萬，多則幾十萬，消耗的車馬兵器糧草不計其數，死亡的人員不計其數。據史書記載，徵調一個地方的男丁參戰，消耗的財力物力相當於這個地方戰前十年的收入，人員傷亡又導致戰後十年難以恢復正常生產。這些人力、物力的損失，都由人民承擔。

商鞅變法對歷史的影響

商鞅變法是綜合的社會改革，包括法律體制改革、政治體制改革和經濟體制改革，但其核心卻是賦役制度改革。分析如下：一、按五家為伍、十家為什編制戶籍，不只是為了實行連坐法，更可以保證賦稅徵收、徭役徵派；二、制定功爵制度，按軍功賞田、免役、賞祿邑，既是軍功獎勵制度，也是賦役制度。三、從事耕織，納粟、帛多者，可免勞役；三晉農民入秦墾荒，可三世不服勞役、兵役。這是純粹的賦役制度。四、廢井田，開阡陌，並不是說秦國這個時候才廢除井田制，而是廢除原來的地界，按新畝制重新授田，通過擴大耕地來增加稅收，這既是土地制度變革，又是稅制變革。五、軍賦按戶徵收，一夫一婦為一戶，民有二夫不分家者，徵賦加倍。這是強制農民擴大耕地，以增軍賦，卻又不能視為橫徵暴斂。總之，商鞅變法就是用賦役制度獎勵耕戰。秦國在春秋時期不是一等強國，只能稱霸西戎，不能稱霸中原。在戰國前期，秦國也不如魏國強大。沒有商鞅變法，就沒有秦的強大。商鞅變法是富國強兵之法，所以，商鞅雖死，其法不廢。秦統一六國，功在商鞅，秦王嬴政只是利用秦國的實力完成了歷史使命。七國皆變法，只有秦稱雄，根本原因在於其他六國的變法都沒有像秦那樣以賦役制度變革為核心。

7 暴秦酷役

西元前二二一年，秦滅六國，建立統一的中央集權制國家。秦以前，夏、商、周皆為天下共主，不能直接過問諸侯內部事務，如今實行郡縣制，天下一統，秦王嬴政認為自己的功勳超過三皇五帝和夏商周三王，要取一個神聖的名號，才能與自己的地位相稱。大臣們提出：古有天皇、地皇、泰皇之神號，以泰皇最貴，臣等建議上尊號為「泰皇」。然而嬴政並不滿意，他取三皇的「皇」字和五帝的「帝」字，稱「皇帝」，以示君權神授。他說：朕為始皇帝，後世歷代計數，二世三世至於萬世，傳之無窮。從此，秦王嬴政就被稱為始皇帝，民間簡稱秦始皇。

秦始皇自稱朕，表示至尊無二。政事無論大小，全由皇帝一人裁決。這就是集權和獨裁。在全國推行郡縣制，郡守、縣令由朝廷任命。這就是政權的統一。為適應政權的統一，又推行「書同文」、「車同軌」、「行（為）同倫（理）」，以及統一貨幣、統一度量衡。除了這些推動歷史進步的措施，秦始皇還以法律形式確定了土地私有制。

秦代土地制度

夏、商、西周實行井田制，井田制分為公田和私田，但無論公田或私田，都屬於土地公有制。春秋以後，井田制瓦解，公田也轉化為私田，但是，農民對私田仍然只有使用權，沒有所有權。雖然土地私有是客觀存在的，土地買賣也是客觀存在的，但是並未經過法律確定。直到商鞅變法，也沒有在法律上確定土地私有和土地買賣。西元前二一六年，秦統一後的第六年，秦始皇頒布《使黔首自實田》法令，這道法令被史學家們認為是確定土地私有和土地買賣的法令。

《使黔首自實田》這六個字需要解釋。

「黔首」是秦代對老百姓的稱謂。黔為黑色，秦代以黑色為貴，老百姓以黑布包頭，稱為黔首。秦代為什麼以黑色為貴呢？這要從「五德終始」學說說起。戰國時鄒衍是個陰陽五行家，他創立神秘的「五德終始」學說。「五德」即為土木金火水，「終始」即為循環相剋。這一神秘而荒誕的學說是這樣的：黃帝為土德，土為黃色，所以尚黃色；夏為木德，木紮於土，所以木能剋土，木為青色，所以尚青色；商為金德，金削木，所以金能剋木，金白亮，所以尚白色；周為火德，火熔金，所以火能剋金，火為赤色，所以尚赤色；取代火德者，必為水德，水滅火，所以水能剋火，水深呈黑色，所以尚黑色；取代水德者，必為土德，水來土掩，所以土能剋水。秦始皇為其統治的需要，崇尚這一荒誕學說。秦代周，因此以水德自居，以黑色為貴。

「自實田」的含義，是自己墾荒補足應有的百畝之田，報經官府登記在冊，即取得土地所有權，可以自由買賣。所以，法定的土地私有制，是從秦代開始的。始於周代的一戶授田百畝制度，一直延用至唐代。「自實田」以後，官府就按每戶百畝徵賦稅。秦代百畝，大約相當於今天的七十畝。

秦代賦稅、徭役要分開評價

秦對土地徵稅的稅率史料不詳。但秦有暴政惡名，所以後人批評秦時寧願說它苛稅暴斂。《漢書》的相關記載常被作為秦代苛稅暴斂的證據。我們來逐一分析這些證據。

《漢書・食貨志》說秦「收泰半之賦」。這裏「賦」容易理解為「賦稅」，其實不然，古代「賦」、「稅」、「租」三字常常通用，如西元前四〇八年秦國「初租禾」的「租」，不是我們今天說的地租，而是指「稅」；而「收泰半之賦」的「賦」，卻正是我們今天所說的地租。「泰半」即大半，這是地租率，不是稅率，稅率不可能這麼高。秦有大量官田，把官田租給農民耕種，收一半的地租是正常的。

《漢書》還引用董仲舒的話，說秦代農民「耕豪民之田，見稅什五」。這裏說的「稅」是指地租，「豪民」就是地主。地主的地租率和官田的地租率都是百分之五十。

董仲舒還說秦代「田租、口賦、鹽鐵之利，二十倍於古」。這裏「田租」是指田稅；「口賦」是指人頭稅；「鹽鐵之利」是指鹽鐵之稅；「二十倍於古」的「古」是指西周。西周沒有口賦，也沒有鹽鐵之稅，只有田稅。所以，秦代的田稅、口賦、鹽鐵之利合在一起，二十倍於西周的田稅是可能的。如果理解為秦代的田稅、口賦、鹽鐵之利各自「二十倍於古」則是說不通的。西周實行什一稅，二十倍就是百分之二百，這怎麼可能呢！

許多史家都認為，秦代對土地徵稅可能仍是十分之一，因為井田制瓦解後的「履畝而稅」就是這麼定的，以後未見改變稅率的記載。到商鞅變法，田稅的增加不是通過提高稅率來實現的，而是通過擴大畝制來實現的。

秦代除了田稅，又按人口徵賦，民間俗稱人頭稅。西周有戰爭才徵收軍賦，無戰爭則不徵。到春秋時軍賦成為定制，每年都徵。戰國時秦實行商鞅變法，按戶徵軍賦，後來衍變為口賦，按人口徵收。田稅徵糧，口賦徵錢，征多少錢史料也不詳。史家一般參考漢代的口賦來猜測秦代的口賦，因為漢承秦制。假設漢代口賦錢與秦相等，以五口之家為例，按糧價折算，秦的口賦要比田稅重。

秦代還有一些臨時徵調的雜賦，上貢土特產就屬於雜賦。

秦代苛稅暴斂，不是展現在稅率上，而是在徵稅方法上，這分三種情況：一，秦代不是按個人實際田畝徵稅，而是按個人應有田畝徵稅，應有田畝就是當初授田畝數或《使黔首自實田》時登記的畝數，一般農民為百畝，地主則更多，不管以後你是買地了還是賣地了，仍按原來的畝數徵稅，那麼每一戶的稅額就會保持多年不變，這被稱為「捨地而稅人」。為什麼這樣做呢？因為官府省卻了土地普查的麻煩。對於失去部分土地的農民來說，賦稅必然是加重了，不過這肯定不是普遍現象。二，秦代徭役繁重，多數農民無法正常耕種，而賦稅照徵，這就顯得賦稅沉重而不堪承受了。三，秦末，農民起義遍地爆發，為鎮壓農民起義，朝廷軍費劇增，在戰亂之地難以徵稅，那麼相對安定的地區就會加重賦稅。

與賦稅相比，秦代繁重的兵役和勞役更令農民不堪承受。北抗匈奴，南戍五嶺，築長城，修馳道，為秦始皇建造宮殿和陵墓，還有地方官府的土木工程和雜役。從秦朝建立到滅亡，兵役和勞役一天也沒有停止過。服役的都是哪些人呢？朝廷規定：有一定爵位的官吏和納糧多的地主可免役，普通百姓都必須服役，十五歲到六十歲的男性，每年必須服一個月的勞役，或在本郡，或在外郡，一生必須服兩年兵役，其中一年在本郡，一年在邊疆或京師，服兵役的人除了軍訓、打仗，還要修建軍事工程，和服勞役沒什麼兩樣。在郡內服役，路上時間短，到郡外服役，路上時間長，這都不包括在役期之內。按這樣的規定徵調人力，已經很重了，而朝廷又常常強制服役者超期服役。本來一個月的勞役，加上路上的時間和超期服役，可能長達半年；本來一年的兵役，可能延至兩年。更苦的是那些輕微觸犯法律的刑徒和拖欠賦稅的人，他們被罰服役抵罪或服役抵稅，比普通人的役期長幾倍。最苦的是那些有罪的官吏、逃役逃稅的人、典身為奴的人（所謂贅婿）、村裏的佃農雇農（所謂閭左）、商人和三代之內曾屬商人戶籍的人，他們或者有罪在身，或者身分卑賤，服役遙遙無期。

秦代獨尊法家學說，刑罰殘暴，罪名繁多，輕罪重罰。《史記》說秦始皇「事皆決於法，刻削毋仁恩和義（刻毒而不施仁愛恩義）」，「久者不赦（從不赦免天下）」。秦代的刑罰不僅殘害人的肉體，而且讓刑徒服勞役。如：五人以上團夥盜竊，哪怕只盜一錢贓物，除了斬左腳趾、臉上刺字，還要築城牆，築城牆刑期為六年；甚至偷採別人家的桑葉，也要罰一個月的勞役。更有親屬之間、鄰里之間的連坐法，一人觸法，可能多人服刑。

據史家估計，秦代有三百萬人被驅趕役使，這佔兩千萬總人口的百分之十五，佔男性人數的百分之三十，佔成年男性人數的一半以上。《史記》和《漢書》稱秦代徭役「三十倍於古」，「戍死者十六七」，「道路死人以溝量（屍體把路溝都填滿了）」，「秦人見行，如往棄市（離家服役如赴刑場）」，史家認為這些都是真實寫照。

在民怨沸騰中，五十歲的秦始皇在西元前二一〇年第五次出巡的途中死去，隨行的二十一歲的秦二世胡亥夥同趙高、李斯矯詔篡位。為了趕修酈山墓，安葬秦始皇，秦二世更大規模地徵發徭役。安葬秦始皇之後，秦二世緊接著繼續大興土木，營造秦始皇未完成的宮殿，計關中宮殿三千三百座，關外宮殿四百座，聞名於史的阿房宮只是其中的一座，可能是最大的一座。百姓實在忍無可忍，「欲為亂者，十室而八」，已經到了「人與之為怨，家與之為仇」的地步。

陳勝、吳廣率領九百戍卒在蘄縣大澤鄉(今屬安徽宿縣)「斬木為兵（器），揭竿而起」，以「張楚」為號，以陳縣為都，天下立刻回應。陳縣就是今天河南的淮陽，是楚國後期的都城，以楚都為都與「張楚」的口號是一致的。

章邯能戰不敵項羽勇猛

陳勝起義軍兵分三路：一路北上，下城數十座，得到北方各地人民紛紛回應，可是這支部隊的將領們卻割地自立，自封為趙王、魏王、燕王，不再服從陳勝的指揮。一路攻打滎陽，由吳廣率領。滎陽是戰略要地，附近有儲存大量糧食的敖倉，由丞相李斯的兒子李由把守。滎陽久攻不克，但牽制了中原的秦軍。一路西進，由陳縣賢人周章率領。周章一路進軍，一路擴軍，突破函谷關，進入關中，到達酈山附近，離咸陽只有百里，起義軍已擴充至數十萬人。

據《史記》記載：「二世大驚，與群臣謀曰：『奈何？』少府章邯曰：『盜已至，眾強，今發近縣（兵）不及矣。酈山（刑）徒多，請赦之，授（給）兵（器）以擊之』。二世乃大赦天下，使章邯將（指揮），擊破周章軍而（退）走，遂殺（周）章（於）曹陽（今河南靈寶市境內）。」這段話需要解釋。一，少府章邯何許人？少府是秦代設立的官職，掌管山澤稅，按現在的話說，就是掌管礦業稅、林業稅、水產漁業稅等，這部分稅收直接歸皇帝所用。秦代掌管田稅、口賦的官職叫治粟內史，這部分賦稅歸國家所用。作為中央稅官的章邯卻頗具軍事才能，成為鎮壓秦末農民起義的主要將領。二，「今發近縣不及矣」，什麼叫「發近縣」？為什麼「不及矣」？當時咸陽守軍很少，最多五萬，不敵數十萬起義軍，而徵發咸陽周圍各縣的丁男為兵已經來不及了，因為起義軍距咸陽只有百里。三，「酈山徒多」，有多少？當時在酈山為秦二世修建宮室的刑徒有數十萬人。可歎周章未能去解放他們，若暫捨咸陽，先攻酈山，吸收刑徒為兵，周章軍可至百萬，那麼秦二世就成了囊中之物。四，章邯率酈山徒為什麼能擊破周章軍？古代統治者常把赦免的刑徒編為軍隊，這樣的軍隊感於皇恩，往往具有很強的戰鬥力；這支軍隊使用的兵器一定很精良，因為當時他們是朝廷唯一依靠的軍隊；這支軍隊的軍費和後勤供應一定很充足，因為他們的指揮官是掌握皇家錢財的稅務局長。而周章軍的兵器肯定很差，恐怕不少人是扛著鋤頭造反的，因為秦始皇統一全國後，搜盡天下兵器，熔鑄成十二個金人放在宮殿裏，以致陳勝在起義時只能斬木為兵器；周章軍的軍費和後勤供應肯定沒有什麼保障，因為他們沒有國家財政作後盾。

章邯指揮的這支由酈山刑徒組成的軍隊確實戰鬥力很強，擊破周章軍後，又擊敗圍攻滎陽的吳廣的起義軍，此前，吳廣已被部將殺死。接著又擊破陳勝親自指揮的起義軍，陳勝失敗後被他的御者殺死，御者就是趕馬車的人。繼而擊破項梁軍，項梁陣亡，項梁是項羽的叔父。然後渡黃河北上，大破趙軍，攻佔邯鄲，趙軍退守鉅鹿，鉅鹿在邯鄲之北。章邯令副將王離圍攻鉅鹿，自己率軍修築通向漳水的甬道，甬道就是兩邊築牆的道路，可防禦敵軍截斷糧道。從關中輾轉水運而來的軍糧，通過甬道運至軍前。看來這個稅務局長是很重視後勤保障的。圍攻鉅鹿的王離是何許人也？他是在蒙恬被趙高殺死之後率三十萬邊防軍戍長城拒匈奴的將領，受秦二世命令，率軍南下鎮壓農民起義，歸章邯指揮。這時，項羽率楚軍破釜沉舟救鉅鹿，與王離的精銳部隊在鉅鹿城外血戰。項羽軍以一當十，呼聲震天，九戰九勝，打敗秦軍，生擒王離。先項羽而至救鉅鹿的諸侯軍隊因懼怕王離的精銳部隊而作壁上觀，如今見楚軍血戰，都嚇得心驚膽裂。王離軍既破，項羽召見各諸侯軍將領，他們一個個膝行而前，莫敢仰視，共推項羽為首領。項羽率楚軍和諸侯軍乘勝擊章邯，章邯兩次敗陣。秦二世派使者責問章邯，章邯恐懼，派人求見趙高，趙高不見。章邯自度將被治罪，就投降了項羽。章邯雖降，其士卒不服。大軍向咸陽進發，行至今河南新安縣，項羽突然下手，一夜間坑殺秦降卒二十萬。項羽入咸陽，自立為西楚霸王，另封十八路諸侯王天下，其中劉邦封於漢中，章邯封於雍，在咸陽以西。劉邦明修棧道，暗渡陳倉取關中，章邯城破自殺。

在章邯大戰起義軍時，趙高多次對秦二世說：「關東盜賊毋能為也」。後來關東盡失，秦二世派人責問趙高，趙高恐懼，欲為亂。閹人趙高有養女，其婿為咸陽令，掌握著千餘人的地方武裝。趙高指使女婿率吏卒入宮，逼秦二世自殺。趙高為了制約他的女婿，將他女婿的母親挾持到自己家裏，作為人質，由此可見趙高的毒辣。趙高召集大臣開會，宣布已誅殺秦二世，接著說：如今六國都復國了，秦地縮小到原來的面積，再稱皇帝，徒具空名，還是稱王如故為宜。乃立二世的侄兒子嬰為秦王，請子嬰進宮接受玉璽。子嬰不至，趙高親自去請，子嬰親手刺殺趙高。子嬰為秦王四十六天，劉邦進入咸陽，子嬰投降。一個月後，項羽入咸陽，殺子嬰及秦諸公子。史稱秦朝二世而亡，是因為子嬰只為王而沒有為帝。

亡秦教訓

秦始皇絕不會料到農民會揭竿而起推翻他建立的強大王朝。在秦之前，從未發生過農民起義，夏、商、周都是亡於諸侯。秦始皇廢除分封制，改為郡縣制，權力集中，天下一統，自以為江山永固，可以始皇、二世、三世……以至萬世傳下去，不料僅二世而終。秦始皇也不會想到農民造反的起因會是賦役的加重。在統一六國的戰爭中，他動輒徵發兵卒幾十萬，從未遇到阻力，那是因為有軍功賞爵的激勵制度在起作用。統一後，農民渴望休養生息，而朝廷濫用民力更變本加厲，農民與其死於酷役，不如起來造反。秦始皇的嚴刑峻法，在戰爭時期有利於提高政治、軍事效率，但是和平時期則弊大利少，人民動輒觸法，而且輕罪重罰，甚至連坐，怎不以死相拼。陳勝、吳廣就是因為「度已失期，失期當斬」而起義的。

秦二世長自深宮，更不可能懂得人民的力量。據《史記》記載，右丞相馮去疾、左丞相李斯、將軍馮劫曾聯名向秦二世進諫曰：關東群盜並起，秦發兵誅討，所殺亡甚眾，然猶不止。盜多，都是因為徭役太苦，賦稅太重。臣等請求停止修建阿房宮，減輕徭役。可是秦二世的回答卻非常荒唐。他說：昔日堯、舜住的是用雜木茅草搭建的房子，吃飯喝水用的陶碗瓦罐，所住所用和百姓一樣簡陋。昔日大禹治水，親手挖土，小腿上的汗毛都磨光了，和刑徒一樣勞苦。堯、舜、禹貴為天子卻身處勞苦境地，為百姓做出犧牲，這不值得效法。凡貴有天下者，應當貫徹自己的意志，同時修明法制，使臣下不敢為非，就可天下大治。朕尊為萬乘之主，卻名不符實。我要造千乘之駕，率萬乘之徒，以符合我的名號。先帝起自諸侯，兼併天下，而發卒戍邊、內造宮室即為彰顯意志。你們也看到了，先帝的功業已經就緒。如今朕即位二年之間，群盜並起，你們不能制止，又欲罷先帝之所為，這是上不能報答先帝，其次又不為朕盡忠，你們憑什麼身處高位？於是將三人下獄。馮去疾、馮劫說「將相不受辱」，遂自殺。李斯被囚受刑。秦二世這麼長一段話是要辯解一個觀點：天子就是要按自己的意志極欲所為。奉行這樣的統治思想，秦朝豈能不亡。

和後世相比，秦代農民和新興的地主階級的矛盾並不突出。秦代的地主分三類：一為宗法地主，二為商賈地主，三為軍功地主。宗法地主一般為各國公卿大夫的後裔。在春秋戰國的時候，公卿大夫佔有大面積采邑，這些采邑為龐大的宗族後裔所共用。井田制瓦解後，公卿大夫的宗族後裔比普通百姓佔有更多的私田，從而成為地主。秦滅六國，強制性地遷徙六國豪富十二萬戶到咸陽，其中主要是宗法地主。他們富敵一縣，蔭庇眾多部族，妨礙統一，所以必須遷走。他們帶走的是動產，房屋、土地等不動產留在當地分給農民。他們到新的地方失去舊日的威勢，不得不從頭創業。朝廷主觀上為了加強統治，但在客觀上消除了農民和大地主之間的矛盾。與宗法地主相比，商賈地主的土地是購買得來的。由於商鞅變法以後秦長期實行抑商政策，又由於當時土地買賣尚不普遍，所以商賈地主並不太多，而且其土地規模也不大。秦代大量的地主是軍功地主，他們一般為中小地主，只有將領才可以成為大地主。秦代的軍功地主產生於商鞅變法到秦統一六國這一百三十多年間，有多少下級軍官和士卒立功受賞史無記載，但肯定不是一個小數目。秦蠶食六國，在新佔領區也實行秦法，所以，軍功地主遍布六國地區，但以秦的故地為多。秦代依附於上述三類地主的佃戶、雇農不會太多，大量的農民是屬於耕地百畝的自耕農，他們是朝廷賦稅、徭役的主要承擔者。還未等新興的地主大規模兼併土地、盤剝農民，短暫的秦王朝就滅亡了。這是秦代的一個特點。後世各朝代，農民都是在朝廷重稅、地主重租的雙重剝削下而造反的。

若不是徭役繁重，秦代本可以延續更長時間，農民應該真的像秦始皇出巡時的刻石辭說的那樣「男樂其疇（耕作），女修其業（紡織）」。農業在春秋戰國已有很大發展，統一後，各地相互交流，更有利於農業的發展。戰國時已開始施肥，到秦代施肥已很普遍，這不僅可以提高作物產量，也可以縮短土地休閒的時間。戰國時已創造了畦作和壟作，在降水少的地方把作物種在畦裏以蓄水，在降水多的地方把作物種在壟上以排水。到秦時，畦作壟作推廣的面積更大。原產伊拉克的小麥，經游牧民族傳入中原，春秋時已在北方廣泛種植，經戰國到秦，逐步由北方向南方推廣。中國原有的作物黍、粟、秫、菽、稻都是春播作物，不抗寒，所以只能一年一熟，而小麥是秋播作物，能越冬，可以和春播作物銜接種植，實現一年二熟。這可以說是一場農業革命，不亞於現在的雜交水稻革命。春秋戰國時期，桑樹已從喬木形態被馴化為灌木形態，既便於採摘，又提高了產量。秦實行土地私有制，土地所有權多年不變，更有利於像桑樹這樣的多年生植物的種植。這些農業技術的成熟和發展，完全可以讓和平環境下的自耕農過上溫飽生活。然而，秦代的農民疲於酷役，忍看田地荒蕪，本該好好的日子卻無法過下去，除了造反，別無選擇。

秦代濫用民力對歷史的影響

濫用民力導致亡國，秦代是一個典型代表。秦代的徭役制度規定，男丁一年服勞役一個月，一生服兵役二年，這其實並不重，問題在於它不按制度執行，在制度之外加徵徭役，這便是濫用民力。秦代法律苛嚴繁瑣，人民動輒觸法，服刑的人很多。秦代法律輕罪重罰，除了罰之以肉刑，更要罰之以勞役，這就使勞役隊伍擴大，勞役時間延長，勞役強度加重。在秦始皇、秦二世統治的十幾年間，沉重的徭役一年重於一年，農民終於不堪忍受，揭竿而起。統治者對人民的徭役剝削是與生俱來的。在夏、商、西周，農民在公田勞動，實際上就是以勞役的形式來為統治者納稅，這段時間內，役和稅是合而為一的。春秋戰國時期，役和稅分開，農民除了履畝而稅，還要服勞役和兵役。在秦代，農民對賦稅或可承受，最不堪承受的是徭役。秦代濫用民力而亡，為後世各朝代敲響了警鐘，但役使人民是統治者的天性，後世仍不乏重蹈亡秦覆轍的朝代，其中以隋代與亡秦最為相似。

8 文景之治

西漢文帝景帝在位的四十年，是中國歷史上第一個國泰民安的盛世，史稱「文景之治」，極盡褒獎之意。其實，「文景之治」之源應該溯至劉邦。

劉邦戰勝項羽之後登基，面對的是國虛民窮、百業凋零的局面。秦初有人口兩千萬，經過二十年的暴政和戰亂，人口銳減到一千三百萬，社會財富也極度匱乏，皇帝備不起四匹馬同樣顏色的馬車，有的將相只能乘牛車，百姓室無所藏，米價每石萬錢，是正常年景的三百倍。劉邦該怎樣治國呢？

無為而治思想的確立

《史記》有這樣一段記載：太中大夫陸賈常在劉邦面前談論《詩經》、《尚書》等儒家經典，沒什麼文化的劉邦聽了很反感，罵道：老子在馬上得天下，哪裏用得著什麼《詩經》、《尚書》！陸賈回答說：您在馬上得天下，難道也要在馬上治天下嗎？商湯和周武王都是以武力取得天下，然而都能順應形勢以文治守成。文武並用，才是長久之道。從前吳王夫差、晉國公卿知氏都因極力炫耀武力而亡。假使秦朝統一天下後，施行仁義，效法先聖，那麼陛下您又怎麼能取得天下呢？劉邦聽了心裏不快，但面有愧色，就對陸賈說：那就請你總結一下秦所以失天下，我所以得天下，以及秦之前各朝代成敗的原因吧。於是，陸賈就下筆論述國家興衰存亡的原因，共寫十二篇。每上奏一篇，劉邦就稱讚一番，左右群臣山呼萬歲。十二篇結集成書，被稱作《新語》。

陸賈《新語》約一萬三千字，論述的是朝代興亡，傳達的是儒家仁義而治、黃老之學無為而治的主張，「其卓識宏議，為漢儒首唱」。什麼是黃老之學呢？黃，指黃帝；老，指老子。老子是道家鼻祖，黃帝是華夏人文始祖，難道是黃帝創立道家學派？顯然不是。原來，在戰國時期，百家爭鳴，各家為了加強說服力，紛紛假託先聖之言。如墨家假託大禹之言，農家假託神農之言，儒家假託堯舜之言，道家就假託黃帝之言，時稱黃老之學。黃老之學主張的無為而治，就是「省苛事，薄賦稅，毋奪民時」，省苛事就是輕徭役，薄賦稅不用解釋，毋奪民時就是不要耽誤農時。黃老之學與法家學說相對立。法家主張苛法治民，嚴罰重賞，竭盡民力，富國強兵。秦因採用法家主張而統一六國，也因此而亡。

陸賈《新語》語言深刻而優美，是一篇奇文，奇文共欣賞，讓我們摘錄幾句，窺其一斑。如「是以君子握道而治，據德而行，席仁而坐，杖義而強」。又如「德薄者位危，去道者身亡，萬世不易法，古今同紀綱」。再如「道莫大於無為，行莫大於謹敬。何以言之？昔舜治天下也，彈五弦之琴，歌南風之詩，寂若無治國之意，漠若無憂天下之心，然而天下大治……秦非不欲治也，然失之者，乃舉措太多，刑罰太極故也」。陸賈《新語》雖然是一篇奇文，卻有學者認為原文已經佚失，現存《新語》是後人依託之作，但此說並非學界公認。

劉邦手下的將領出身社會下層，都沒有什麼文化，陸賈的一番宏論，他們前所未聞，又覺得言之有理，怎不山呼萬歲呢？

在陸賈的說服下，劉邦接受了仁義而治、無為而治的思想，制定恢復生產、與民休息的治國方針。劉邦詔令：入關滅秦的士卒願意留在關中務農的，賜田地，免徭役十二年，願意回原籍務農的，賜田地，免徭役六年；為躲避戰亂而逃亡山澤的百姓回到原籍，恢復其原來的田地、住宅，有爵位的恢復其爵位；因饑餓賣身為奴的，恢復庶民身分。在稅收上，「量吏祿，度官用以賦於民」。就是說精打細算，壓縮費用，盡可能減輕賦稅。劉邦當皇帝之初，沿用「什一稅」稅率，後來減為「十五稅一」，時間可能在他死的前一年。這是歷史性的突破。「什一稅」是古制，被譽為聖人之道，此前歷代統治者只會在此基礎上加重，不會減輕。陸賈給劉邦提供的是治國思想，並沒有建議具體的稅制，劉邦突破稅率古制，是他的愛民本色使然。

劉邦起義之前，是沛縣泗水亭長，負責治安和民調。這是個多大的官兒呢？在秦代，十里一亭，十亭一鄉。亭長在村長（古稱里正）之上，鄉長（古稱三老）之下，相當於現在農村俗稱的「片兒長」。不過他這個「片兒長」可是業餘的，只免徭役，沒有俸祿，雖然管鄉親們的事兒，但還要種自己的田，本質上還是個農民，因而深知民間疾苦。

劉邦押送本地役徒去服徭役，一路上不斷有人逃跑，交不夠人數他也要受懲罰，乾脆就把大家全放了。他很客氣地說：「公等皆去，吾亦從此逝矣」。役徒們依依不捨，就跟著他逃進芒碭山。陳勝、吳廣起義的消息傳來，他就率眾攻佔了沛縣，被吏民推為沛公。劉邦西征入關，與關中父老約法三章，只對殺人、傷人、盜竊治罪，其餘繁瑣苛暴的秦法盡除，「秦人大喜，爭持牛羊酒食，獻饗軍士」。劉邦不受，秦人益喜，「唯恐沛公不為秦王」。項羽把劉邦封在漢中，關中數萬百姓自願隨他前往。他從漢中進軍關中，又得到關中百姓回應。為建立穩固的關中根據地，劉邦把秦的遊獵之地都分給百姓耕種。在鴻溝與楚軍對峙，因有關中百姓在蕭何組織下源源不斷輸送兵員和糧草，劉邦才得以支撐危局。

劉邦當了七年皇帝就死了，他崇尚的黃老之學成為西漢前期的統治思想，他制定的與民休息的政策被執行了六十年。

惠帝在位七年，實際上是呂后掌權。惠帝死，呂后稱制八年。稱制不是稱帝，是正式行使皇帝權力。呂后違背劉邦「非劉氏不得為王」的白馬盟誓，但沒有違背劉邦與民休息的既定方針。司馬遷評價說：「孝惠皇帝高后之時，黎民得離戰國之苦，君臣俱欲休息乎無為……天下晏然，刑罰罕用，罪人是稀，民務稼穡，衣食滋殖。」以修長安城為例，嚴格按役制徵用民夫，每年不超過三十天，均在農閒時間，以不誤農時，所以修了六年才完成。

呂后封娘家侄兒呂祿、呂產為王，分掌軍權、政權，丞相陳平深為憂慮。善於洞察時局的陸賈，勸說陳平深結太尉周勃，以備天下有變。呂后死，周勃、陳平聯手誅殺呂祿、呂產。此時在世的劉邦的兒子中，代王劉恆年齡最長，二十三歲，且仁孝寬厚，其母薄氏謹慎賢良，於是群臣就擁立劉恆為帝，是為孝文皇帝。從此開始了「文景之治」。

「文景之治」是怎樣實現的

文帝在位二十三年，其子景帝在位十六年，共三十九年，論年頭，算作四十年。文、景二帝堅持並發展與民休息的統治理念，其顯著標誌是「三十稅一」。實行「三十稅一」有一個漸進的過程，這個過程分作三步。

第一步：在文帝即位十年之後，與民休息已見成效，農業發展，糧食增加，但糧價下跌，穀賤傷農，以致棄農經商者增多，而國家積貯糧食很少，耕田百畝的小農也無貯糧。於是賈誼上奏《貴積貯疏》，建議朝廷積貯糧食，這樣既可備荒，又可使民歸農。賈誼當時的官職是文帝的小兒子梁懷王的太傅，太傅就是老師。可是，用什麼方法積貯糧食呢？賈誼沒說。若讓國家出錢收購，卻沒有這麼大的財力。之後，晁錯上奏《論貴粟疏》，解決了這個問題。晁錯提出「貴粟之道，在於使民以粟為賞罰」，地主、商人無償給國家貢獻糧食，可以賜爵。國家以爵位換到的糧食多了，就可以每年少收田賦，甚至隔幾年免一年田賦，這樣，就使耕田百畝的小農也有一定的糧食儲備，晁錯說這叫「損有餘補不足」。晁錯的點子的確高明，國家不花錢，既得到糧食，又縮小貧富差距，還能穩定糧價，一舉三得。晁錯的官職是太子家令，相當於太子的顧問。文帝採納了晁錯的建議，制定無償向邊塞輸糧賜爵的標準，輸糧越多，爵級越高。如輸糧六百石，賜二等爵；輸糧四千石，賜九等爵；輸糧一萬二千石，賜十八等爵。爵位是社會地位的象徵，如果犯罪可用爵位抵罪，以減輕刑罰，其中九等以上爵位，可享受免服徭役的特權。為了獲得賜爵而無償向邊塞輸送糧食的人，基本上都是渴望提高社會地位的地主、商人。以二等爵為例，需輸六百石糧食，這是六百畝土地的年產量，而普通農民的耕地面積一般只有百畝，年收穫只有百石左右，西漢時一石約合今六十市斤，繳納賦稅以後，所剩只夠維持生活。

第二步：邊塞儲備足夠的糧食後，又儲糧於郡縣，郡縣的糧庫也滿了，就減免田賦。文帝於十二年下詔：「其賜天下民今年田租之半」。就是免一半田賦。十五稅一的稅率免一半，就是三十稅一。十三年，又下詔免天下田租。關於這一點，學術界有兩種說法，第一種說法是免當年，第二種說法是一直免下去，免到文帝去世，共免十一年。第二種說法似不可能。田賦是國家的主要收入，豈能連免十餘年。總之，文帝時期，減免田賦應該是臨時性政策。

第三步：景帝即位當年，詔令天下半出田租，實行三十稅一，從此成為漢朝定制。

文景時期，除了土地三十稅一，人口稅和徭役也都大大減輕。《漢書．賈捐之傳》說，文帝時「民賦四十，丁男三年而一事」。「民賦」，就是口賦，即人口稅，此前，成年人每年納稅一百二十錢，此為一算，「算」作為漢代錢幣單位，即由此而來。「民賦四十」，也稱「三年一算」。「事」，指徭役，此前，成年男子每年服徭役一個月，文帝減為每三年服徭役一個月。

在整個中國封建社會歷史上，文景時期是農民負擔最輕的時代，可以說空前絕後，這是朝廷長期堅持與民休息政策的結果。與民休息這一政策還影響到朝廷的對外關係。

北方的匈奴是強悍的游牧民族，人人能騎善射，「控弦之士三十萬」，時常搶掠定居的農耕民族，「來如獸眾，去如鳥散」，防不勝防。秦漢時的匈奴就是戰國以前的「戎」、「狄」、「胡」，他們經過相互兼併、融合，到戰國後期形成統一的民族。掠奪是游牧民族的天性，因為這比自然放牧更容易獲得財富。為解除邊塞之患，秦始皇命蒙恬率三十萬大軍將匈奴逐出河套地區。秦末戰亂，秦二世抽調防禦匈奴的邊防軍鎮壓農民起義，匈奴乘機又奪回河套地區。西漢初建之時，匈奴曾經侵犯至今山西太原之南，劉邦率兵出擊，卻被匈奴圍困七天才得脫。漢軍不敵匈奴，劉邦只好與匈奴和親。文帝時，匈奴新單于初立，文帝再嫁宗室女與匈奴和親。景帝時，又連續三次與匈奴和親通好。然而，匈奴搶掠的天性難改，仍然連年犯邊。為了與民休息，文景二帝只防守，不出擊，避免了大規模戰爭。

南方的南越王趙佗曾一度稱帝，與西漢朝廷抗禮。趙佗是北方人，秦始皇派兵征服嶺南，趙佗是中級軍官。秦末大亂，趙佗自立為王。劉邦定天下，派能言善辯的陸賈出使南越，陸賈說服趙佗稱臣，劉邦正式冊封趙佗為南越王。呂后秉政時，禁止中原鐵器輸入南越，以防南越鑄鐵器為兵器。趙佗不滿，興兵反叛。呂后發兵南征，士卒不適應嶺南氣候，多數染病，只好退兵。漢與南越關係破裂，趙佗便再次稱帝。文帝即位後，主動向趙佗示好，派陸賈再次出使南越，還寫了一封措詞謙和的信，信中告訴趙佗，朝廷已將他的祖墳修葺一新，對他的哥哥也作了照顧，接著說戰爭只會給百姓造成禍害。趙佗深受感動，婉轉解釋說自己只是「稱帝號自娛」，並非真心對抗。從此，南越恢復藩屬地位。

文景時期，朝廷與民休息，輕徭薄賦，而蓄意謀反的吳王劉濞（劉邦之侄）則免去農民一切賦稅徭役。吳國有銅山，劉濞召集天下逃亡之人煉銅鑄錢，等於開了個銀行。那時國家的金融制度還不成熟，朝廷允許郡國鑄錢流通。吳國靠海，煮海水為鹽，也獲利豐厚。《史記》說吳國因此「國用富饒」，「百姓無賦」，「賞賜閭里」，「卒踐更」。「百姓無賦」就是不向百姓徵收賦稅，「賞賜閭里」就是救濟窮人。「卒踐更」需要詳細解釋。「卒」是指服徭役的人；「更」是徭役的代稱，服徭役的人每月更換一次，所以徭役又叫做「更」或「更役」；「踐更」是指接受雇金替別人服徭役。「卒踐更」就是所有服徭役的人都可得到工錢，那麼雇主是誰呢？是吳國。這在朝廷是根本做不到的。吳國「如此者四十餘年，以故能使其眾。」就是說，吳國實行這三項達四十年，老百姓因此都聽命於吳王。景帝即位第三年，採納晁錯建議，削減各王國封地，吳、楚等七國反。劉濞向百姓下令：我今年六十二歲，自為將軍，我的小兒子十四歲，為士卒，國中上與我同歲，下與我的小兒子同歲的，都要從軍。百姓皆聽令，共徵兵二十餘萬，向中原進攻。景帝命太尉周亞夫平亂。周亞夫派一支輕兵切斷淮、泗水道，截斷吳軍糧食供應。吳軍士卒饑餓，紛紛逃散，周亞夫只用三個月就平定了叛亂。

平定七國之亂以後，景帝乘勢免去各諸侯國治民的權力，只讓他們享受賦稅。從此，國家的統一進一步加強，經濟進一步發展。但是，與民休息的基本國策到漢武帝時卻中斷了。

武帝「有亡秦之失而免亡秦之禍」

漢武帝即位之初，國家擁有充足的經濟實力。《史記》記載：漢興七十餘年間，國家無事，除非遇到水旱災害，老百姓家給人足，各地的糧倉、錢庫都裝得滿滿的。京城積存的錢幣千千萬，串錢的繩子都腐爛了，無法計數。太倉的糧囤如兵陣相連，溢出來的糧食堆在外面腐爛不可食。鄉村街巷到處拴著馬，田野裏馬匹成群。看門的人也有精米肥肉可食。

國家如此富足，為漢武帝施展雄才大略，建立曠世武功，提供了雄厚的物質基礎。

武帝即位第六年，匈奴求和親，武帝勉強從之。但是，和親之後，匈奴依然大肆擾邊。西漢的國力已非當年，豈能繼續容忍匈奴擾邊。於是，在即位的第八年，武帝決定出擊匈奴。這是一場曠日持久的戰爭，打了四十四年，分為三個階段：開始的十四年，漢軍六次大規模出擊，匈奴屢遭重創，潰退到大漠以北；中間的二十年，雙方陳兵對峙，但均無力再戰；後十年，雙方恢復實力，從新開戰，漢軍三次大規模出擊，但均遭失敗。

漢武帝除了北逐匈奴，還連通西域，統一西南夷、南越、東越、閩越，使版圖比秦時擴大一倍，所以後人把他與統一六國的秦始皇並稱為「秦皇漢武」。然而，秦始皇濫用民力，漢武帝也將民力耗乾。

同匈奴開戰十年，掌管財政的大司農就向武帝報告說，文景以來積累的財力已經用完。看來，要把戰爭繼續下去，必須增加財政收入，途徑有三條：一是加稅；二是發展官營事業；三是賣官、賣爵、賣法。

加稅，首先向商人、手工業者和富人加稅。商人按資產的百分之六加稅，手工業者按資產的百分之三加稅，富人的軺車，相當於現在的小轎車，每年徵稅一百二十錢。被徵稅的資產，由物主自行上報，匿而不報，或報而不實，資產沒收，罰戍邊一年。同時鼓勵告發，沒收的資產獎給告發者一半。被徵稅者一片反對聲，少有如實上報的，於是告密之風興起。結果，「中家以上，大抵皆遇害，朝廷得民財以億計」。這辦法若古為今用，用來查處偷稅漏稅、制假售假、貪污受賄，肯定管用。

其次向農民加稅。土地三十稅一已成定制，不能變，於是就增加口賦，亦即人頭稅。文帝將十五歲以上成丁人口每年一百二十錢的賦，減為四十錢，武帝又恢復到一百二十錢；文景時期，七歲到十四歲每年口賦二十錢，武帝把年齡降低，把賦錢提高，從三歲徵起，三歲到十四歲每年口賦二十三錢，通過計算可知，未成年人的口賦總量增加了七成多。此外，還有經常性的臨時加賦，比如馬匹稅就是其中一種。所謂馬匹稅，就是按人加賦，用來購買馬匹，用於戰爭。

朝廷的官營事業主要是三項。一是整頓金融秩序，將鑄造發行錢幣的權力收歸中央；二是鹽鐵官營，禁止民營，壟斷這兩個行業的市場利潤；三是發展官營商業，調控市場，但並不禁止民營商業。

賣官、賣爵直接增加財政收入，但買官、買爵的人也獲得免役的特權，那麼農民的徭役自然就加重了。賣法就是可以出錢贖罪，這就使豪強得以無所顧忌地欺壓百姓。

通過實行這些措施，保證了戰爭經費，但戰爭還需要農民服兵役和勞役。按定制，二十三歲到五十六歲的男丁，一生服兩年兵役，但在武帝時期，男丁服完兩年兵役，只要沒超過五十六歲，隨時可能再被徵兵。勞役在文帝之前，農民每年服一個月，文帝減為三年服一個月，武帝時卻讓農民每年服三個月。

《漢書》說，武帝末年，無休止的戰爭導致「民力屈，財力竭」，「海內虛耗，戶口減半」，其狀況好似秦朝末年。沒有活路的農民紛紛舉行暴動，《漢書》說「大群至數千人」，「小群盜以百數」，武帝指派酷吏率兵鎮壓，但起義者越殺越多，令武帝無可奈何，不得不進行深刻反省。最終，武帝決定下詔罪己，停止戰爭，恢復與民休息。

司馬光在《資治通鑒》中評論說，漢武帝「晚而改過，顧托得人，此其所以有亡秦之失而免亡秦之禍乎！」「晚而改過」是說晚年改正錯誤，「顧托得人」是說顧命大臣霍光忠實執行武帝罪己詔確定的恢復與民休息的方針。因此，武帝雖有亡秦之錯失，但終於避免了重蹈亡秦之覆轍。

下罪己詔兩年後，懷著懺悔之心的漢武帝去世，終年七十一歲，在位五十四年。八歲的幼子劉弗陵即位，是為昭帝，大將軍霍光等四位大臣受遺詔輔政。

昭帝在位十四年。昭帝去世後，十八歲的宣帝即位，在位二十五年。昭宣二帝在位三十九年，史稱「昭宣中興」，與「文景之治」的時間相同。「昭宣中興」及其以後，土地稅沿用文景時期的三十稅一，但賦和徭役又恢復了文景以前的制度，即成年男丁每年納賦一百二十錢，服役一個月。不過，昭宣時期把武帝時期增加的人口稅、馬匹稅以及所有臨時性加賦都免掉了，另外還多次減免正常的賦稅。

「三十稅一」對歷史的影響

與民休息，十五稅一，是劉邦的既定方針。從劉邦到文帝，都沒有設想過實行三十稅一。完全是因為實行晁錯的「納粟賜爵」制度，國家積貯的糧食多了，才減為三十稅一。如果說三十稅一是水到渠成，而賦和役各減為三分之一則是有意為之，比三十稅一更值得褒揚。但今人知道三十稅一者多，知道「三年一算」和「三年一事」者少，於是三十稅一就成為文景之治的標誌。文景之治為後世樹立一個榜樣，但歷代明君賢臣皆難於企及，即便學得三十稅一，卻學不了「三年一算」和「三年一事」。文景之治也對後世造成一種壓力，使歷代皇帝不得不抑制濫取民財、濫用民力的心理衝動。值得強調的是，對文景之治也不可過分溢美。有人說，三十稅一突破了被孔子、孟子譽為天下中正的十稅一。其實不然。孔子、孟子稱譽的十稅一，指的是夏、商、西周三代的稅制。三代的賦，沒有形成定制，只有發生戰爭時才徵，無戰爭則不徵，我們姑且不計。而文景之治除了三十稅一，還有「三年一算」，兩者相加，大概與「十稅一」相當。應當指出的是，三十稅一也是有副作用的。窮人和富人佔有土地懸殊，低稅率有利於窮人，更有利於富人，富人因而更有能力兼併土地。

9 兼併之害

西漢昭宣中興以後，一個潛伏已久的社會矛盾開始顯現出來，這就是土地兼併。土地兼併，就是土地買賣，通過買賣，土地從窮人手裏向富人手裏轉移。

土地兼併，是土地私有制的必然產物。夏、商、西周實行井田制，公田、私田都屬於國家所有，不允許買賣。春秋戰國時期井田制逐步瓦解，農民得到的土地是國家授予的，也不准買賣，雖然土地買賣事實上存在，但並不普遍。從秦代開始實行土地私有制，就允許土地買賣了，但是秦代短暫，只有十幾年，土地兼併也不普遍。漢代從劉邦到文景這六十多年裏，土地兼併就出現了苗頭，但是文景時期讓商人、地主用糧食換爵位，削弱了商人、地主的財力，在客觀上抑制了土地兼併。漢武帝為了籌措軍費，向商人徵收資產稅，多數商人申報資產不實，結果資產被全部充公。這些商人大多兼併土地，連土地也被充公。這也在客觀上抑制了土地兼併。昭宣中興之後，土地兼併就再也沒有受到抑制。

兼併土地的都是哪些人呢？是三種人：一是地主；二是商人；三是官吏。這三種人兼併土地皆與國家的稅率有關。漢代對土地三十稅一，有利於廣大農民休養生息，但對地主更有利，因為地主的地多。稅輕，地主的財富就增長快，因而有實力兼併土地。從春秋時期實行履畝而稅，一直到民國國民政府，這兩千多年裏，中國的土地稅沒有實行過累進制稅率，不管佔有多少土地，稅率都是一樣的。所謂累進制稅率，就是土地越多，稅率越高。

商人承擔的稅率也是很低的。從漢代起，歷朝歷代封建統治者都是以農業思維代替商業思維，農業三十稅一，商業一般也是三十稅一，最高不過二十稅一。漢武帝向商人徵百分之六的資產稅，基本相當於二十稅一，卻遭到商人的抵制，少有如實申報的。封建社會的重農抑商，只是在政治上抑商，如規定商人不准做官，不准穿華麗的衣服，等等，並沒有在稅收上抑商。

官吏隊伍中不少人兼為地主或商人，他們有權力，可以偷稅漏稅，貪污受賄，比純粹的地主、商人更佔優勢。越是吏治腐敗的朝代，官吏兼併土地越嚴重。

農民的土地是怎麼被兼併的呢？晁錯在《論貴粟疏》中說出了土地被兼併的原因。他寫道：今農人五口之家，耕田不過百畝，百畝的收穫不過百石。百石之收穫，勉強可以維持日常生活、禮尚往來、醫病送終。如果遇到水旱之災，土地就會歉收，甚至絕收，為了吃飯，就只好賣地，或者借高利貸，借高利貸以後，最終也得賣地還貸。若遇到水旱之災，還得照納賦稅，農民賣地的現象就更嚴重。農民的土地就是這樣被兼併的。在古代，自然災害是很頻繁的，抵禦自然災害的能力又很差，對一個地方來說，平均三年必成一災，雖然朝廷時有因災免徵，但並非逢災必免，所以，農民賣地是不可避免的。

西漢後期的土地兼併

西漢後期，元帝、成帝、哀帝三代近五十年間，國家逐步走向衰落。

元帝「柔仁好儒」，熱衷於標榜自己的德政，他所謂的德政，就是放鬆對官吏的約束，官吏又放鬆對地主、商人的約束，於是，官吏、地主、商人兼併土地的欲望都得到滿足，失去土地的農民越來越多。

成帝不理朝政，縱情聲色，寵幸趙飛燕姐妹，「謂為溫柔鄉」。成帝不理朝政，他的母親王太后得以干政。王太后的娘家兄弟和侄兒長期把持最高長官大將軍一職，史稱外戚專政。外戚專政最明顯的弊端是公開結黨營私，按當時的史學家劉向的話說就是：「尚書、九卿、州牧、郡守，皆出其門」。朝政因此而混亂，吏治因此而腐敗。

哀帝不幸後宮，獨寵美男子董賢，是個同性戀者。哀帝是成帝異母弟的兒子，和王氏外戚沒有血緣關係，朝政被哀帝的祖母傅氏及其家族、哀帝的母親丁氏及其家族、以及董賢這三方把持。三方爭權，搞得朝政更亂。

這三代，皇帝一代比一代昏庸，朝政一代比一代混亂，吏治一代比一代腐敗，土地兼併一代比一代嚴重。嚴重到什麼程度？史書上沒有統計數字，但《漢書．食貨志》記載哀帝時曾經起草過限田法。如果土地兼併不嚴重，怎麼會起草限田法呢？限田法是由哀帝的師傅師丹提出來的。哀帝把師丹的建議交給群臣討論，大臣們提出：列侯、公主、官吏、富豪佔田「皆毋過三十頃」，多佔的田地退出，三年內退完，屆時未退者，沒收。此議傳開，土地價格下跌。但因佔田的皇親國戚、權貴大臣極力反對，哀帝舉棋不定，詔曰「且須後」，即等待以後再辦，於是限田法議而不行。

哀帝死，無子，傅氏、丁氏兩位太后死在哀帝之前，只有王老太后健在，於是王老太后突然駕臨未央宮，收取皇帝玉璽，召回她的娘家侄兒王莽，重新擔任大將軍一職。王莽逼董賢自殺，又剪除傅、丁兩家勢力，遂得以專權。王莽與他的姑姑王老太后商議，立九歲的中山王為帝，是為平帝。九歲的皇帝自然沒有行政能力，於是，王太后臨朝聽政，王莽掌握實權，但王老太后並不知道王莽暗中開始了篡漢的準備。

王莽篡漢改制

王莽篡漢，必須克服兩大障礙，一是民心，二是他的姑姑王老太后。為了征服民心，王莽採取一系列措施：

一、以高官厚祿籠絡一批大臣為黨羽，這些人按他的旨意行事；

二、以皇帝的名義封有功之臣的後代一百一十三人為侯；

三、規定告老還鄉的比二千石以上的高級官吏，仍發三分之一俸祿。

這三條措施，使王莽獲得一大批高級官吏的擁護。

對第三條措施需要解釋一下。漢代官員的級別以「石」來表示，地方實行郡縣兩級行政體制。「二千石」是郡守級，相當於今正省級官員，「比二千石」就是副省級；大縣稱縣令，為六百石，小縣稱縣長，為四百石。二千石以上還有真二千石，中二千石，萬石。「石」只表示級別，不表示俸祿，俸祿沒有這麼多，以「比二千石」為例，俸祿為每月一百斛小米，約相當於現在的三千市斤。現在的副省級幹部的工資也能買三千斤小米。王莽給退休官員發工資為什麼能收買人心呢？因為在此之前，官員退休是不發工資的。

四、擴建京師太學，在各縣設立官學，招收所有讀書人入學。

這又獲得知識份子的擁護。

五、捐獻私田三十頃、錢一百萬賑撫災民，免去災區的賦稅，災民看病、安葬的費用都由國家支付，還免費供給災民田宅耕具。

於是老百姓也都擁護王莽。

除了普施恩惠，王莽還利用「五德終始」學說為自己大造輿論。此學說認為，每一朝代都屬於土木金火水五行中的一德，五德相生相剋，循環替代，這是天命，天降災異如地震、水旱蟲災等，表示舊王朝皇帝德衰，天降符瑞表示新君就要出現。這一學說現在看來極其荒誕，但在當時許多人卻信以為真理。元帝、成帝、哀帝、平帝一代不如一代，國勢日衰，而王莽家族聲譽日隆，這一現實使人們更加相信「五德終始」學說。大造輿論的關鍵在於天降符瑞。符瑞是指吉祥之物。

符瑞果然接連降臨，王莽利用「天降符瑞」一步步征服他的姑姑王老太后。王莽的親信讓益州蠻夷前來獻白雉，於是群臣盛讚王莽功德可比周公。周公輔政時蠻夷就曾獻過白雉，過了千載，再獻白雉，不就是符瑞嗎？群臣建議應賜王莽一個尊貴的稱號，議為「安漢公」，王老太后便給王莽加封。不久，武功縣有人淘井時淘出一塊白石，上有丹書：「告安漢公為皇帝」。這顯然是人為的。王莽讓其黨羽上奏王老太后。王老太后頭腦還算清醒，說：「此誣罔天下，不可施行！」王莽的黨羽勸說王老太后：「但欲稱攝，以重其權，鎮服天下爾」。「攝」即攝政。王老太后辯不過群臣，只好應許，於是王莽被授予攝政的「假皇帝」，「假」是代理的意思，就是代理皇帝。又過幾年，一個來自廣漢的人，身穿黃衣，手捧銅匱，黃昏時分來到高祖廟，從銅匱中取出一份天書，天書中說王莽為真天子，王老太后應順應天意。王莽大喜，就戴上皇冠去見他的姑姑，說：我必須得順從民意，做真皇帝了。於是改國號為「新」。到這時候，王老太后已無可奈何。

王莽篡漢的過程，在《漢書．王莽傳》中有詳細記載。但在民間，王莽篡漢被演繹為神話故事。說的是當年劉邦率眾落草為寇逃進芒碭山，見一條蛇擋道，就拔劍將這條蛇攔腰斬為兩截。這事不管真假，在《史記．高祖本紀》中確有記載。如今原地立有高祖斬蛇碑。民間將故事繼續演繹下去：說這條蛇後來變成一條蟒，這條蟒要報仇，說你把我的身體攔腰斬斷，我把你的江山攔腰斬斷，所以漢朝分為前漢、後漢，中間是王莽的新朝。這權當是一則笑話，我們接著說王莽。王莽好儒，儒家崇尚周朝制度。王莽稱帝以後，就決定恢復周代的社會制度，解決當前的社會問題，史稱「復古改制」。

一、實行井田制，抑制土地兼併。王莽在詔書中說：天下田都是王田，不得買賣。八口之家，佔田超過一井(九百畝)者，分餘田給九族鄰里鄉黨。無田者，由官府分配一夫一婦百畝。詔書下達，受到土地兼併者的頑強抵制，各級腐敗的官吏也都是土地兼併者，沒有人去執行王莽的詔書。四年後，一個郎官看出這項政策實在無法執行，上疏勸諫王莽：井田制雖聖人之法，但廢除很久了。周代的道德王法早已衰落，今人不會服從。今欲違民心，復現千年絕跡，即使堯舜再世，沒有百年的功夫，也推行不開。今新朝初定，萬民剛剛歸附，井田制不可施行。這話說得句句在理，王莽看後來個一百八十度大轉彎，下詔撤銷了井田制方案。

二、實行商業國營，抑制商業兼併。周代「工商食官」，工商業由官府掌握，沒有市場競爭和兼併。西漢商業活躍，造成貧富懸殊，兩極分化。王莽推行國營商業的方法是：官府平價收購五穀、布帛等生活必需品，以保護生產者不受損失，如果市場價格上漲，國營商業就以平價出售，從而平抑物價；對工商業者按純利潤的十分之一徵稅，以徵到的稅為資本金，對窮人放貸，貸款若用於生活，並且定期償還，不收息，若用於經商，則收十分之一的利息；對鹽、鐵、酒、礦業實行國家專營。以今日的眼光來看，王莽的商業政策有一定的進步性和合理性，所以胡適說王莽是最早的社會主義者。但在兩千年前的環境下，這種純理想主義的政策根本實行不了，而且腐敗的官吏正好利用手中的經濟特權謀取私利，結果既害了商人，又坑了國家。

三、改變幣制，搞亂金融。從漢武帝起通行五銖錢，幣值穩定，百姓稱便。五銖錢就是五銖重的錢，二十四銖為一兩。王莽稱帝前，根據《周禮》所講「錢有子母」，乃鑄造大錢，名曰「刀」。稱帝後，五銖錢和刀幣是劉氏王朝的錢幣，於是都廢除，另鑄新朝錢幣二十八種。即便人人都是數學家，也難以換算清楚二十八種錢幣，因而民間仍用五銖錢，而使用五銖錢是違法的，很多人因此被罰服勞役。《漢書．食貨志》記載「每一易錢，民用破業，而大陷刑」。每一次改變幣制，都造成人民破產，觸法服刑。於是民怨沸騰。

四、改革官制，引起戰亂。在周代，周天子稱王，各諸侯不能稱王，於是王莽把已經歸附漢朝多年的匈奴、西域諸國、西南夷等民族的「王」都降為侯，這導致邊亂發生。王莽調集數十萬軍隊進行征討，死傷士卒無數，耗費錢糧無數。

王莽的改制本想抑制兼併，撫慰貧民，因不切實際，卻導致人民沒有活路。《漢書．食貨志》記載：「民搖手觸禁，不得耕桑，徭役煩劇，而枯旱蝗蟲相因。又因製作未定，上自公侯，下自小吏，皆不得俸祿，而私賦斂……富者不得自保，貧者無以自存，起為盜賊」。翻譯成白話文就是：人民動輒觸刑，不能耕織，而且徭役繁重，旱災蟲災頻繁。又因正在復古改制，各項制度尚未確定，上自公侯，下自小吏，皆暫停俸祿，於是就私自徵收賦稅作為自己的俸祿，這只會多徵，不會少徵，導致富者不得自保，貧者無以自存，紛紛造反起義。

據史書記載，各地的農民起義軍有數十支，每一支少則幾千人，多則幾萬人、十幾萬人。勢力最大的是湖北的綠林軍和山東的赤眉軍。綠林軍因綠林山而得名，赤眉軍因把眉毛塗成紅色以與官軍相區別而得名。這些農民起義軍都是饑民，起初只是為了求食，並沒有政治目標，他們的首領不稱帝，不稱王，只稱為「三老」，「三老」相當於現在的鄉長。南陽地主豪強劉秀兄弟領導的起義軍，則有明確的政治目標，那就是推翻王莽新朝，恢復劉氏天下。劉秀兄弟的起義軍聯絡綠林軍在昆陽與王莽軍大戰，劉秀率軍以少勝多，消滅了王莽的主力。昆陽就是今天河南葉縣。起義軍乘勝攻佔長安，王莽被殺於宮中。劉秀沒有進軍長安，他率少數人馬，奉族兄劉玄之命去平定黃河以北。在河北邯鄲稱帝的王郎勢大，劉秀勢弱。傳說王郎軍追得劉秀「晨夜不敢入城邑」，路上隱瞞身分才乞得一頓飯吃，過滹沱河，險被王郎追兵捉住，一直逃到邢臺才脫險。後世民間流傳的王莽追劉秀的故事，就是由此而來，卻把王郎訛傳為王莽，歷史上王莽軍從未追過劉秀。河北各郡縣的豪強地主武裝紛紛歸附劉秀。劉秀指揮這些地主武裝，破邯鄲，斬王郎，平定河北，接著南下佔領洛陽。這時，長安的劉玄政權被從山東南下的赤眉軍推翻。赤眉軍吃光長安的糧食回奔山東，路上被劉秀所敗，全軍投降。以後，劉秀又逐個平定了十二股割據勢力，統一全國。

東漢稅制承繼西漢

東漢之初很像西漢之初。西漢之前經過秦的十五年暴政酷役和秦末戰爭，東漢之前也經過王莽的十五年改制之亂和推翻王莽的戰爭。戰亂之後，天下初定，生產凋敝。劉秀也像劉邦那樣實行與民休息政策。這包括四項措施：一、薄賦斂。在戰爭期間，劉秀曾實行什一稅，但當天下初定，就下詔恢復三十稅一。二、釋放奴僕和刑徒。在王莽新朝，許多農民或賣身為奴，或沒官為奴，劉秀多次下詔，嚴令無條件釋放官奴和私奴。王莽改制制定許多新刑法，人民「搖手觸禁」成為刑徒。劉秀詔令「見徒免為庶民」，這也是無條件的。三、精兵簡政。劉秀裁併四百多個縣，佔當時縣數的四分之一，「吏職省減，十置其一」，官吏減少十分之九，從而把行政費用降到最低限度。又裁撤各郡的地方兵，取消各郡每年的徵兵訓練，這樣，把農民的徭役也降到最低限度。四、不求邊功。天下平定之後，劉秀「未嘗復言軍旅」。西域諸國來使請求漢朝駐兵西域，劉秀說，中國初定，顧不上外事，乃謝絕。有大臣上奏說，匈奴發生災荒，若乘機發兵擊之，可立「萬世刻石之功」。劉秀答曰：今國家初定，災變不息，人不自保，怎能興師耗財去邊塞打仗呢？不如息民。

劉秀晚年，還實行扶貧救窮政策，連續三年救濟天下鰥、寡、孤、獨、篤癃（重症病人）及貧不能自存者，每次每人救濟粟五斛，並免去天下一年田賦。

劉秀的賦稅制度和徭役制度基本上繼承西漢。劉秀起義三年後稱帝，稱帝十三年後統一全國，統一全國二十年後去世，享年六十三歲。

劉秀制定的輕徭薄賦與扶貧救窮相配套的政策被他的後代繼續執行。明帝、章帝、和帝執行得最好，使東漢政治經濟穩定發展達八十年之久。安帝之後，外戚和宦官輪番專政，東漢逐漸走向衰落，執行輕徭薄賦、扶貧救窮的政策雖然大不如前，但並沒有中斷，又執行四十年。桓帝初即位，是外戚專政最黑暗的時期，朝廷仍然救濟天下鰥、寡、孤、獨、篤癃及貧不能自存者粟五斛，並且受災減產四成以上者免田賦。在封建社會歷史上，東漢一朝是扶貧賑災工作做得最好的朝代。但在東漢後期的七十年裏，政治黑暗、吏治腐敗、國庫空虛，朝廷再也沒有能力扶貧賑災。

東漢放任土地兼併

土地兼併從西漢末期經王莽新朝逐步加重，劉秀清楚地認識到這個問題。地主豪強不僅兼併土地，還兼併為他種田的農民，這些農民不在國家戶籍，成了依附於地主豪強的私屬。為了少納甚至不納賦稅，少承擔甚至不承擔徭役，地主豪強無不隱瞞土地面積和依附的人口。劉秀剛統一全國，就詔令各郡縣丈量土地，核實人口，作為徵收賦稅、徵派徭役的依據。這道詔書，史稱「度田令」。但詔書下達之後，遇到地主豪強們的頑強抵制，官員們知難而退，草草調查上報了事。劉秀處死了十來個度田不實的郡守，並表示要嚴格執行「度田令」，結果引起各地地主豪強更強烈的反抗，有的地方甚至發生叛亂。為了保持安定，劉秀只好妥協，「度田令」以失敗而告終。

劉秀為什麼向地主豪強妥協呢?因為他看到地主豪強已成為一股強大的政治勢力。劉秀自己就是南陽的一個地主豪強，他是依靠各地地主豪強的力量推翻王莽，統一天下的。如今只有容忍地主豪強兼併土地，兼併人口，他的政權才能穩定。在「度田令」失敗之後，劉秀不再提限制兼併的事，劉秀以後的歷代皇帝，直至東漢末，再也沒有限制土地兼併。

東漢的地主豪強多是田莊莊主，佔有土地少則幾千畝，多則幾萬畝，甚至更多。田莊上少則幾百人，多則上千人，都依附於田莊莊主而生存。他們有的是長工，有的是佃戶，有的是奴僕，有的是食客。大部分是莊主同宗族的人，少部分是外來戶。莊主一般都建有鄔堡，也就是土圍子，土圍子內就是一個小小的獨立王國。莊主率領他的莊民或者對抗官府，或者賄賂官府，不申報土地和人口，少納甚至不納賦稅，少承擔甚至不承擔徭役。這些莊主或者是純粹的地主，或者是地主兼商人，或者世代為官。既佔有大面積土地，又世代為官的家族稱為世族。

從東漢人口數位的變化，可以推測土地兼併、人口兼併的程度。西漢末，戶籍人口有五千九百萬，東漢初，戶籍人口只有一千二百萬。戰亂會導致人口減少，但不可能減少這麼多，可以推斷相當的人口或流亡到天高皇帝遠的地方去了，或被地主豪強兼併了。到東漢後期，戶籍人口達到五千六百萬，還趕不上西漢人口，一定還有大量人口被地主豪強兼併，不在國家戶籍。

東漢後期，土地兼併加劇，其根源是外戚、宦官輪番專政，而外戚、宦官輪番專政的根源則是東漢政治體制存在著嚴重缺陷。

體制的缺陷

體制的缺陷得從劉秀說起。劉秀是歷史上少有的不誅殺功臣的開國之君，這是因為他接受了劉邦的教訓。劉邦給功臣封王、封侯，任用為重臣，結果君臣爭權，導致劉邦誅殺功臣。劉秀的做法相反，它給功臣高官厚祿，但不給權力，權力集中在自己一個人手裏，連丞相也不設。功臣位尊而權輕，養尊而處優，這就避免了矛盾，避免了誅殺，同時也避免了像王莽那樣的重臣篡國奪位。皇帝集權力於一身，日理萬機，不堪重負，需要一個辦事機構，這個機構叫做尚書台。尚書台的官員級別不高，最高不過二千石，僅相當於郡守。他們為皇帝理政，一切秉承皇帝旨意。尚書台與皇帝之間還有侍中、中常侍兩個環節。侍中是文官，相當於秘書；中常侍是宦官，相當於侍從。若皇帝年富力強，奮發有為，侍中、中常侍根本不起眼；若皇帝年幼無知，或懦弱無能，侍中、中常侍便可以把持朝政。這就是東漢政治體制的缺陷。

東漢從第五代皇帝起，都是幼年即位，青年或中年死亡。宮廷權力更迭可用一個公式來表示：小皇帝即位，母后臨朝，外戚當政——皇帝長大，依靠宦官，誅殺外戚，宦官當政——皇帝荒淫早殤，皇后臨朝，立小皇帝，引用新外戚，誅殺宦官，新外戚當政。外戚和宦官分別通過擔任侍中和中常侍來控制朝政，雙方交互傾軋，循環往復。舉例來說，桓帝幼時，外戚梁冀當政，朝中官員、地方官員、地主豪強持禮上門求官者絡繹不絕。桓帝長大後，依靠宦官，剷除梁冀，處死有牽連的二千石以上官員數十人，沒收梁冀資產三十餘萬萬，得以免除天下一年賦稅之半。桓帝依賴的五個宦官同時封侯，人稱「五侯」。「五侯」當政，比梁冀有過之而無不及，「任人及子弟為官，布滿天下」。

外戚、宦官以及阿附他們的「布滿天下」的官員，都是貪得無厭的土地兼併者，他們和鄉村的地主豪強沆瀣一氣。正直的士大夫自謂「清流」，則貶稱那些阿附宦官、外戚的官員為「濁流」，而宦官稱「清流」為「黨人」，加以殘害，史稱「黨錮之禍」。錮者，禁止也。

桓帝之後是靈帝。靈帝公開賣官，上至三公，下至縣令，都明碼標價，買官者上任後都加倍搜刮人民。

政治黑暗、吏治腐敗，以至如此，必然擴大社會兩極分化，加劇土地兼併。而兼併土地的貪官污吏、豪強地主都不會自覺按地畝照章納稅，必然將賦稅轉嫁到貧苦農民頭上。況且東漢後期自然災害頻繁，不僅失地農民餓殍載道，廣大自耕農也饑寒交迫。昏暗的朝廷和腐敗的官吏大肆聚斂財物，根本不顧賑災扶貧，人民走投無路，各地反抗的浪潮彼伏此起，直至爆發全國性的黃巾大起義。

黃巾起義軍基本上都是饑民，他們不僅殺官吏，食官倉，而且也殺豪強，食私倉，那麼朝廷便和地主豪強聯合起來加以鎮壓。這樣，各州牧郡守都發展了以地主豪強為主的武裝力量，成為割據一方的軍閥。黃巾起義被鎮壓下去以後，東漢末代皇帝漢獻帝就成為董卓、曹操手中的傀儡，東漢在名義上又維持了三十年，曹操死後，其子曹丕廢掉漢獻帝，東漢正式宣告滅亡，立國一百九十五年。

土地兼併對歷史的影響　在農業社會，土地制度與賦稅制度緊密相關。土地兼併必然導致賦稅不均，佔地多者少納稅甚至不納稅，佔地少者就得多納稅。這樣，雖然稅制在形式上沒有變，但實質上已經加重了農民的負擔。從這個意義上說，土地兼併比稅制變革對歷史的影響更大。土地兼併是社會動亂的主要根源之一，自然會引起朝廷的重視，但朝廷正是靠土地兼併者維持其統治的，因此又不可能抑制土地兼併，這就是西漢哀帝限田法流產、東漢劉秀度田令失敗的原因。而王莽以井田制限制土地兼併，因不切合社會實際，所以注定要失敗。土地兼併發展到一定程度，便和賦稅不均、徭役繁重等因素一起導致農民造反。戰亂導致人口大量死亡，無立錐之地的窮人死亡，田連阡陌的富人也死亡。等到戰亂平息，將會出現大面積無主田地，新朝代便可以給農民授田。土地兼併只能通過這種殘酷的方式得到緩解。

10 三國論稅

三國的故事人們耳熟能詳，但三國的稅制卻鮮為人知。三國決戰豈止在戰場！

三國論稅，先論曹操。曹操的家族是官僚大地主。曹操的祖父曹騰是個大宦官，桓帝時擔任中常侍，到靈帝時他的勢力更大，他的養子曹松也就是曹操的父親，由司隸校尉升任大司農，後改任大鴻臚。司隸校尉掌監察，比二千石；大司農掌錢糧，中二千石，相當於今天的財政部長；大鴻臚負責諸侯王國及少數民族首領的聯繫接待工作，相當於今天的外交部長。大司農、大鴻臚這兩個官職屬於九卿之列。靈帝賣官，曹松又花錢一萬萬，買到了太尉一職，這屬於「三公」之一。這一時期，曹家官至二千石以上的有八人，其中曹操任典軍校尉，這是京城衛戍部隊的中級軍官。袁紹這時擔任中軍校尉，和曹操級別相同。袁紹家族被人們稱為「四世三公」，連續四代，官居「三公」，比曹操家族更顯赫。這兩個高官子弟，當時關係很好，是備受朝野矚目的少壯派軍官，但日後分道揚鑣，刀兵相見。

董卓帶兵進入洛陽，要廢掉少帝，另立獻帝，與袁紹商量，袁紹反對。董卓有心殺袁紹，袁紹逃出長安。董卓要通緝袁紹，其他軍官勸董卓，說袁紹影響大，他若反叛將會群起回應，不如安撫。於是董卓任命袁紹擔任冀州渤海郡太守。袁紹據有渤海郡，更具有反叛的資本，天下反董卓的州牧郡守公推袁紹為討董聯軍盟主。可是討董聯軍徒有聲勢，並不敢進攻董卓的軍隊。不久，為爭奪地盤，聯軍內部卻打了起來。袁紹不愧是一時英雄，奪取冀、青、幽、并四州，大致包括今天山西省大部、河北省大部和河南省北部、山東省北部，成為當時最大的軍閥。

袁紹逃出長安後，董卓有意拉攏曹操，提拔曹操為驍騎校尉，並「欲與計事」，而曹操「間行東歸」，也偷偷跑了，跑到開封陳留。有的史書說曹操「散家財，合義兵」，有的史書說曹操得到當地地主豪強的資助。兩種說法可能都正確。曹操既散家財、又拉贊助，拉起一支五千人的隊伍，參加袁紹的討董聯軍。討董聯軍畏縮不前，唯有曹操向董卓軍隊發起進攻，結果曹操全軍覆沒。曹操敗而不餒，又到揚州募兵。為什麼去揚州呢？不清楚，可能是曹操或曹操的家族和揚州的地方官有交情吧！揚州刺史及其所屬丹陽太守給了曹操四千兵馬。曹操帶著隊伍北上，路上跑了三千人。這時，一股黃巾軍進入兗州所屬的東郡，東郡太守抵擋不住，作為盟主的袁紹派曹操引兵救援。這回曹操打了勝仗，於是袁紹任命曹操為東郡太守。曹操救援東郡，肯定不止一千人馬，一千人馬怎麼打敗人數眾多的黃巾軍呢，肯定又擴大隊伍。接著，青州黃巾軍大舉進入兗州，兗州牧戰死。兗州所屬的濟北國的丞相鮑信迎曹操為兗州牧，共同抗擊黃巾軍。戰鬥中，鮑信戰死，而黃巾軍終被曹操所破。

現在需要介紹一下東漢末期的行政區劃。當時，天下分十三州，轄七十九郡、二十六封國。州在東漢前期是監察機構，後來就轉化為行政機構。封國和郡平級，封國的國相，相當於郡守。鮑信任國相的濟北國在今天山東長清縣附近。

曹操擊破從青州進入兗州的黃巾軍，收降卒三十萬，人口一百萬，從中挑選精壯，組成自己的軍隊，號稱「青州兵」，從此實力大增。之後的三四年間，曹操先後擊退南陽郡太守袁術的進攻，趕走了侵入兗州的呂布，打敗威脅兗州的徐州牧陶謙，又擊破豫州汝南郡、潁川郡的黃巾軍，佔據了豫州。當時豫州包括今天河南省的中部、東部，以及安徽省的一部分、山東省的一部分。

曹操佔據兗州、豫州，就有資本與袁紹爭奪天下。而爭天下最重要的資本是糧食。當時黃巾起義，軍閥混戰，土地荒蕪，人民流亡，各路軍閥幾乎無兵可募，無糧可徵。北方的袁紹，軍隊一度靠桑椹充饑，桑椹是桑樹的果穗；南方的袁術，士卒靠蒲蠃果腹，蒲蠃是蒲草莖裏的昆蟲。曹操也缺糧嚴重。和呂布爭兗州，搜盡東阿縣的糧食，也只夠軍隊吃三天。官軍如此，黃巾軍就更慘了。史載黃巾軍「群輩相隨，軍無輜重，唯以鈔略為資」。就是說起義的農民都帶著一家老小，隊伍中沒有糧食等輜重，靠搶奪糧食等物資來維持生存。曹操的軍隊充其量不過兩三萬，竟在兗州破黃巾軍百萬，怎麼破的？那是因為黃巾軍缺糧，若不願餓死，只有投降。曹操在豫州潁川郡、汝南郡所破的黃巾軍，也是一支饑民隊伍，許多人還牽著耕牛。耕牛給了曹操及其謀士啟發，於是在建安元年（西元一九六年），曹操頒布《置屯田令》，在荒無人煙的中原地區安置黃巾軍降眾並招募流民進行屯田。曹操的屯田分軍屯和民屯。軍屯收穫，除了士兵口糧，其餘全部上繳。民屯實行官民分成。自帶耕牛者，官五民五；用官府耕牛者，官六民四。為了擴大屯田，曹操實行鹽業專賣，把籌集的錢用於購買耕牛。曹操的屯田，既是生產制度，又是徵稅制度，徵的稅其實就是地租。屯田當年，即「得穀百萬斛」，以後「數年之中所在積粟倉廩皆滿」。曹操與袁紹之間的決定性戰役「官渡之戰」，是在實行屯田的第五年進行的，這時曹操的經濟實力已大大增強。

曹操屯田之初，還獲得政治上的主動，那就是把漢獻帝從洛陽接到許都。漢獻帝從登基那天起就成了董卓的傀儡。關東聯軍討伐董卓，董卓燒掉洛陽，脅迫漢獻帝和公卿大臣遷往長安。王允利用呂布殺掉董卓，漢獻帝和公卿大臣又逃回洛陽。洛陽經董卓焚劫，已是一片瓦礫，群臣只能風餐露宿，採野菜充饑。曹操前來接駕，猶如救星一般。從此，曹操便可以「挾天子以令諸侯」。

「官渡之戰」中，袁紹採取攻勢，有精兵十萬，騎萬匹。曹操採取守勢，兵力約有三四萬人。古今歷史學家對袁曹雙方的戰略戰術已作了透徹的分析，卻沒有分析雙方的賦稅制度和糧食供給對戰局的影響。戰前，袁紹的謀士沮授說：「北兵數眾，而果勁不足南」。這是說袁軍數眾，但不如曹軍戰鬥力強。曹軍為什麼戰鬥力強呢？這是因為，曹操經過屯田，得到了糧食，穩定了軍心；而且在戰前，儘管急需增加軍費，但曹操斷然決定緩徵賦稅，這又得到人民的擁護，人民擁護的軍隊，戰鬥力自然就強。沮授還說：「南穀虛少，而貨財不及北」。這是說曹操的軍需物資比不上袁紹。袁紹的貨財是怎樣得到的呢？戰後曹操有一段話可作為解釋。曹操說：「有國有家者，不患寡而患不均，不患貧而患不安。袁氏之志也，使豪強擅恣，親戚兼併；下民貧弱，代出租賦，衒鬻家財，不足應命；審配宗族，至乃藏匿罪人，為逋逃主。欲望百姓親附，甲兵強盛，豈可得邪！」這是說在袁紹的統治下，賦稅不均，地主豪強兼併土地不納賦稅，把應當承擔的賦稅轉嫁到貧苦農民頭上，貧苦農民不堪重負，不得不變賣家財來完稅。像審配那樣的豪強大族，甚至不受法律的約束，敢於藏匿罪人，收留逃亡的人。這樣怎能讓百姓親附，踴躍當兵呢！總之，袁紹貨財雖足，但民心叛離，軍無鬥志，是注定要失敗的。而且袁紹從民間掠奪的糧食，都被曹操燒掉了。一次是在運糧的路上被曹操燒掉數千車；一次是在烏巢被燒掉一萬車。袁軍士氣本來就不高，第一次燒糧，使其士氣進一步受挫，第二次燒糧，使袁紹的戰將張郃、高覽徹底絕望，只好陣前投降。軍無存糧，將領投降，全軍立刻瓦解，袁紹僅率八百騎逃回北方。

「官渡之戰」後，曹操又用了近五年時間統一了北方，但所轄人口少得可憐，史載「天下人口，十裁一在」，只有原來的十分之一，這可能是極端的說法，不過說明了人口減少的程度。即使保留下來的有限人口，也不固定，「田無常主，民無常居」，仍在流動，官府無法掌握。在這種情況下，若仍按原來的賦稅制度徵稅，就需要核定每一戶的人口數量，每個人的年齡，分別對成年人和未成年人徵人口稅，同時核定每一戶的土地面積和產量，徵三十分之一的田稅。這個工作量是很大的。而且，在戰亂年代，以貨幣交換為特徵的商品經濟受到嚴重破壞，以物易物的自然經濟佔據主導地位，農民手裏沒有交納人口稅的貨幣。針對這個現狀，曹操對已經實行四百年的漢代稅制進行改革。建安九年（西元二〇四年），曹操頒布《收田租令》：「其收田租，畝四升，戶出絹二匹、綿二斤而已，他不得擅興發。郡國守相明檢察之，無令強民有所隱藏，而弱民兼賦也」。這一新稅制有四個特點：一、將定率田稅改為定額田稅。原來的稅率是三十稅一，與產量掛鉤；現在是定額制，「畝四升」，不與產量掛鉤，增產不增稅。按當時的產量水平，「畝四升」相當於三十稅一。二、「戶出絹二匹、綿二斤而已」，從口氣上看，可能低於原來按人徵收的人口稅。人口稅收錢，叫作口賦，現在改為按戶收絹、綿，叫作戶調，「調」有物資調撥的含義。三、「他不得擅興發」，是強調除此之外，不准擅自加徵。四、「郡國守相明檢察之，無令強民有所隱藏，而弱民兼賦也」。是讓郡守國相嚴格檢察，不准地主豪強向普通百姓轉嫁賦稅，以顯公平。

曹操的新稅制吸引流民紛紛回歸土地，使農業生產得以恢復，史載「諸山中亡匿者盡出安土業」，「百姓勤農，家家富足」。

對於普遍存在的土地兼併，曹操也極力抑制，嚴格規定地主豪強不得兼併土地，蔭庇人口，必須承擔賦稅徭役。地方官打擊地主豪強，曹操給予大力支持和鼓勵。有一個豪族叫劉節，是一個郡的主簿，相當於秘書長。他蔭庇千餘家依附人口不服兵役，地方官就強迫劉節為兵；曹洪的食客不服徵調，地方官殺之。對這樣的地方官，曹操皆「以為能」。

實行屯田和稅制改革，使魏國的經濟實力居三國之首，雖有赤壁之敗，但仍無損魏國的強國地位。在三國中，魏國最大，有五百萬戶籍人口，似應實力最強，但在軍閥混戰中破壞最嚴重，而江東和巴蜀基本未被禍及，若不是曹操實行稅制改革，魏國可能最弱。三國中經濟實力最弱的是蜀國。蜀國只有一百一十萬人口，吳國有二百五十萬人口。三國僅有八百多萬戶籍人口，只相當於東漢的七分之一，可見東漢末年導致人口銳減的饑荒和戰亂是多麼嚴重，遠遠超過秦代和王莽新朝。

三國論稅，接著論諸葛亮。按「隆中對」的策略，赤壁之戰後諸葛亮幫助劉備取得蜀中，天下遂成三國鼎立之勢。蜀地畢竟狹小，擴張是必然選擇。諸葛亮坐鎮成都，理政治民，穩定後方。劉備率軍破夏侯淵取得漢中。曹操領兵奪漢中，劉備據險不戰，曹操只好放棄漢中。劉備繼續擴張，從漢中派兵順漢水而下，略城奪地；關羽從荊州出兵北上，攻擊漢水下游的襄陽、樊城。劉備、關羽欲收夾擊之效。曹操遣使遊說孫權，孫權便派呂蒙乘關羽後方空虛襲取荊州，關羽回救，途中遭伏，被俘遇害。兩年後，劉備不聽諸葛亮勸告，其兵伐吳，要為關羽報仇，雪荊州之恥，卻被吳將陸遜所敗，損失四萬多人及無數舟船、輜重。經此一敗，蜀國實力大減。失荊州，失去的是土地、人口，也是賦稅之源；敗於夷陵，損失的是多年的賦稅積累。

諸葛亮受劉備白帝城託孤，輔佐後主劉禪。他畢生志向是恢復漢室，怎奈蜀國太弱，終不能取勝於魏。諸葛亮輔政十一年，前五年作軍事準備：與吳結盟，解除東顧之憂；平定南夷，解除後顧之憂；整頓內政，加強吏治，從丞相到縣令一律實行低薪制度，以節省財力；實行鹽鐵專營和較重但很均平的賦稅制度來籌集軍費。諸葛亮輔政的後六年是軍事行動階段，連續五次北伐。

西元二二八年春，諸葛亮第一次北伐。前一年，他就率二十萬大軍進駐漢中。這可謂傾國之兵。蜀國共有二十多萬戶，一百餘萬口，幾乎每戶都有一人當兵。在五次北伐中，這第一次北伐規模最大。可以推想諸葛亮是決心一舉成功，奪取關中的，不料因馬謖失街亭，導致戰局被動，只好退兵。假設街亭不失守，諸葛亮能奪取關中嗎？未必！這時魏明帝已坐鎮長安，親自調兵遣將迎戰蜀軍，可以說也是傾全國之力來阻止諸葛亮的擴張，而魏的國力要比蜀國強幾倍。一弱一強，勝負是不言而喻的。

西元二二八年冬，諸葛亮乘魏軍主力撤走之機，再次出兵北伐。蜀軍包圍陳倉（寶雞東），陳倉一千多魏軍據險死守，蜀軍二十多天竟攻不下。眼看魏軍援兵到來，自身糧食告盡，諸葛亮只好再次無功而返。這一次是因缺糧而退兵，但這一次和上次相隔僅半年，用的還是上次北伐時準備的軍糧，可見諸葛亮在漢中囤積的糧食並不充足。即使上次馬謖不失街亭，諸葛亮的戰爭恐也難以維持。既然發傾國之兵，量傾國之力，舉行北伐，糧食為什麼準備不足呢？只有一種解釋：國中只有這麼多糧食。

西元二二九年春，諸葛亮第三次北伐，與上次相隔又是半年。蜀軍攻取魏國二郡，算是小勝。諸葛亮留兵據守，自己回到漢中。這一次戰鬥規模較小，雙方都未投入主力。蜀軍略佔便宜，但對戰略態勢沒什麼影響。

西元二三一年春，諸葛亮經過兩年準備，舉行第四次北伐。這一次，為節省運糧的民力，諸葛亮使用了「木牛」。所謂「木牛」，就是獨輪車上安四根木柱，稱為「四腳」，停車時四腳著地，不會傾倒。這回與諸葛亮對陣的是足智多謀的司馬懿。司馬懿知道蜀軍糧食有限，就憑險堅守，拒不出戰。雙方對峙一個多月，蜀軍果然糧食用盡，諸葛亮不得不再次退兵。

西元二三四年，諸葛亮揮兵十萬，舉行第五次北伐。這一次準備了三年時間，夠充分了。為運輸糧食，這一次使用了「流馬」。所謂「流馬」，就是四個輪子的車，比獨輪車載重量大。後人把諸葛亮神化了，把「木牛」、「流馬」也傳為奇物，並為奇物失傳而惋惜。如此實用的工具怎麼會失傳呢？一定是這種工具根本就不像傳說的那麼神奇。為避免再次無功而返，諸葛亮與孫權約定同時舉兵伐魏。為了解決糧食問題，諸葛亮一到渭水前線就分兵屯田，作長期作戰打算。司馬懿仍然採取堅壁據守的對策，不予蜀軍交戰。兩軍在五丈原對峙三個多月，一仗也沒打。這時，與諸葛亮同時舉兵伐魏的孫權出師不利，退回江南。諸葛亮不由得憂慮起來，擔心魏國抽調與吳軍作戰的軍隊前來增援。到八月，諸葛亮終於積憂成疾，一病不起，不久，便「出師未捷身先死」，終年五十四歲。

後人分析諸葛亮北伐無功的原因，認為是糧食運輸跟不上。其實不是運輸跟不上，而是根本就沒有那麼多糧食。這樣足智多謀的大軍事家，怎麼會讓運輸制約戰爭呢？糧道在後方，從未被魏軍阻斷，糧食怎麼會運不到前線呢？何況還有「木牛」、「流馬」，運輸根本就不成問題。第五次北伐，一到渭水邊就開始屯田，說明了什麼？說明這一次糧食也不充足，要進行長期戰爭，必須屯田。

後人分析諸葛亮北伐的動機是以攻為守，其實不然。攻，就是為了攻，就是為了實現他的「隆中對」定下的目標：「若跨有益州，保其岩阻，西和諸戎，南撫夷越，外結好孫權，內修政理，天下有變，則命一上將將荊州之軍，以向宛洛，將軍（指劉備）身率益州之眾，出秦川，百姓孰敢不簞食壺漿以迎將軍乎？誠如是則霸業可成，漢室可興矣。」可歎局勢的發展並不像諸葛亮當時所料。首先，「天下有變」這個外因沒有出現，魏國始終沒有發生內亂；其次，「將荊州之軍，以向宛洛」的設想隨著荊州的陷落成為泡影。那麼要成霸業，興漢室，就只有「率益州之眾，出秦川」這一條路了。可是，以弱擊強，耗盡國力民力，也未能實現他的畢生抱負。假如諸葛亮放棄北伐，據險而守，以逸待勞，養精蓄銳，蜀國肯定民富國強，更具有抵抗力和進攻力。守，才有戰略主動。當初曹操奪漢中，劉備據險不戰，曹操只好撤兵。之後，劉備為關羽報仇，發兵攻吳，因漢中易守，所以並不顧忌魏的攻擊。守而不墜青雲之志，真的「天下有變」，或能成就霸業，恢復漢室。

二十年後，姜維在蜀掌權，不忘諸葛亮遺志，又舉行五次伐魏，不僅勞而無功，反被鄧艾打敗，死了很多士卒。

以弱對強，連年戰爭，國家空虛，百姓貧困，更兼後主劉禪昏庸，蜀國豈能不亡！西元二六一年，吳國使臣向吳主彙報蜀國見聞時說「入其朝不聞正言，經其野民有菜色。」

西元二六三年，後主劉禪向兵臨城下的鄧艾投降。

三國論稅，最後論孫權。孫權的家族是浙東一個門第不高的豪強。孫權的父親孫堅曾為縣吏，招募本鄉精勇千餘人，協助本地太守鎮壓一次小規模的農民起義。黃巾起義大爆發後，孫堅又招募本鄉少年，跟隨官軍鎮壓黃巾軍，直至升為長沙太守。關東州郡討伐董卓時，孫堅也起兵回應，屬於袁術部下。討董失敗後，孫堅受袁術指派攻劉表，在襄陽城下被射死。孫權的哥哥孫策往見袁術，袁術讓他領其父的舊部。孫策不被袁術重用，就想離去，終於徵得袁術同意，領本部千餘人馬下江南。這時，中原正在進行軍閥混戰，江南還沒有大的割據勢力。孫策在江南招兵買馬，攻城略地，實力逐漸壯大，終於佔據揚州六郡。西元二〇〇年，也就是官渡之戰的那年，被孫策殺死的吳郡太守的部下刺殺孫策，孫策部下擁立孫權，孫權時年十八歲。八年後，孫權在周瑜的支持下，聯合劉備，在赤壁之戰中戰勝曹操，天下遂成三足鼎立之勢。戰後，孫、劉兩家因爭奪荊州而破裂。過了七年，孫權奪去湘水以南的荊州地域。又過兩年，關羽攻曹操的襄陽，孫權乘機將荊州全部奪回。再過兩年，劉備為關羽報仇，發兵伐吳，吳軍在夷陵大破蜀軍。孫權取勝後主動與劉備講和，劉備無力再戰，只好接受。從此，諸葛亮無東顧之憂，一心北伐；孫權無西顧之憂，全力抗曹。

孫權統治東吳主要靠豪強地主的支持，因而極力保護豪強地主的利益。這與魏、蜀不同。東漢末年，北方的許多豪強地主為躲避戰亂，紛紛帶著財富和依附他們的農民遷徙江南。他們新來乍到，迫切需要一個政權來保護他們，孫氏政權的建立正符合他們的需要，而孫氏政權初建，也需要他們的支持和參與。江南土著豪強大姓，也是不可小視的力量，孫氏政權也要團結他們，以保政權穩固。這樣，孫氏政權上上下下的軍官政吏基本上都由北方、南方大大小小的豪強地主來擔任。張昭、周瑜、魯肅、呂蒙、陸遜等中樞人物都是豪強大地主。東吳的豪強地主享有很大的特權，他們蔭庇大量人口，不承擔國家的賦稅徭役。那麼，賦稅徭役就全由廣大自耕農和平民來承擔了。

孫權治理東吳實行重徭厚賦、苛法酷刑，人民被逼經常起義反抗，這在魏、蜀是沒有的。孫權命令各郡縣高築城，深挖壕，以防備義軍，但絕不允許減輕賦稅徭役。大臣們都認為賦徭太重，建議減輕一些。孫權解釋說，如果只守江東，兵力、財力也夠了，似應減輕一些，但坐而守成，未免短陋，應當預先徵調，以備天下有變，百姓因此貧苦，也是不得已。就這樣，孫權長期維持暴政統治。

為了進一步開闢稅源和兵源，孫權不斷對山區的越人進行征討。分散在山區的越人部落在其本族首領的統治下割據自立，不在東吳戶籍，不向官府服役納稅。越人部落小的有幾千人，大的有幾萬人，皆與官府對抗。孫權將一個個越人部落征服後，使「強者為兵，羸者補戶」，就是把強壯者編入軍隊服役，把羸弱者編入戶籍納稅。據史料記載，孫權二十多萬人的軍隊中，越人佔十萬。編入戶籍的越人有多少，史料不詳，但肯定比編入軍隊的多。孫權在越人聚居的地區新設郡縣，以加強統治。孫權還派軍隊駕船從夷州（臺灣）擄掠幾千土著人為民。

孫權也仿照曹操實行屯田，也分軍屯和民屯，屯田基地遍布東吳各地。軍隊除用於屯田，還用於手工業生產，生產的產品歸將領們所有，將領們使用士卒駕船把這些產品運到各地銷售，獲利豐厚。

孫權晚年，他的兩個兒子爭皇位，鬧得朝中大臣也分為兩派。結果，孫權的孫子孫皓被立為帝，孫皓殘暴無道，荒淫好色。後宮已有數千美女，還要年年在民間選美。修造宮殿，窮極技巧，功役費用以億萬計。人民的賦稅徭役比孫權時代更重。大臣上疏說：國無一年之儲，民有離散之怨，公卿祿延子孫，官吏橫徵暴斂，此為無益而有損也。孫皓置若罔聞。這時，晉已代魏，晉國的將領上書晉武帝，說孫皓之暴，過於劉禪，吳人之困，甚於巴蜀，願陛下勿失時機。於是，晉六路出兵，大舉伐吳，吳軍不戰而潰，孫皓只得投降，時為西元二八〇年。

三國稅制對歷史的影響

越是戰亂之時，稅制越能檢驗民心。袁紹不抑豪強兼併，任其轉嫁賦稅，所以難得百姓親附。曹操使流民歸田，使賦稅均平，抑制豪強，禁止兼併，安定民心，終於戰勝袁紹，統一北方，奠定強國地位。曹操的租是以定額稅代替定率稅，曹操的調是以實物稅代替貨幣稅，簡化徵稅手續，降低徵稅成本，於官於民兩便利。實物稅之所以代替貨幣稅，是因為戰亂時期農民手中有實物而無貨幣，以物易物的自然經濟便取代貨幣交換的商品經濟。三國、兩晉、南北朝持續戰亂，所以實物稅得以長期存在。諸葛亮的稅制雖然史料不詳，但可以推測他實行的是平均而繁重的賦稅徭役制度。因為平均而民無怨言，因為繁重而導致民窮。蜀國弱小，而諸葛亮志在恢復漢室，不得不重賦於民。孫權的稅制類同於袁紹，他之所以能維持割據，主要靠長江天險。到孫皓時期，這種優待豪強、重賦於民的稅制導致民心不附，兵無鬥志。東吳不亡，天理難容。可是東吳優待豪強的稅制在三國歸晉以後卻為西晉所用，那麼自然也成為西晉動亂的根源。

11 西晉的佔田制與奢侈風

從漢獻帝初平元年（一九〇年）董卓作亂，關東州郡聯兵討董卓開始，東漢進入軍閥紛爭時期，到二八〇年吳國滅亡，戰亂持續整整九十年。這期間，二二〇年曹丕稱帝，二二一年劉備稱帝，二二二年孫權稱帝，正式形成魏、蜀、吳三國鼎立。魏國後期，政權為司馬懿及其子司馬師、司馬昭掌握。二六三年，魏滅蜀。二六五年，司馬昭之子司馬炎篡魏，更國號為晉，是為晉武帝。二八〇年，晉滅吳，天下重新統一。

統一前，晉就鼓勵墾荒，興修水利，恢復和發展農業生產。有的州郡開荒達數千頃，遇到荒年，百姓也衣食無憂。有的州郡修渠溉田達幾萬頃，糧食產量大幅度提高。

統一後十年間，是西晉經濟比較繁榮的時期，出現了小康局面。刺激經濟發展的因素，主要是田制和稅制的改革。

三國時期的屯田制，對戰亂時期的流民和無地農民確實有吸引力，但隨著社會逐漸穩定，就不能適應農民對土地私有化的要求了。屯田的士兵和農民，跟自耕農相比較，繳租太高，漸漸失去耕種的積極性，產量便每況愈下，而農官為了保證國家的收入，就提高地租率，甚至達到百分之八十，屯田者就更不願耕種了。滅蜀以後，屯田制逐漸被廢除，滅吳以後，在全國實行佔田制和課田制。

在魏晉時期，「佔」是登記的意思，佔田制，就是土地登記制度，類同於秦代的《使黔首自實田》法令。佔田制規定：屯田戶一戶可佔田百畝，若達不到百畝，可以開墾荒地補足。自耕農原有土地達不到百畝的，也可開墾荒地補足。為何規定佔田可達百畝？因為這是西周古制，而恢復古制，意在標榜德政，收攬民心。實際上在人口稠密地區，荒地有限，農民實際佔有土地根本達不到百畝。

課田制之「課」，是徵稅的意思。規定：不管佔田多少，每戶只課五十畝，納租四斛，合每畝八升。若佔田超過課田，超過部分則為免稅田，這就可以鼓勵農民開墾荒地。只有佔田達到百畝，實際稅率才相當於曹操的「畝四升」。對於每戶農民的課田畝數都是一樣的，那麼，與其說是按畝課稅，不如說是按戶課稅。

對戶調的規定是：丁男之戶，歲輸絹三匹，綿三斤；女為戶者，半輸。而曹操的戶調是絹二匹，綿二斤。

西晉的租調重於曹魏，但卻滿足了農民對土地的需求。佔田制、課田制實行之後，原來的屯田戶都成為郡縣編戶。史載，此前全國有二百四十六萬戶，佔田制頒布兩年後，全國戶數達到三百七十七萬戶，增加一半，這裏面除了轉為郡縣編戶的屯田戶，也包括許多原來的隱民和流民。這說明佔田制和課田制對農民有很大的吸引力。農民實現了耕者有其田，大都過著溫飽生活。

西晉對各級官員也實行佔田制，但面積是農民的十到五十倍，規定：第一品佔田五十頃，第二品佔田四十五頃，依次遞減，至第九品為十頃。官員佔田是免稅的，而且要雇人來耕，於是便有蔭客的特權。客就是佃戶，蔭客就是佃戶在主人的庇蔭下可以免徭役。第一品、第二品蔭客五十戶，依次遞減，至第八品、第九品蔭客一戶。官員還有蔭親屬的特權，整個家族都可以免稅免徭役。品級高的官員可蔭九族，品級低的也可蔭三世。

皇帝宗室、先賢之後、祖上世代為官的豪門世族也都可以依其官品佔田、蔭客、蔭親屬。

漢代官員的級別以「石」來表示，西晉官員則以「品」來表示。「品」本來是對官員德才的評價，分為九級，這始於曹丕。曹丕在州郡設「中正」一職，負責對本地官員和本地在京的官員進行德才考評。「中正」一職往往被做高官的豪門世族所把持，所以，考評實際上並不看德才，只是看出身。出身豪門世族的官員一般都是高級官員，評的品級高，出身寒門的官員一般都是低級官員，評的品級低，此所謂「上品無寒門，下品無世族」。於是，「九品」事實上便成了官員的級別。

西晉對官員和豪門世族給以佔田免稅、蔭客、蔭親屬特權，是朝廷對豪門世族地主的讓步。世族地主已經成為官員的主體，國家靠他們來統治，皇帝不得不讓步。他們在漢武帝時期因兼併土地、逃避稅賦受到抑制甚至打擊，西漢後期以及整個東漢，他們不再受到抑制。他們在曹操時期又受到抑制，但曹丕準備篡漢時為了得到他們的支持，他們又受到優待。同理，司馬氏篡魏，也需要他們的支持，進入西晉，他們佔田免稅、蔭客、蔭親屬的特權終於以法律形式加以確定。雖然對佔田、蔭客的數量作出限制性規定，但並沒有說超過限制怎樣處罰，事實上，他們佔田、蔭客、蔭親屬是不受限制的。

晉武帝司馬炎對官員和世族優待，對宗室、功臣更優待。即位之初，他把大批同宗的叔侄兄弟冊封為王，一次封王二十七人，又陸續增加，總計達五十七王，其中近親諸王還掌有兵權。對有功的大臣也大加分封，前後受封的異姓公侯達五百餘人。分封的王侯的食邑標準，開始是其封地所徵賦稅的十分之一，後又增至三分之一。為平息大臣們對官職高低的紛爭，他因人設官，滿足每個人的欲望。

受到優侍的王侯、官吏、世族將國家賦稅收入這塊蛋糕切去了不小的一塊，得以過上奢侈享樂的生活。也許司馬炎也料到這一點。立國之初，他帶頭提倡節儉，下令削減各地對皇室的貢品，禁止宮中排演開支較大的戲劇，停止製作各種用於遊戲田獵的工具。但是，隨著統治地位的鞏固，他貪戀奢華，荒淫好色的本性便按捺不住了。在平吳的前三年，他下詔禁斷人間婚嫁，選公卿以下女子以備後宮。平吳之後，將孫皓後宮五千粉黛盡歸洛陽，使後宮女子達萬人以上。他不知夜宿何處是好，便乘著羊車，任意而行，羊停在哪裏，就宿在哪裏。盼望被幸的嬪妃，就在門前放上羊喜愛吃的竹葉和鹽，誘使羊停下來。後來嬪妃們竟相模仿，羊也不知所向了。

皇帝縱情淫樂，臣下比著奢侈。太傅何曾每天膳食用錢一萬，還說沒有可下筷的菜。他的兒子每天膳食用錢更比他多一倍。皇帝的舅父王愷，富可敵國，但敵不過大富豪石崇，石崇在南方做過刺史，截奪外國商人寶貨而致富。王愷與石崇鬥富：王愷用麥糖洗鍋，石崇就用白蠟當柴，王愷用絲綾拉起四十里圍帳，石崇用織錦拉起五十里圍帳；王愷擺出皇帝賜給的二尺高珊瑚，石崇將其打碎，拿出六個三尺高的珊瑚任他挑。石崇家裏連廁所都掛滿錦帳，有手持香囊的侍女在一旁侍侯。石崇膳食窮盡水陸珍奇，請客讓美女勸酒，客人不飲，當場就把勸酒的美女殺死。西晉統治階級以荒淫奢侈著稱於史。《晉書》說「奢侈之費，甚於天災」。

西晉的奢侈之風源於虛無思想。虛無思想是當時的意識形態，認為死不可免，不如生前享樂，一切皆虛無，盡可縱情欲。這種虛無思想是老莊無為學說的畸形發展，產生出一批坐而論道的清談家，和一批放蕩不羈的顛狂名士，如所謂「竹林七賢」。官吏們在虛無思想支配下，在生活上表現為奢侈浪費，在工作上則表現為不求實績，誰能不擇手段獲得高官，誰就享有盛名，誰紮紮實實幹工作，反被眾人輕蔑。統治階級就這樣只知道揮霍社會財富，卻不管國家怎樣治理，更不顧人民的死活，政局一旦出現變亂，便無法挽回。

司馬炎的長子司馬衷是個近於白癡的低能兒。一次出遊，聽到蛤蟆叫，他問左右：「這個叫喚的東西是公家的還是私人的？」後來聽說某地發生災荒，百姓缺糧，餓死不少人，他卻反問：「何不食肉糜？」這樣的傻子若當了皇帝，國家會是什麼樣子呢？

二九〇年，司馬炎死，司馬衷繼位，是為晉惠帝。惠帝低能，難理朝政，朝廷陷入太后、皇后、宗室王之間你死我活的流血鬥爭，先後參與奪權的有八個宗室王，史稱「八王之亂」。「八王之亂」是一場持續十五年的內戰，對中原地區人民的生命財產造成極大地破壞，而西北和北方則連年發生自然災害，出現遍地鬧饑荒，到處是流民的悲慘景象。若官府給予救濟，災民尚能為生，可是，國家的財力先被奢侈浪費，後被戰亂消耗，哪裏有能力救濟災民，災民只好成群結隊向有糧食的地方流亡。流亡目的地的官府和豪強地主給予流民的不是同情和幫助，而是歧視和欺壓，甚至「殺流人首領取其資貨」。流民沒有活路，便起而暴動。益州的流民暴動，後來竟發展成一個獨立的政權。接著，青州、徐州、豫州、荊州、江漢等地都發生了流民暴動。

內遷的少數民族長期不滿漢族官吏對他們的歧視和橫徵暴斂，也起兵反晉。三〇四年，匈奴人劉淵在山西起兵，旬日之間，聚眾五萬。劉淵說：「我是漢室的外甥（漢與匈奴長期和親），兄亡弟及，不也可以嗎？」於是，自稱漢王，要與晉爭天下。被作為奴隸賣到山東的羯人石勒，也率領一批牧人起義，後來加入劉淵的隊伍。三一一年，劉淵病死，其侄劉聰奪位，與石勒聯合圍攻京城洛陽。掌權的東海王帶領軍隊和滿朝文武離開洛陽後，病死在項城。石勒率騎兵追上，將東海王的部隊全殲。劉聰攻陷洛陽，將惠帝的繼位者懷帝虜去。晉人又立湣帝於長安。三一六年，劉聰派兵攻破長安，湣帝降，西晉亡。翌年，懷帝、湣帝皆被殺。西晉共延續五十二年。

佔田制、課田制對歷史的影響

對西晉的佔田制、課田制應進行一分為二地評價。首先，這是在戰亂結束以後國家對農民的授田制度。這個時候，國家地多人少，所以有田可授。東漢後期戶籍人口有五千多萬，三國時期戶籍人口只有八百多萬，西晉戶籍人口有所增加，也只有一千六百多萬。人口銳減，而土地還是那麼多，授田與民就成為朝廷的必然選擇。佔田制恢復了正常生產，課田制增加朝廷的稅收，使西晉一度出現小康局面。其次，這是在法律上承認官員、世族享有佔田免稅、蔭客、蔭親屬等特權。這是篡魏的司馬氏為得到豪門世族的擁護而作出的重大讓步。憑此規定，官員、世族可以和國家爭奪土地，爭奪人口。佃農耕官員、世族之田所繳的租，雖然重於耕國家之田所繳的稅，但卻無須服傜役，所以他們樂於當佃戶。這部分人口不稅不役，必然削弱朝廷的實力。對於王侯，朝廷則給予他們更大的經濟特權、政治特權、軍事特權。看來西晉司馬氏政權的治國方針就是要和諸王侯、眾官員共用太平。結果，官員、世族既擁有財富又分割賦稅，得以享受奢侈生活，當天下發生饑荒時朝廷便無力救濟，而擁有實力的諸王則敢於爭奪皇權。西晉因此而亡。

12 東晉：政出豪門稅制多變

西晉亡，北方陷入十六國戰亂，許多豪門世族紛紛逃到江南。南下的豪門世族擁立琅琊王司馬睿為帝，於三一七年建都建康（今南京），因在洛陽之東，史稱東晉。

王與馬，共天下

在擁立司馬睿的豪門世族中，王導及其堂兄王敦起主導作用，在他倆的勸說下，南方的豪門世族對司馬睿也持擁護態度。稱帝儀式上，司馬睿硬要王導「升御床共坐」，王導堅辭。東晉建立後，王導在朝中輔政，王敦擁兵駐紮在外，所以有「王與馬，共天下」之說。

王導的政治方針可以概括為「清靜」和「寬恕」兩個詞。所謂清靜，就是對官吏不加嚴察；所謂寬恕，就是讓豪族享有不出賦稅、蔭庇人口的特權。這是因為，東晉政權是由豪門大族支撐起來的，大多數官吏也都出身於豪門大族，如果實行嚴政苛法，政局必然混亂。

隨著皇位的穩定，司馬睿不願意再受制於王氏兄弟，也不容忍日益增長的豪門勢力對皇權的削弱，他重用出身門弟不高的人，排擠王氏兄弟，並接連下詔，要整頓吏治，抑制豪族。王導能屈能伸，不計較權力得失。王敦則憤憤不平，與皇室的矛盾日趨激烈。為防止王敦圖謀不軌，司馬睿加緊擴充朝廷直接掌握的軍隊，擴充軍隊的方法是：限制豪門世族蔭庇人口的數量，將超出限量的人口編入兵籍。王敦決定一拼到底，於東晉建國的第五年，從武昌起兵向建康進攻。他開列的朝廷權臣的罪狀之一，就是「取世族之奴為國家之兵」，這是為了爭取豪強世族對他的支持。王敦起兵，王導備感危難，每天帶著一家老小到皇宮門前請罪，以免舉族被誅。朝廷的軍隊抵擋不住王敦的進攻，建康很快陷落。王敦殺了一批官員，罷免了一批官員，才退回武昌。半年後，司馬睿憂憤而死，其子司馬紹繼位，是為明帝，王導受遺詔輔政。不久，王敦密謀再次起兵，王導得到消息，立即報告朝廷早做準備。起兵之前，王敦病重，但仍按期起兵，戰爭進行中，王敦病死，叛亂很快被平息。明帝論功封賞王導，王導推辭不受。

明帝在位三年而死，死時二十七歲，五歲的成帝繼位，太后臨朝，皇舅庾亮掌權，王導稱病不朝，但大小事皇后還要請教王導。庾亮為加強皇權，削奪了曆陽郡內史蘇峻的兵權，蘇峻遂反，佔領建康一年四個月，造成極大破壞。蘇峻之亂被各路勤王之兵平息後，庾亮自感秉政失誤，主動退出中樞，請求外任荊州刺史。王導重新執掌朝政。成帝長到十幾歲，見到王導都要下拜，可見王導威望之重。王導輔政二十餘年，六十四歲病逝。

經王敦、蘇峻兩次兵變，東晉的皇權再也沒有強大起來。代表豪門世族的州郡長官繼續和朝廷爭奪權力，特別是沿江的州郡長官，因為抵禦北方入侵的需要，手裏都握有重兵，更使朝廷毫無辦法。朝廷能做的，就是調節州郡勢力的平衡，以維持政局的安定。

桓溫北伐

荊州是東晉軍事實力、經濟實力最強的州，皇舅庾亮和其弟庾翼相繼擔任荊州刺史，庾翼死前，請求讓他的兒子繼任，朝廷恐其勢力根深蒂固，故不答應，改由桓溫接任，不料桓溫日後勢力沖天，竟凌駕於朝廷之上。

桓溫的父親為北方世族，南下後得到司馬睿信任，曾在平定王敦之亂中立功封爵。桓溫二十三歲步入仕途，出任荊州刺史時才三十三歲。桓溫到任後為了立功樹威，決定北伐十六國之一的巴蜀成漢政權。他上疏朝廷後不等批准就揮兵出征，不過他確有雄才大略，僅以一萬之兵就滅掉了成漢政權，一時威名大振。先是無詔出兵，繼而功高過人，自然引起朝廷疑忌，而桓溫居功自傲，也不再聽從朝廷調遣。

幾年後，桓溫又上疏請求北伐，朝廷不予答覆，卻派他人領兵北伐，結果大敗。桓溫接著屢次上疏北伐，均未獲准。桓溫大惱，率數萬大軍順江而下，朝廷上下驚恐不安。輔政的皇室成員會稽王司馬昱寫信好言相勸，桓溫才率軍返回，並回信解釋說，率軍東來，只為北伐，歷年多次上疏，只想報效國家，並無私心。之後，朝廷又發動兩次北伐，仍不用桓溫，但兩次皆慘敗。至此，桓溫威勢更盛，朝廷再也不能阻擋他的北伐。

上次伐蜀後的第七年，桓溫率步騎四萬二次北伐，兵鋒指向關中的前秦。經過激戰，晉軍進入關中，屯兵灞上，長安近在咫尺，桓溫卻按兵不動。原來，他意在立威，以功名鎮服朝廷，並非真心要恢復晉土。桓溫進軍之初，本打算以秦地之麥為糧，不料前秦堅壁清野，使晉軍得不到糧食。

不久，秦軍反擊，晉軍大敗，死傷萬餘，只好退兵。桓溫無功而返，唯一所獲，就是帶回了三千戶關中百姓。

兩年後，桓溫三次北伐中原，佔據洛陽、許昌，遷徙歸附百姓三千餘家於江淮之間。

過了七八年，前燕侵許昌，大敗東晉守軍，桓溫決定第四次北伐，報復前燕。途中，朝廷派人前去宣旨，召桓溫領揚州牧，錄尚書事，入朝參政。東晉最重要的兩個州是荊州和揚州，要全歸桓溫一人管轄。桓溫以中原尚未恢復為由推託。朝廷不許，又派大臣持詔攔住桓溫。桓溫同意領揚州牧，但拒絕錄尚書事。不久，皇帝死，北伐暫時擱置。桓溫以北伐鎮服朝廷，而朝廷給他加官又是為了阻止他北伐，從而壓制他的威勢。桓溫北伐前燕，終於在五年後成行。在黃墟（今河南民權）、林渚（今河南鄭州）兩次大破燕軍，進至枋頭（今河南浚縣），離燕都鄴城（今河北臨漳）僅二百里路，卻按兵不動。看來仍是為了向朝廷立威，而非恢復晉土。前燕名將慕容垂率軍五萬前來抵禦，又派人向前秦求救。這時桓溫軍糧不繼，只好退兵，卻遭燕軍追殺，秦軍攔截，損兵三萬人，以慘敗而告終。

桓溫大敗，威望頓減，但軍權在握，無人敢責。為了挽回面子，他歸罪於部將袁真，袁真據壽春（今安徽壽縣），就投降了前燕。一年後，桓溫攻下壽春，總算挽回點面子。這時，桓溫仍陷於尷尬境地。他不願就此收斂政治野心，而朝廷又不可能主動滿足他的政治野心，於是他就上書誣皇帝司馬奕是陽痿，其子非司馬血統，當廢，應立會稽王司馬昱為帝。迫於他的威勢，朝廷只得按他的旨意廢立太子。桓溫的弟弟、兒子、侄兒皆握有兵權，東晉在實質上成了桓溫的天下。司馬昱為帝二年而死，遺詔太子凡國家大事均向桓溫請示。桓溫本以為司馬昱要麼禪位於他，要麼行周公攝政之事。未能遂願，他便疑心是朝中兩位重臣王坦之、謝安從中作梗，於是帶兵入朝。朝中人心惶惶，傳言桓溫要殺王、謝而後稱帝。百官伏拜於道，迎接桓溫。王坦之驚慌失措，冷汗不止；謝安卻鎮靜自若，與桓溫答對得體，交談多時，竟捐棄前嫌。桓溫在朝中只待了十幾天就因得病而返回，但其野心未已，派人催促朝廷加其九錫之禮（天子的儀仗）。桓溫的九錫呈文送上，謝安屢次修改，多日不成，意在拖延時間。不久，桓溫病死，享年六十二歲，九錫之願成空。

謝安輔政

桓溫死，謝安輔政。謝安小心謹慎地調整政治利益格局，擺平桓溫家族與其他豪族之間的關係，以及豪族與皇族之間的關係，從而保持了政局穩定。對豪門世族以安撫為主，不加嚴察。桓溫當權時，曾對豪族蔭庇的人口進行清查，此時有人主張還應進一步清查，謝安不許，認為外有強寇壓境，內有強鎮林立，不宜擾亂軍心和民心。謝安施政類同於王導，但文雅之名更勝過王導。謝安也是北方南遷世族，祖上世代為官，以儒顯名。他青年時即以文采和修養聞名，受到王導的青睞，和王羲之等人被公認為社會名流。謝安早年無意仕途，過著隱居生活，朝廷屢召而不應。當其為官的叔叔、哥哥相繼去世，其弟因兵敗被革職，才決定出仕，重振家族聲望，這時他已四十歲了。謝安那麼大的名氣只做了桓溫的司馬，一個職務不高的官。桓溫對左右人說：「你們可曾見過這麼有才氣的人嗎？」這也許就是桓溫帶兵入朝欲問罪，和謝安談話後竟捐棄前嫌的歷史原因。

謝安的名氣和威望在淝水之戰後達到頂峰。淝水之戰是中國歷史上的著名戰役，謝安的侄兒謝玄率八萬「北府兵」打敗了前秦百萬大軍。「北府兵」是謝安指令謝玄在京口（今江蘇鎮江）招募北方流民組建的軍隊，京口為征北將軍府所在地，故曰「北府」，在此組建的軍隊故曰「北府兵」。

當前秦大軍壓境時，京師震恐，人心惶惶，而謝安卻泰然自若。全國在備戰，謝安卻照常駕車出遊，與親朋好友歡聚。這種種故作鎮靜的表現，起到了穩定軍心民心的作用，但如果沒有極深的修養，一般人裝是裝不像的。其實謝安內心絕不平靜。待前方捷報傳來，謝安正在與客人下圍棋，看了戰報，放在一邊，繼續下棋。客人問勝負，謝安漫不經心地答：侄兒們打敗了秦軍。下完棋回家，由於極度高興，過門檻時竟碰斷了木屐的齒，卻沒感覺到。史稱謝安操勝券於談笑之間，恐怕不實。從兵力懸殊的形勢來看，謝安戰前不可能已成竹在胸。然而輿論永遠是傾向勝利者的，能把平淡傳為神奇。淝水戰後，謝安有功而不驕，仍十分注意協調謝氏家族和桓氏家族，以及豪強世族和皇室的權力分配。但他畢竟功高蓋主，遭孝武帝和他的弟弟司馬道子猜忌，於是，謝安主動引退，自請外任，將朝政歸於司馬道子。兩年後，謝安病逝。

桓玄稱帝

孝武帝是個酒鬼皇帝，每日以酒為務，喝得昏頭昏腦，不問政事，渾渾噩噩二十多年，一次醉後，竟為妃子所殺。繼任的太子稱安帝，安帝比西晉的惠帝還白癡，不辨寒暑饑飽。繼謝安之後執政的司馬道子也是嗜酒如命，好作長夜之宴，十多年間，朝政昏暗，矛盾叢生，後來就把政事交給尚書王國寶及其堂弟王緒。王國寶、王緒也許想有一番作為，勸司馬道子削弱州郡的兵權，加強朝廷對軍隊的控制。消息傳出，州郡大譁，兗州刺史王恭聯合荊州刺史殷仲堪起兵討伐王國寶、王緒。司馬道子大驚失色，趕快殺王國寶、王緒以釋眾怒，王恭這才罷兵。可憐王氏兄弟，為昏主謀劃，卻搭進去身家性命。

兗州、荊州兩刺史起兵，是桓溫之子桓玄暗中挑唆的。桓溫死時，桓玄才五歲，襲父爵，享有封地。長大後，桓玄兩次出仕，官職太小，鬱鬱不得志，就辭官回到荊州閒居。荊州是桓氏發跡之地，桓溫及其兄弟子侄經營荊州幾十年，故吏賓客遍布各郡縣，因此桓玄在荊州很有勢力。桓玄成為荊州刺史殷仲堪座上賓，遂能挑唆起兵。及司馬道子殺王國寶、王緒，桓玄認為有機可乘，就上書要官。司馬道子認為桓玄久居荊州，必將繼續挑唆生事，就任命他擔任廣州刺史。當時廣州是偏遠的地方，而荊州是第一重鎮。桓玄受命後並不赴任，仍然留在荊州，以待時機。

司馬道子又任用宗室司馬尚之、司馬休之兄弟。這兄弟倆仍企圖削弱地方勢力，著手對幾個州的刺史和轄區進行調整。豫州刺史庾楷被割去四郡，大怒，派人對兗州刺史王恭說：尚之、休之兄弟若開削弱方鎮之例，禍不可測，宜早除之。王恭以為然，擔心遲早會削到自己頭上的，就和庾楷、殷仲堪、桓玄相約共同起兵。上次起兵，桓玄躲在幕後，如今有了廣州刺史的頭銜，就登上前臺。桓玄無兵，殷仲堪就撥了五千人馬給他。

兗州刺史王恭之所以總是領頭起兵，是因為他手裏握有北府兵這張王牌。從淝水之戰到東晉滅亡，誰掌握北府兵，誰就能左右政局。可是，這一次北府兵卻背叛了王恭。王恭出身世族，北府兵首領劉牢之出身門第低微，王恭平時輕視劉牢之，劉牢之深懷怨恨。四個刺史起兵後，司馬道之驚慌失措，把軍權交給兒子司馬元顯。兒子比老子有計謀，使人對劉牢之說，如歸順朝廷，平叛後可接替王恭的位置。劉牢之遂倒戈，王恭兵敗被殺。豫州刺史庾楷也兵敗，投奔桓玄。劉牢之率北府兵抵禦荊州軍，桓玄只好退兵。

一年後，荊州發大水，殷仲堪賑恤饑民，用光庫糧，桓玄忘恩負義，乘機襲擊荊州，殷仲堪兵敗被殺。桓玄奪得荊州，上表朝廷，朝廷不得不承認現實。桓玄以荊州為基礎，控制的地區西起梁（今陝西南部）、益（今四川）、寧（今雲南），東到建康近郊，三分東晉有其二。

桓玄比乃父桓溫的野心更大，準備篡晉稱帝。他的軍隊順江而下，一路勢如破竹。桓玄最擔心的是北府兵，遣使勸降劉牢之，劉牢之見桓玄兵強，就同意歸降，朝廷頓時失去抵抗力。桓玄佔領建康，斬殺司馬元顯及其宗室兄弟，毒殺司馬道之，對劉牢之還是不放心，就解除其兵權，讓其改任會稽郡內史，又將所有重要崗位，都安排自己的親信佔據。為篡晉，桓玄搞了許多花招。他上表請求率軍掃平中原，暗地裏又指使朝廷下詔制止，於是便「奉詔故止」。乃父桓溫當年真刀真槍北伐建功立威，他坐地不動，以文字遊戲來提高自己的威望。他又上表請求返回荊州，然後使朝廷下詔挽留，再上表，朝廷再下詔挽留。他還像王莽那樣暗中派人獻禎祥，呈符瑞，然後命百官大加慶賀。輿論造夠了，仍不敢篡晉，他還是擔心北府兵，就派堂兄赴彭城（今徐州）打探北府兵中級將領劉裕的態度。劉裕詭譎地說：晉室衰微，早失民望，趁機禪代，有何不可！桓玄得到報告，就放心地稱起皇帝來。兩個月後，劉裕聯絡五名北府兵將領共同起兵，殺入建康，桓玄倉皇出逃。桓玄逃回荊州，收集兵卒，仍有數萬，但士氣不振。劉裕派一萬北府兵追來，竟大獲全勝。桓玄被益州兵騙往巴蜀，開船不久即被殺。桓玄從稱帝到被殺，不到半年時間，死時年僅三十六歲。

桓玄逃離建康時，帶走了安帝。桓玄被殺，這個白癡皇帝又被劉裕迎回來，復了皇位。朝廷的權力，自然落入劉裕手裏。劉裕專權十幾年，直到四二〇年廢晉帝，自立為帝，改國號為宋。東晉立國一百零三年而亡。

稅制多變

東晉皇權衰落，豪門輪番當政，稅制因此而多變。

東晉之初，王導執政，以「清靜」和「寬恕」為執政方針，賦稅制度沿襲西晉，官員和豪門世族的田地和蔭庇的人口不承擔稅役，對廣大自耕農仍按西晉的課田制，每戶課租四斛，絹三匹，綿三斤。北方的世族大戶帶著依附於他們的農民紛紛南下，成了僑民。朝廷按北方的州郡名稱設立新的州郡，安置這些僑民。考慮到他們拋家捨業，重新白手起家，也為了吸引更多的北方人口南遷，朝廷對他們實行免除稅役的政策。

北方南遷的人口越來越多，免稅役的政策不能再執行下去了。在東晉建立十三年之後，朝廷對南遷人口實行「土斷」，就是像對待土著居民那樣進行戶籍登記，繼而徵收賦稅。這時將課田制改成了度田制。度田制採用「什一稅」，每畝徵稅三斗。之所以將課田制改成度田制，是因為大量北方人口南遷，導致南方土地佔有不均，有的田多，有的田少，若仍然每戶課租四斛，就很不公平。度田制取消了北方人和南方人的差別，也取消了官員、世族大戶與自耕農的差別，使朝廷收入大大增加，從而保證了國家體制健全後日益增加的開支。此外，絹三匹、綿三斤的戶調仍照舊。

在度田制實行過程中，北方人口繼續南下，距第一次土斷十餘年後，朝廷又進行第二次土斷。史載，這兩次土斷都不徹底。土斷有族譜的作用，世族大戶為顯示門第，一般不會隱瞞自身的戶口，但都隱瞞其蔭庇的人口，以逃避稅役。又過二十餘年，桓溫當政，進行第三次土斷。這一次靠強權推行，執法雷厲風行，最為徹底。彭越王司馬玄，貴為皇族王公，因「匿民五戶」，被「收付廷尉」治罪。僅會稽一郡，就增加編戶三萬口。戶口增加，意味的稅收增加，那麼桓溫北伐的軍費就有了保證。

度田制從一開始就遭到世族大戶的抵制，田賦積欠一度達到五十萬石。到後來，朝廷減為每畝二斗，仍不能收齊。十幾年後，謝安當政，朝廷廢除度田制，改為口稅制，自王公以下，每口稅米三斛。口是指戶，不是人口。對廣大自耕農來說，每戶繳稅三斛，算是比較輕的了，而且服役（包括勞役和兵役）可以免除口稅，這對於服役往往重於納稅的自耕農來說是很有利的。對於世族大戶來說，每戶繳稅三斛，只是九牛一毛。如果豪強大戶隱瞞他們蔭庇的人口，其稅賦簡直可以忽略不計。這就是謝安的寬政。

口稅三斛，實行了六年，淝水之戰爆發，之後就改為口稅五石，直到東晉亡。斛是容量單位，石是重量單位，求個概數，一石相當於二斛多一點，那麼五石就相當於十斛多，提高了三倍多。此外，還有祿米二石，用於官吏俸祿。稅賦為什麼突然加重這麼多呢？因為淝水之戰後，謝安引退，政歸司馬道子，司馬道子任用王國寶兄弟加強中央集權，於是，嚴政代替了謝安的寬政。

不管實行什麼稅制，世族大戶都要千方百計隱瞞其蔭庇的人口。桓溫當政時，執法嚴厲，再就是劉裕了。劉裕進行第四次土斷，「大示軌則，豪強肅然」。會稽郡餘姚縣豪強虞亮藏匿人口千餘，被誅，會稽郡內史司馬休之因此被免職。豪強霸佔的山林川澤悉被解禁，農民採薪捕魚不用再向他們交錢。州郡擅自強加給廣大農民的苛捐雜稅，都被劉裕禁止。

東晉稅制對歷史的影響　江南豪門世族及其蔭庇的人口免稅免役的特權，始於三國時期的東吳，在西晉被進一步強化，但到東晉時發生了變化。這個變化就是保留免役特權，喪失免稅特權，但他們要抵制這一變化。東晉之初，為了增強國力，就廢除西晉按戶納稅的課田制，改行按畝納稅的度田制。豪門世族土地多，按畝納稅是他們所不情願的，於是便千方百計逃稅欠稅。謝安當政時將度田制改為口稅制，口稅制就是按戶納稅，每戶納稅三斛，這對於廣佔田地的豪強世族來說，簡直是象徵性納稅，雖然後來增為每戶五石，但也只是九牛一毛。按畝納稅改為按戶納稅，表現了豪門世族的勢力依然強大。伴隨著稅制的變化，東晉進行四次土斷。頭兩次土斷都不徹底，豪門世族依然蔭庇人口。第三次土斷，桓溫當政，第四次土斷，劉裕當政，皆以強權推行，使戶籍人口大量增加，稅收也隨之增加，從而保證了他們興兵北伐的軍費。東晉的賦役制度對南朝宋、齊、梁、陳四個朝代有一定影響。

13 分合離亂十六國

北方的十六國與東晉大致以淮河為界，延續的時間也大致相始終。十六國政權不是一個挨一個建立的，也不是同時建立的，而是建幾個，垮幾個，又建幾個，有時呈鼎立局面，有時呈統一局面。舊史把十六國說成是「五胡亂華」，這實際上是對少數民族的歧視。「五胡」是指匈奴、羯、氐、羌、鮮卑，這五個少數民族不是在當時侵入內地，而是在很早就遷入內地的。他們是怎樣遷入內地的呢？這要從漢武帝時期說起。

匈奴經漢武帝長期征伐，嚴重衰落下去，但並沒有滅亡。漢武帝去世四十多年後，匈奴分裂為北匈奴和南匈奴。南匈奴呼韓邪單于歸附西漢，昭君出塞就是西漢與南匈奴的和親故事。西漢聯合南匈奴出擊北匈奴，北匈奴單于西遷到中亞一帶，北匈奴的牧地遂歸南匈奴所有，這實際上就是南匈奴在西漢的支持下統一了匈奴草原。從此，塞外無戰事。王莽篡漢，把匈奴單于的封號由王降為侯，破壞和平相處的關係，邊亂再起。到東漢光武帝劉秀在位的末年，匈奴又分裂為南匈奴和北匈奴，南匈奴歸附東漢，而北匈奴控制西域諸國與東漢為敵。東漢聯合南匈奴出擊北匈奴，北匈奴損失慘重，又向西遷入中亞地區。這時北匈奴的故地卻被鮮卑佔據，鮮卑逐漸強大起來，就不斷攻擊南匈奴。從三國到西晉，南匈奴在鮮卑的壓迫下，不斷向內地遷徙。遷徙到內地的匈奴人不再是一個整體，已分裂成眾多分支，其中一個分支稱為羯人，長得高鼻深目多鬚，和其他匈奴人顯然不是一個人種。匈奴和羯人多分布在今山西、陝西一帶。

羌族原居青海草原。在西漢時，匈奴已進入國家形態，處於奴隸社會初期，全民族是統一的，因而對西漢的威脅最大。而羌族尚未進入國家形態，仍處於原始社會末期，各個部落互不統屬，他們各自為戰，對西漢邊境頻繁侵擾，但也容易被西漢各個擊破。從西漢到東漢，被各個擊破的羌族部落不斷被朝廷遷徙到今甘肅、陝西一帶安置定居，從而解除了邊患，

氐族原居四川，當西漢的版圖擴張到他們的居住地之後，他們便可以自由地在西北、西南地區遷徙，其中一部分遷到今甘肅、陝西一帶。氐族的漢化程度較高，多數懂得漢語，與漢人雜處。

內遷的匈奴、羯、羌、氐等族人口都被編入當地戶籍，少部分是自耕農，承擔賦稅徭役，大部分成了漢人地主的佃戶，有的還被當作奴隸，帶上枷鎖賣到中原地區。他們和漢人中的窮人一樣貧困，但比漢人中的窮人更具反抗性。這是因為：一、他們天性剽悍，不受約束；二、他們懷念無賦稅的原始部落生活，怨恨徵收賦稅徭役的郡縣體制；三、他們雖然被編入漢人戶籍，但在他們民族內部依然存在部落組織，因而具有較強組織性。於是，當「八王之亂」發生之後，他們便率先起兵反晉，建立自己的割據政權。

塞北草原上的鮮卑人乘中原戰亂之機向南發展，這時鮮卑已分裂成三個部落聯盟，分別是鮮卑宇文氏、鮮卑慕容氏、鮮卑拓跋氏，都各自在中原建國。

對十六國分述如下：

成漢——「八王之亂」時，甘肅天水一帶鬧饑荒，十萬人流入蜀中，其中不少是氐人，氐人中李氏為大姓，李庠、李特兄弟對患病窮乏者常救護，由此得到流民擁護。氐人祖先是巴人，今考古發現三星堆有他們的文明遺存。漢時一部分氐人遷徙到漢中，又遷到陝甘，如今算是回流。從其姓

氏看，與漢人無異。益州刺史懷有割據巴蜀的野心，就拉攏李氏兄弟在流民中招兵萬人，以對抗朝廷，後嫉妒李氏兄弟威信高，就殺了李庠。為兄報仇，李特帶兵攻佔成都。朝廷派兵入蜀，迫令流民限期返回陝甘。流民多為當地人傭耕，身無餘資，千里迢迢返回故里，路上吃什麼呢？因而要求緩期，官軍假意應允，卻準備攻擊流民，流民就投向李特，請求庇護。官軍果然進攻，李特率兵反擊，竟戰勝官軍。從此，戰火不熄。李特戰死，其兒子李雄領導流民繼續與官軍鬥爭，終於在三〇四年佔據巴蜀，建國稱王。此時，晉還未亡。李雄的國號初為大成，後改為漢，史家習稱其「成漢」。成漢初期向人民徵收的賦稅比晉輕得多，「男丁一歲穀三斛，女丁一斛五斗，疾病半之，戶調絹不過數丈，綿不過數兩。」但到後期，「百姓疲於使役，呼嗟滿道，思亂者十室而九。」連流民建立的政權，也會逐漸脫離人民，更何談其他政權。三四七年，東晉桓溫率一萬精兵伐蜀，成漢亡，立國四十四年。

前趙與後趙——匈奴首領劉淵起兵於「八王之亂」，國號先為漢，後為趙，史家稱其「前趙」，以與石勒的「後趙」相區別。劉淵建國比成漢早兩年。劉淵死後，其族侄劉聰奪位。劉聰和石勒共同滅了西晉，二人又分裂。劉聰據有今陝西、甘肅、山西，石勒據今河北、山東、河南大部分。劉聰死後，經過一番內亂，皇位被劉曜奪去。劉曜嗜酒，與石勒決戰前，大飲酣醉，戰鬥中墜落馬下被俘，後被殺，前趙亡。前趙無賦役制度，徵派隨意，搶掠無常。石勒基本上統一了北方，史稱後趙。石勒為羯人，不識字，但有才略，且十分尊重儒生，所以，北方的士族多願意依附石勒。石勒採用西晉的戶調田租制，但比西晉輕得多。石勒死後，其悍將石虎殺掉石勒的太子，自立為王。石虎實行殘暴統治，其暴行如：大造宮殿，長期奴役四十萬人；大徵民女十萬人充實後宮，郡縣奉命務求美色，殺人夫，奪人婦；聚斂金帛不可勝數，仍嫌不足，就挖前代陵墓，取其金寶；為戰爭做準備，每戶三丁抽二丁，五丁抽三丁，共徵發六十七萬人造船、造甲，因瘟疫死亡三分之一；被徵士兵每五人出車一乘，牛二頭，米十五斛，絹十匹，不能辦者斬。石虎實行苛刑峻法，動輒屠族，非議朝政者，皆死，他的兩個兒子亦被他殘酷屠殺。石虎死，他的養子石閔奪位。石閔是漢人，認為羯人皆不可靠，頒令：漢人斬一胡首官升三級。結果，高鼻多鬚的羯人無論貴賤被斬者達二十萬人。北方鮮卑慕容氏乘機南下，後趙亡。時為三五二年，比成漢亡晚五年。

前燕——慕容氏是鮮卑族的一支。鮮卑族因起源於鮮卑山而名。慕容氏居於今遼寧一帶。慕容氏曾追隨司馬懿征討遼東的公孫氏，有功被封王，後被晉武帝拜為鮮卑都督。西晉末年，中原大亂，中原和北方的人民向今遼寧一帶流亡，慕容氏設置新的郡縣收留漢人，漢人人口十倍於慕容氏的人口。慕容氏給漢人土地、耕牛，收十分之八的地租，後改為十分之六。滅後趙之前，慕容氏就開始對外擴張，掠奪土地和人口。慕容氏據於燕地，於三三七年稱燕王，史稱前燕。滅後趙，前燕佔據中原的東半部。前燕的後期，朝政腐敗，土地佔有不均，賦稅徭役不均，民心離散。

前秦——苻氏是氐族的一支，世居今甘肅天水一帶。苻氏一族先降前趙，再降後趙。石勒遷徙陝西、甘肅漢、羌、氐十五萬戶於其所據的河南北部及河北一帶。後趙末年大亂，被遷徙的陝、甘人口相率西歸，苻氏首領招引西歸人口十萬眾，在關中長安建國，國號秦，史稱前秦。前秦與前燕並立，秦弱，燕強。但秦主苻堅得到漢人王猛，自比為劉備得到諸葛亮。王猛實行輕徭薄賦，民心歸附。三六九年，東晉桓溫伐燕，燕向秦求救。王猛對苻堅說，燕不是桓溫的對手，若桓溫滅燕，秦也就危險了，不如與燕合兵以退桓溫，然後取燕。苻堅依計而行，讓王猛統軍援燕。桓溫退，王猛率兵攻取洛陽、晉陽、鄴都，燕亡，得人口近千萬。以後幾年，秦又攻取東晉的漢中、巴蜀，西南夷也附於秦，北邊的鮮卑拓跋氏、前涼，東邊的朝鮮半島，以及西域諸國，都納入秦的版圖。秦的疆域之大，是十六國以及之後的北朝所不能比的，不在秦統轄範圍之內的，只有偏安東南的東晉。苻堅自恃強大，決心滅掉東晉，實現全國的統一。不料秦百萬大軍在淝水竟敗於東晉八萬北府兵。前秦統一北方的時間只有十幾年，靠的是軍事征服，而不是人心歸順。當軍事力量不再，隱患便立刻暴露出來。原來被秦征服的各族貴族，都乘機割據自立，前秦便土崩瓦解了。

前涼——「八王之亂」時，涼州刺史張軌近似於一方諸侯，但他對晉朝廷一直執臣下之禮。張軌死後兩年，西晉亡，張軌的後代割據自立，但並未正式建國，是史家稱其為國。前趙劉曜、後趙石虎都曾進攻前涼，但都失敗了。西元三七六年，前涼被苻堅征服，是前秦在統一北方過程中最後滅掉的一個國。

後燕（附西燕）、北燕、南燕——淝水之戰後，原來投靠前秦的前燕鮮卑貴族慕容垂，脫離苻堅回到河北，準備復國。慕容垂在河北鮮卑人中有很大號召力，一年後稱燕王，又過兩年自立為帝。史稱後燕。後燕實行西晉賦役制度。苻堅滅前燕時，曾遷徙鮮卑數萬戶到關中。淝水戰後，關中鮮卑人也起兵反秦。這支鮮卑人約三十萬口，無意佔領長安，只想東歸，於三八四年在今山西長子縣建國，史稱西燕。苻堅對其已力不從心，而慕容垂卻不容它並立，於三九四年將其滅掉。史家把西燕歸入後燕，不在「十六國」之數。與後燕慕容垂爭雄的是在長城以北發展起來的鮮卑拓跋氏建立的北魏，雙方激戰十多年，後燕不敵，國勢衰落，四〇七年，後燕將軍馮跋（漢人）等殺後燕皇帝慕容熙（慕容垂幼子），後燕亡，四〇九年馮跋自立，史稱北燕，四三六年，北燕被北魏滅掉。慕容垂幼弟慕容德為躲避北魏進攻，率民四萬戶遷到今山東益都，三九九年建國，史稱南燕，立國十二年，四一〇年為東晉劉裕所滅。

後秦、西秦、大夏——這三個小國主要活動在今陝西一帶。苻堅統一北方時，羌族首領姚萇向苻堅投降。淝水戰後，姚萇自立，滅掉前秦，縊死苻堅，遂稱帝，國號大秦，史稱後秦。此在淝之戰後三年，即三八六年。後秦與後燕並立，正像當年前秦與前燕並立一樣。後秦立國三十二年，為東晉劉裕所滅。隴西一帶的鮮卑人在前秦時投降苻堅，淝水之戰後，其首領召集諸部落共十萬眾，脫離苻堅而獨立，史稱西秦，立國四十七年，為大夏所滅。大夏是匈奴人建立的國家，滅了西秦後，又從東晉劉裕手中奪取關中，但屢敗於北魏，大夏首領赫連勃勃最終被吐谷渾部落所滅。大夏在十六國中最落後，名為國家，實為原始部落，沒有賦役制度，戰爭所需就地索取，索取不得就搶掠。

後涼、北涼、西涼、南涼——這四個小國，皆出現在今甘肅一帶。前秦統一北方後，苻堅命氐人呂光率軍征西域，西域三十國歸順。淝水戰後，長安危急，呂光率全軍東歸。苻堅死，呂光在今涼州、酒泉一帶稱王，史稱後涼。呂光死，其子投降後秦，後涼亡。後涼亡前，分裂出北涼和西涼，北涼滅了西涼，又被北魏滅掉。鮮卑禿發氏，活動於今武威、蘭州、西寧一帶，「禿發」是「拓跋」的異譯，相傳和北魏拓跋氏同宗。禿發首領始稱西平王，後稱武威王，又改稱河西王，最後改稱涼王，史稱南涼。南涼連年對外作戰，農業失耕，後受到其他少數民族攻擊，部眾離散而亡。

十六國紛紛亂亂，但也可理出頭緒。在「八王之亂」時期分裂出來的是巴蜀的成漢，西北的前涼，和中原的前趙、後趙，接著是前燕、前秦的並立，繼而是前秦的統一。淝水之戰後，河北一帶分裂出燕系列——後燕、北燕、南燕，陝西一帶分裂出秦系列——後秦、西秦、大夏，甘肅一帶分裂出涼系列——後涼、南涼、北涼、西涼。

十六國的賦稅制度基本上延襲西晉。統一北方的前秦賦稅比較輕，分裂的小國賦稅有輕、有重，其中前趙無賦稅制度，按需索取，大夏也無賦稅制度，「遊食自若」，索取不得就掠奪。

十六國是個特殊的歷史時期。按朝代劃分，西晉止於三一六年，鮮卑拓跋氏的北魏建於三八六年，中間有七十年時間，但十六國的歷史跨度絕非七十年，它前跨西晉，後跨北魏，長達一百三十五年。它始於西晉「八王之亂」中的三〇四年，止於四三九年北魏徵服北涼，統一北方。

十六國稅制對歷史的影響

十六國中具有歷史地位的有成漢、後趙、前燕、前秦、後燕，其餘小國偏居一隅，皆未成氣候。十六國稅制承繼西晉，但又繁亂不一，影響各自的存亡。氐人流民建立的成漢政權在前期賦稅很輕，但到後期便加重賦稅，百姓「思亂者十室而九」，終被東晉桓溫所滅。後趙石勒團結漢人士族輕賦於民，故能滅掉前趙，但石勒死後，石虎實行暴政殘害漢人，最終導致漢人和羯人之間的仇殺，而鮮卑慕容氏建立的前燕乘機南下，滅了後趙。前燕後期重徭厚賦，於是，又被漢化程度較高實行輕徭薄賦的前秦所滅。淝水之戰後，前秦土崩瓦解，鮮卑慕容氏復國，建立後燕。後燕與鮮卑拓跋氏建立的北魏進行長期的殘酷戰爭，新興的拓跋氏驍勇善戰，後燕國力逐漸衰弱，最終亡國。

14 淝水之戰

淝水之戰是歷史上的重大事件，有必要獨立成章詳細論述。

前秦兵力調動：三八三年七月，苻堅下詔伐晉，全國人口每十丁抽一丁當兵。富家子弟二十歲以下的都要當兵，編為警衛部隊。全國所有公家、私家馬匹，全部徵為軍用。八月，苻堅的弟弟苻融率二十五萬步兵、騎兵先行，全國各地徵調的八十七萬部隊也陸續出發。九月，苻堅率軍從長安出發。百萬大軍，南北相望，前後千里，東西並進，左右萬里。運糧的船有一萬艘，塞滿汴水、潁水。苻堅自豪地說：「以吾之眾旅，投鞭於江，足斷其流。」就是說把馬鞭投於長江，足以使長江斷流。後來這句話衍變成一個成語，叫做投鞭斷流。按古代的通訊手段、運輸工具、交通狀況，在兩三個月內徵調一百萬軍隊，而且其中大部分昨天還是農民，這真不是件容易的事。苻融的先遣部隊到達今安徽壽縣，苻堅親自率領的部隊也到達今河南沈丘縣，距壽縣有幾百里，甘肅涼州的部隊才到今陝西咸陽，河北的部隊才到今江蘇徐州，四川的部隊才順長江而下。真正投入戰鬥的，只是苻融率領的二十五萬先遣部隊。

戰場地理：淮河是東西走向，淮河南邊有兩條南北走向的河流，西邊的叫淝水，東邊的叫洛澗，淝水和洛澗相距有幾十里。苻融進攻的目標壽縣，處在淮河和淝水的交匯處，在淮河之南，淝水之西。

戰役過程：苻融進攻壽縣時，東晉派五千水軍增援壽縣，但已經晚了，壽縣很快被攻陷。苻融還要消滅這五千水軍，就派了五萬兵力屯紮在洛澗西岸，並用柵欄切斷淮河水道，使這五千水軍不能東撤。五千水軍的將領派人給晉軍統帥送信，說秦軍強盛，我們的糧食快要吃完了，恐怕見不到主力部隊了。不料送信的人被前秦的軍隊捉住，苻融看到這封信後，就派人去向苻堅報告說：「賊少易擒，但恐逃去，宜速赴之」就是說，您趕快來吧，來晚了敵人就逃走了。這裏有一個疑問，苻融說的「賊少」，是指這五千水軍嗎？顯然不是，二十五萬人消滅五千人，用不著苻堅派增援部隊。苻融一定審問了俘虜，知道晉軍主力只有八萬多人，屯紮在洛澗以東二十五里的地方。要求苻堅增援是為了消滅這八萬多人，而不只是消滅五千人。這個細節，史書不詳。苻堅接到報告，把大軍留在沈丘，只帶八千騎兵火速趕往壽縣。這時苻堅還是抱著必勝信心，就派人去說服晉軍投降。派的這個人叫朱序，原來是東晉襄陽守將，襄陽陷落後，投降前秦，但是他「身在曹營心在漢」，卻向東晉統帥獻計，說：「若秦百萬之眾盡至，誠難與為敵，今乘諸軍未集，宜速擊之；若敗其前鋒，則彼已奪氣，可遂破也。」晉軍本來採取消極防禦的方針，「欲不戰以老秦師」，就是不與敵人決戰，只與敵人周旋，把敵人拖跨。聽了朱序的建議，晉軍統帥決定立即向秦軍發起進攻。先派五千人急行軍，趕到洛澗。秦軍五萬人在洛澗西岸嚴陣以待。五千晉軍奮勇渡河，拼死殺敵，並切斷秦軍向淝水的退路，五萬秦軍崩潰，爭渡淮河而逃，死亡一萬五千人。五千擊五萬，大獲全勝，可見兩軍戰鬥力強弱。洛澗這一仗，對淝水之戰全局，起著決定性影響，晉軍士氣大振，秦軍士氣受挫。下一仗，八萬晉軍進逼淝水東岸，二十五萬秦軍在淝水西岸布陣，兩軍隔水相望。苻堅登上壽縣城牆，看見城外八公山上的草木，以為都是晉兵，回頭對苻融說，這是勁敵啊，怎麼說他們弱呢！苻堅的錯覺後來又衍變成一個成語，叫草木皆兵。不過這個歷史細節有疑問，苻堅久經沙場，大白天怎麼會把草木當敵兵呢？苻堅、苻融來到陣前，這時晉軍統帥派人過來說：「君懸軍深入，而置陣逼水，此乃持久之計，非欲速戰者也。若移陣少卻，使晉兵得渡，以決勝負，不亦善乎！」這是說，您的軍隊深入我的境內，在水邊布陣，這是作長久準備，不是要速戰速決的樣子。如果您向後稍稍移動陣列，讓我軍渡水，兩軍決一勝負，不是很好嗎？秦軍的將領都說，我眾敵寡，不如遏阻敵人上岸，才是萬全之策。苻堅卻說，後退幾步無妨，等敵人半渡，我以騎兵衝擊，可以消滅敵人在岸上。可是秦軍一退便收不住。晉軍渡過淝水衝殺過來，秦軍由退變為逃，苻融想攔住退兵，不料他的戰馬倒地，為晉兵所殺。秦軍已潰不成軍，晉軍在後面追殺。《資治通鑒》記載：「秦兵大敗，自相蹈藉（自相踐踏）而死者，蔽野塞川。其走者，聞風聲鶴唳，皆以為晉兵且至，晝夜不敢息，草行露宿，重以饑凍，死者十七八（十分之七八）」。苻堅也被流矢射中，只帶少數人逃回淮北。《資治通鑒》記載：「是時，諸軍皆潰」。這是說，尚未到達前線的後續部隊聽到前方戰敗的消息，全部潰散了。淝水之戰就這樣失敗了，失敗得不可思議。

現在有一個大大的疑問，這樣的軍隊，這樣的戰鬥力，此前怎麼建國，又怎麼統一了大半個中國呢？

其實，前秦在統一北方時是一個生機勃勃的國家。當時王猛輔政，整飭吏治，打擊豪強，興修水利，發展生產，減免田租，境內「田疇修闢，倉庫充實」，「關隴清晏，百姓豐樂」。苻堅節省宮廷費用，降低百官俸祿，經常派使者巡行四方，救濟孤寡。前秦這個時期的政治清明、社會安定，可以從驛道上的風景看得出來。從長安到各州，道路通暢，道路兩邊都栽著槐樹柳樹，二十里一亭，四十里一驛，商人貿易絡繹不絕，路上行人免費食宿。

前秦的敵國前燕卻是另一番景象。前燕的王公貴戚、官僚地主也像西晉時期那樣，廣佔土地和人口，所佔人口比國家戶籍人口還多。《資治通鑒》記載前燕尚書左丞的奏章是這樣寫的：百姓困弊，盜寇充斥；綱紀混亂而不加糾正，官吏無能，隊伍龐大，無事生非，煩擾百姓；戶口比前秦和東晉加在一起還多，士卒弓馬更是四方莫及，卻屢屢戰敗，皆由於賦稅勞役不均，侵害百姓不止，士卒不肯用命所致。

西元三七〇年，前秦發動消滅前燕的戰爭。這場戰爭正好與淝水之戰相反，前秦是以少勝多。秦軍六萬，先攻下洛陽，又攻下晉陽，接著攻長治，燕軍三十萬在此防守。強敵當前，燕軍統帥把山上的林木和泉水都看管起來，他可不是要保護生態，而是要大發戰爭財，士卒燒火做飯，上山砍柴取水，他要收錢。前燕統治者的腐敗，由此可見一斑。《資治通鑒》記載「積錢帛如丘陵，士卒怨憤，莫有鬥志」。秦軍派出五千騎兵繞到燕軍後面，燒了燕軍糧草，火光沖天。前燕皇帝看到火光，派使者到軍中對燕軍統帥說：你當以宗廟社稷為憂，為什麼不安撫戰士，光想著發財，要戰士買柴買水？國家府庫所藏，我與你共用，你還有貧困之憂嗎？若賊兵進攻，國破家亡，你錢再多又有什麼用呢？皇帝和統帥是近親，只是批評一頓，也未加嚴懲，只是讓他把賣柴賣水的錢都散發給士卒，可是軍心已經渙散，難以重整。秦軍五萬多主力部隊突入燕軍陣中，燕軍崩潰。秦軍乘勝包圍燕都鄴城，就是今河北臨漳縣。被扣留在鄴城的各地人質五百多人造反，打開城門，秦軍入城，前燕亡。滅了前燕，前秦實力大增，此後十幾年內戰無不勝，大半個中國都納入版圖。

淝水之戰之前，前秦控制的人口大約將近兩千萬，東晉控制的人口大約只有五百多萬。但前秦十幾年間連年用兵，百姓的兵役、勞役和賦稅十分繁重，投降前秦的前燕大臣私下裏說，士兵千里征戰戍邊，在外苦難不堪，百姓萬里轉運糧草，在內日益貧困，兵民死亡無數，秦的危亡已經來臨了。但是苻堅看不到危機，心裏只想著統一天下。淝水之戰前夕，包括苻堅的弟弟苻融在內的大多數文臣武將都反對伐晉，反對的理由主要有：一、晉據有長江天險，難以跨越；二、晉國內政未亂，百姓為其所用；三、晉國雖然偏居東南，但仍被中原漢族百姓視為正宗；四、匈奴、鮮卑、羌、羯等族雖然歸服，但仍懷不臣之心，是我心腹之患；五、我連年徵伐，兵疲民困，皆有厭戰之心。苻堅本來是善於納諫的，但在伐晉決策上卻一意孤行。

現在回過頭來分析淝水之戰，百萬大軍頃刻潰散之謎就很容易解開了。淝水之戰有三個轉捩點。一是洛澗戰鬥，晉軍五千擊破秦軍五萬；二是淝水對陣，二十五萬秦軍向後稍移就收不住；三是八十七萬後續部隊聽到前方戰敗的消息就自行潰散。這些現象說明了什麼？說明士卒厭戰。這百萬士卒兩個月前還是農民，如今被強徵從軍，誰也不願賣命。如果士卒樂於征戰，士氣高昂，那麼洛澗之戰，力量對比十比一，怎麼也不會敗；淝水對陣三比一，也不會聽到後撤就逃跑；八十七萬後續部隊聽到前方失利，會勇往直前挽救敗局。苻堅失敗的根本原因，不是戰役指揮上的錯誤，而是繁重的兵役、勞役、賦稅導致人民厭戰。

下面，分析東晉的軍隊為什麼能以少勝多。在淝水之戰之前的二十年裏，桓溫掌握兵權，他為了增強自己的實力，靠強權削弱官僚地主的免稅特權，強迫官僚地主們按實有土地納稅，並把他們蔭庇的人口編入國家戶籍，為國家納稅服役，從而使國家財力大增。桓溫死，謝安當政。與桓溫的嚴政相反，謝安實行寬政，他降低官僚地主的賦稅，也降低了普通農民的賦稅，受到朝野上下擁護。謝安之所以減稅，是因為國家財力已經充足，這是桓溫打下的基礎。謝安是個文人，手中沒有軍隊，於是就讓他的侄兒謝玄在京口招募北方的流民組成一支軍隊，並進行嚴格訓練。京口就是現在的鎮江，北方的流民南下多集中於此。京口又稱北府，這支軍隊被稱作北府兵。北府兵享有全家免賦稅徭役的優待，所以流民樂於當兵，加上訓練有素，所以戰鬥力很強。在北府兵建立以前，東晉的軍隊沒有這種優待。從以上分析可見，東晉取勝的根本原因，是政通人和，百姓安寧，軍隊免稅，將士用命。

前秦稅制對歷史的影響

淝水之戰是影響中國歷史的重大事件之一。前秦在淝水之戰中的失敗，使中國南北朝統一又推遲二百年。前秦失敗，東晉勝利，原因最終要歸結到賦稅制度上。那麼，與其說淝水之戰影響了歷史，不如說賦稅制度影響了歷史。戰爭是由軍隊進行的，而軍隊是由人民組成的，順應民心，則戰爭必勝，反之亦然。統治者要順應民心，就必須合理調整與人民之間的利益分配，這種利益分配也就是賦稅徭役的輕重。前秦初期輕徭薄賦，百姓豐樂，而前燕賦稅徭役不均，侵害百姓不止，故而前秦能以勇不可擋的六萬軍隊戰勝不肯用命的前燕三十萬軍隊。前秦繼而為統一北方連年徵戰，兵疲民困，人人厭戰。可是前秦不顧人民的承受能力，又徵兵百萬，南伐東晉。兩千萬的人口，驟然間徵兵百萬，擱在現代也是驚天動地的事，何況在古代。百萬軍隊的糧草轉運則需要數百萬人來承擔，可想見當年動用多麼大規模的人力、物力。以厭戰之民組成厭戰之兵，而又竭盡民間馬匹糧草以供軍需，戰爭的結果早在前秦眾多文臣武將的預料之中。如果東晉望風披靡，那麼歷史將會改寫，可是東晉嚴陣以待的卻是因免稅免役而拼力死戰的八萬北府兵。

15 南朝：皇權加強稅制加重

東晉的末代皇帝是個白癡，比西晉的惠帝更傻，傻到不知寒暑饑飽的程度。掌握軍權的桓玄因而敢於冒天下之大不韙正式稱帝。北府兵將領劉裕推翻了桓玄，獨掌朝政十幾年，而後廢掉傻皇帝，自立為帝，改國號為宋。這一年是四二〇年。從這一年起，歷史進入南北朝時代。南朝包括宋、齊、梁、陳四個朝代，歷一百六十九年。

宋取代東晉以後，吸取東晉皇權衰弱、出身豪門世族的官員擁兵自重的教訓，在朝廷任用出身門第低微的官吏，將朝政大權集於皇帝一身，各州則以諸皇子領兵鎮守。又怕他們擁兵割據，便派遣出身門第較低、級別較低的「典簽」來監視他們。可是這些典簽或密報皇子謀反，或挾制皇子謀反，從而加劇了骨肉相殘。有些皇子才十來歲，根本不可能發布檄文反叛朝廷，純是典簽從中作祟。劉宋代晉，傳四代八帝，歷五十九年。劉裕七子，四十餘孫，六十七曾孫，或為骨肉相殘，或為臣下所弒，幾無倖免。豪門世族失去權力，但避免了殺身之禍。

宋末，替皇帝平叛有功的將軍蕭道成篡國，改國號為齊。之所以改國號為齊，是因為稱帝前他被封為齊公。齊承宋制，宗室掌權，繼續實行典簽制，繼續上演骨肉相殘的悲劇。齊歷二十三年而亡。遠支宗室雍州刺史蕭衍，攻入建康，盡殺宗室，自封梁王，後稱帝，改國號為梁，是為梁武帝。

梁武帝三十九歲即帝位，八十六歲去世，在位四十八年。此前，只有漢武帝在位時間（五十四年）比他長。梁武帝廢除了典簽制，弄個折衷的用人方案：提高皇室諸王的實權；恢復豪門世族為官的特權；繼續重用寒門才學之士。梁武帝重視親情，吏制寬鬆。他的侄兒蕭正德過繼給他作嗣子，後來他生了兒子，就讓蕭正德還其本源。蕭正德失去太子地位，竟叛逃到北魏，因不受重視又逃回來。還有他的次子蕭綜，在戰場上丟城失地，投降北魏，又逃回。對此二人，梁武帝僅僅哭著教訓一番了事。對其他王侯的橫行不法，殺人搶掠，梁武帝也不問罪。對待豪門世族，梁武帝則廣設官位，全部安排。梁原有二十三州，後來增至一百餘州，這並非因國土擴大，純粹是為了安置官吏而增設的。多設一官，就多發一份俸祿，無疑加重了農民的稅賦負擔。

梁武帝晚年，終因對宗室的「親情」，導致大亂，繼而導致亡國。梁武帝的侄兒蕭淵明根本不會打仗，卻被委以統兵重任，結果戰敗被俘。梁武帝和北朝談判，要用北朝的降將侯景換回蕭淵明。侯景得知後，便起兵叛亂。侯景與失去太子地位的蕭正德暗中勾結，約定事成後立蕭正德為帝。蕭正德遣大船數十艘接侯景的部隊過江，建康遂陷落。蕭正德稱帝，梁武帝被侯景禁閉在宮中餓死。侯景獨攬大權，蕭正德密召外臣發兵討侯景，侯景便殺蕭正德，立太子為帝，又廢殺太子，另立新帝，後來索性自己做皇帝。侯景縱兵濫殺搶掠，對建康和三吳造成極大破壞。荊州將軍陳霸先平息侯景之亂，自立為帝，改國號為陳，是為陳武帝。梁朝歷五十五年而亡。

侯景之亂中，梁朝的一些州郡被北朝佔領，至陳朝建立，只保有荊州以下、長江以南的面積。第四任皇帝陳叔寶繼位後，侈靡荒淫，大造宮殿，酗酒酣歌，通宵達旦。這期間，賦稅繁重，民不堪命。此時，統一北方的隋朝實力強盛，決定統一江南。隋文帝楊堅下詔歷數陳叔寶罪行，並將詔書抄寫三十萬份，曉諭江南各地。如此大規模的宣傳，史所罕見。隋文帝發五十萬大軍，八路出擊。隋軍風紀嚴整，秋毫無犯，迅速進入建康。陳亡，歷三十二年。

南朝宋、齊、梁、陳，稅役制度承襲東晉，但比東晉更重。宋、齊時，每口稅米五石，祿米二石，梁、陳時改為按丁計稅，丁男納稅米五石，祿米二石，丁女半輸。一夫一婦為一戶，夫為丁男，婦為丁女。按丁徵稅與按戶徵稅相比，增加了「丁女半輸」，即比過去增加了一半的稅賦。從宋起，又增加財產稅。桑樹長粗了，田畝增加了，草房換成瓦房了，都算財產增加，都要繳稅。倘若不繳，就刨樹揭瓦。財產稅加重了農民的負擔，更加重了豪門世族的負擔。農民最害怕的是兵役和勞役。南朝和北朝之間經常發生大大小小的戰爭，地方和朝廷之間經常發生叛亂和平叛，農民經常被抽丁，大多有去無回。朝廷經常興建勞民傷財的工程，對民力的消耗很大。如梁武帝為使淮水倒灌北魏壽陽城，在下游築浮山堰，徵調二十萬役夫和兵卒。夏天疫病流行，屍骸遍地，冬季大寒，凍死無數。待淮水暴漲，不僅沒有倒灌壽陽城，反而沖倒堰壩，沿淮十餘萬人被洪水淹死。為了逃避徭役，農民紛紛投靠豪門世族，做長工、做佃戶，剝削再重也願意。這些豪門世族其自身和蔭庇的人口仍然享有免役的特權。此外，投靠寺廟也可以不服役。南朝佛教開始興盛，到梁武帝時極盛。男僧女尼皆不入戶籍，免除一切稅役。據說，天下戶口，幾乎一半歸寺廟。不能投靠豪門世族和寺廟的農民，被迫承擔更重的稅役。除了朝廷的盤剝，各級官吏的敲榨也很嚴重。各州刺史，各郡太守，莫不大事斂財。到了陳朝末年，官吏皆以「刻削百姓為事」，搜刮超過以往數十倍。

南朝稅制對歷史的影響 南朝宋、齊、梁、陳四個朝代都是軍事強人推翻前朝皇帝然後自己做皇帝，皇權因此而加強。但皇帝與宗親之間的權力之爭引起的戰亂，比東晉朝廷與豪門世族之間的權力之爭引起的戰亂更加頻繁。戰亂導致賦稅一步步加重，除了按丁徵稅，又按財產徵稅，豪門世族再也不能像東晉時那樣象徵性納稅了，但他們免役的特權仍得以保留。對於廣大農民來說，徭役負擔更重於賦稅，為了逃役，或投靠豪門世族，或投靠寺廟，結果承擔稅收的戶籍人口減少了一半，南朝的實力因此一朝不如一朝，但對承稅人口的掠奪一朝比一朝加重，最終被隋輕而易舉地滅掉。

16 北朝：均田制與朝代興衰

四二〇年，東晉滅亡，歷史進入南北朝時代。

北朝包括北魏、東魏西魏、北齊北周三個階段。北魏分裂為東魏、西魏，東魏、西魏又分別被北齊、北周所取代，最終北周滅了北齊，但又被隋所取代。

北魏建立於十六國時期，算是第十七國，因它統一了北方，史家未把它列入十六國之內，而算作一個獨立的朝代。

建立北魏的鮮卑拓跋氏和漢人交往時間短，文明程度較低。人類學把每個民族的進化分為蒙昧時代、野蠻時代、文明時代。這裏說的「野蠻」和我們現在所說的野蠻在含義上有較大差別，不含貶義。鮮卑拓跋氏在進軍中原時還處於野蠻時代的部落聯盟階段，建立國家統一北方後，它的行政行為仍帶有明顯的「野蠻」色彩。一、它沒有建立俸祿制度。官員們過去都是部落酋長和氏族首領，其經濟利益從戰爭掠奪中獲得，在和平時期無仗可打，各級官吏就向人民巧取豪奪，並且公開貪污索賄。二、賦稅制度不規範。北魏前期延用西晉的賦稅制度，但不時實行橫徵暴斂以滿足軍事需要。常有這樣的徵調：「詔諸州調民租，戶五十石，積於定、相、冀三州」；「詔諸州之民，戶收五十石，以備軍糧」。動輒「戶收五十石」，可見賦稅之重。三、圈佔良田作為牧場。鮮卑原為游牧民族，進入中原後，逐步定居下來從事農業，但畜牧業仍佔相當比重，他們大面積圈地放牧，對漢族的農耕業造成嚴重破壞。

北魏在建國一百年後，終於決定實行全盤漢化，融入中原文明。帶領北魏從野蠻走向文明的是北魏第七代皇帝孝文帝和太皇太后馮氏。孝文帝即位時才五歲，太皇太后馮氏臨朝稱制並撫養他長大。祖孫倆一心改革，二人皆名著於史。

第一項改革就是實行均田制。這發生在西元四八五年，距西晉實行佔田制已有二百餘年。二百年來，戰火連年，災害頻繁，朝代不斷更替，人口不斷遷徙，使土地佔有狀況幾經改變。少數民族貴族和漢族世族地主兼併大量土地，廣大自耕農佔田很少，很多人淪為流民或奴隸，無插錐之地，卻有大片土地或荒蕪，或圈為牧場。鑒於此，一些漢族大臣上疏建議重新分配土地，並制定新的賦稅制度。孝文帝遂頒行均田令。北魏均田制的基本內容是：平民十五歲以上，男子授糧田四十畝，婦人二十畝，另外男子授桑田二十畝，不適宜栽桑的地區，男子授麻田十畝。地主的奴婢（佃農和長工）授田與平民等量。耕牛每頭授田三十畝，以四頭為限。

農民的均田來自荒地和牧地，並非讓地主給農民均田。鮮卑貴族地主和漢人世族地主佔有大量奴婢，均田制明文規定奴婢授田與平民等量，而奴婢是地主的私有財產，那麼授給奴婢的田就是授給地主的田，從而讓地主合法保住原有的田地。

北魏均田制和西晉佔田制相比較：佔田制一夫一婦佔田一百畝以下；均田制一夫一婦授糧田六十畝，桑田二十畝，若有一頭牛，再授三十畝，和佔田制基本相等。

北魏均田制下實行新的租調制度：平民一夫一婦每年出粟二石，出帛一匹；西晉佔田制下一夫一婦每年輸粟四斛、絹三匹、綿三斤。斛是容量單位，石是重量單位，四斛粟的重量大約就是二石，而帛一匹的價值遠低於絹三匹、綿三斤。可見，北魏均田制的賦稅要輕於西晉佔田制的賦稅。

和西晉佔田制比較，北魏均田制下的地主是要繳一點稅的。朝廷規定，為地主種田的奴婢（佃農和長工）每人出粟、帛是平民夫婦的八分之一；耕牛授田出粟、帛是平民夫婦的二十分之一。這實際上就是地主所要繳納的賦稅，而不是真正讓奴婢納稅。雖然微不足道，但已經算是進步了。

北魏均田制可以吸引奴婢（佃農和長工）成為國家的編戶齊民，分得一份土地，為國家納稅服役，擺脫地主的地租剝削。均田制就這樣推動了經濟的發展和賦稅的增加。但是如果以後賦稅徭役繁重，農民就會放棄土地，再去給地主當奴婢（佃農和長工），那麼國家的賦稅收入就會減少。

孝文帝實行的第二項改革就是全盤漢化，這包括內容很廣：禁止鮮卑人同姓通婚，改變原始婚俗；從平城遷都洛陽，與漢人融合（平城在今山西大同附近）；禁胡服，穿漢服；禁鮮卑語，說漢語；改鮮卑姓氏，用漢人姓氏；遷洛陽的鮮卑人死後就地安葬，禁止歸葬北方；鮮卑人也如漢人一樣分門第等級；鮮卑貴族與漢人世族地主通婚。

孝文帝的均田制和漢化改革，帶來政治穩定，經濟發展的局面。但這樣的局面到孝文帝死就結束了，只保持十五年。其時間之短暫，和西晉二八〇年實行佔田制帶來的十年小康局面是一樣的曇花一現。

孝文帝死後，北魏政治就開始衰亂。在馮太后臨朝和孝文帝親政期間，吏治是很嚴苛的。實行均田制的同時，朝廷給百官定了俸祿，從此對貪污的制裁更加嚴厲，貪污受賄一匹布，就要處死。這一年，孝文帝「遣使者，巡行天下，糾守宰之不法，坐贓死者四十餘人。」孝文帝死，即位的宣武帝「好遊騁苑囿」，喜歡遊玩打獵，而且「寬以攝下」，吏治就開始鬆弛。宣武帝在位十六年死，孝明帝即位，才七歲，其母胡太后臨朝，五年後，她的妹夫勾結宦官把她幽禁起來，得以把持朝政，此後吏治愈壞。北魏官員原來就有貪賄的傳統，如今放鬆約束，馬上死灰復燃。當財富聚斂到手，在生活上就表現為奢侈腐化。《資治通鑒》記載：河間王琛說「不恨我不見石崇，恨石崇不見我。」石崇是西晉富豪。可見北魏的奢侈之風堪比西晉。吏治腐敗，根源在朝廷。朝廷的吏部公開賣官，《北史》記載：「納貨用官，皆有價，大郡二千匹，次郡一千匹，下郡五百匹。」買官者到任，就橫徵暴斂，大肆搜刮人民。一匹絹布的法定長度是四丈，而地方官向農民徵收戶絹每匹按八丈來算。徵糧用大斗、大秤，「三斗為大斗，三兩為大兩」。度量衡的改變，使農民的賦稅增加一倍至二倍。農民的徭役也很繁重。北魏與南朝基本上以淮河為界，孝文帝遷都洛陽，京師離邊界更近了，要保證洛陽的安全，就必須把邊界推到長江一線，因而，從孝文帝起，北魏就不斷南侵，孝文帝死後，南侵的規模更大，農民或服兵役戰死，或服勞役累死，《魏書》說「窮其力，薄其衣，用其功，節其食，綿冬曆夏，加之疾苦，死於溝瀆者，常十七八焉」。

政治腐敗，賦稅徭役加重，農民不堪重負，有的借債納稅，有的賣地納稅，有的棄地逃役。《北史》記載：農民「競棄本生，飄藏他土。或詭名托養，散沒人間；或亡命山藪，漁獵為生；或投丈豪強，寄命衣食」。這是說，為了逃役，農民拋棄賴以生存的土地，藏匿他鄉：或改名換姓，散沒人間；或逃往山澤，以漁獵為生；或依附豪門世族，淪為奴僕。豪門世族可以蔭庇奴僕不稅不役。《魏書》說：「天下多虞，王役尤甚。於是所在編戶，相與入道，假慕沙門，實避調役」。這是說，農民為逃避繁重的賦役，紛紛出家為僧，因為僧人可以不稅不役。南北朝是戰亂年代，佛教卻很興盛，而「假慕沙門，實避調役」是佛教興盛的主要原因之一。農民被賦稅徭役逼迫到這等地步，大起義已不可避免。

率先起義的是六鎮兵民。「六鎮」是北魏北方的六個軍事重鎮，用於抵禦新興起的草原游牧民族柔然人的入侵。六鎮兵民多為鮮卑人，平時務農，戰時為兵。鮮卑封建化以後，鮮卑族內部形成兩極分化，底層的鮮卑人和漢族農民一樣貧困。適逢柔然侵犯，而六鎮兵民卻在忍饑挨餓，便要求將領開倉放糧，而將領藉口沒有朝廷命令，不能擅自開倉。兵民憤恨，聚眾殺了將領。不久，一個中下級軍官與兵士之間矛盾激化，兵士就殺了這個軍官，舉行起義，六鎮兵民立刻回應。這發生在實行均田制之後的第四十年。緊接著，河北爆發饑民起義，山東爆發了流民起義，甘肅百姓不滿官府暴政也舉行起義。

在鎮壓農民起義的過程中，軍事將領掌握了朝廷的實權，最終形成兩大軍事集團，於是北魏分裂為東魏和西魏。東魏佔據中原地區，西魏佔據關中地區。這在五三四年，實行均田制的第五十年。

東魏、西魏之間進行十幾年殘酷戰爭，誰也消滅不了誰。於是，兩個軍事集團的將領各自稱帝。佔據中原的史稱北齊，北齊取代東魏。佔據關中的史稱北周，北周取代西魏。北周弱，人口少，面積小；北齊強，人口多、面積大。但又經過二十多年的殘酷戰爭，北周竟滅了北齊。這是為什麼呢？原因肯定是多方面的，但根本原因在於北周均田制比北齊實行得好。

北魏孝文帝時的均田制，已被戰亂破壞，北齊重新頒行的均田制，比北魏授田面積增加一倍，這好像對平民有利，其實不然。因為地主的奴婢和牛的授田也增加一倍，而且優先授田，那麼肥沃的土地就都被地主佔去了。無地農民怎麼得到授田呢？官府把他們強迫遷到地廣人稀的寬鄉去開墾瘠薄的荒地。授田增加，租調也隨之增加，但畝產卻下降了。更令農民不堪承受的是，徭役繁重，不得耕種，而租調照輸。農民只好典賣田地，流亡他鄉，或依附豪強，或隱入僧門。兩極分化的結果是「戶口租調，十亡六七」。就是說，朝廷掌握的人口、徵收的租調，減少了十之六七。而北齊朝廷的腐敗更加重了農民的苦難。《北齊書》記載：「賦斂日重，傜役日繁，人力既殫，帑藏空竭，乃賜諸佞幸賣官。」「於是州縣職司，多出富商大賈，競為貪縱，人不聊生。」這是說，賦斂日重，但卻國庫空虛，因為賦斂被官員貪污掉了。為了增加國庫收入，就讓佞幸之臣公開賣官，買官的都是富商大賈，他們要收回投資，上任後競為貪縱，搞得民不聊生。由此可見，北齊雖大，但吏治腐敗，國力衰落，民心離亂。

北周均田制規定的授田面積和租調徵收量與北齊基本接近。但是，據《隋書．食貨志》記載，北周有「豐年則全賦、中年半之、下年一之（三分之一）」的規定，而且農民服傜役「豐年不過三旬（三十天）、中年則二旬、下年則一旬。凡起徒役（徵派傜役），無過家一人（每家只出一人）。」由此看來，北周的租調傜役要比北齊輕得多，所以，農民不會失去土地。北周的兵制也和北齊的職業兵制不一樣，叫府兵制。北齊的職業兵主要由鮮卑人組成，由國家供養。北周的府兵主要由漢族農民組成，有地方「民兵」性質，平時無須國家供養。所謂「府兵」，就是軍府之兵，所謂「軍府」，就是地方上的軍事組織。府兵制和均田制是緊密結合的。國家以均田、免賦稅、免傜役的待遇，招募農民為府兵。這些府兵農忙種田，農閒在軍府接受軍訓，一有戰事，即刻化民為兵。北周的豪強地主是府兵的骨幹力量，他們通過參與國家軍事而進入仕途，進一步提高自己的政治地位。北周的吏治也較清明，徵收賦稅力求均平，「不捨豪強而徵貧弱，不縱奸巧而困愚拙」。北周就是這樣把均田農民和豪強地主都納入富國強兵之路，國力逐漸由弱轉強。為了進一步增加賦稅收入，北周還開展徹底地滅佛運動，把轄區內僧侶地主的寺廟、土地及其他資產全部沒收，把不在戶籍，不納賦稅的僧侶編為均田農戶，數量達百萬之多。《廣彌明集》稱之為「求兵於僧眾之間，取地於塔廟之下」。又說「所謂自廢（佛）以來，民役稍稀，租調年增，兵師日盛」。由此可見，北周雖小，但吏治清明，國力強盛，民心安定。

五七五年，北周武帝下詔大舉伐齊。五七七年，北周滅北齊。第二年，一代英主北周武帝病死，年僅三十六歲，太子繼位，是為北周宣帝。

宣帝不願理朝政，繼位一年就傳位給七歲的太子，才二十歲就做起太上皇來，從此恣情淫樂，兩年後死去。

繼位的幼帝無知，朝廷大權就落入宣帝皇后楊氏之父楊堅手裏。西元五八一年，楊堅廢幼帝，建隋朝，自立為帝。五八九年，隋滅掉南朝的陳，統一了全國。

北魏均田制對歷史的影響　北魏均田制承繼西晉佔田制，但人們對均田制的熟悉度比佔田制高，因為佔田制實行之後中斷了二百年，而北魏的均田制之後又有北周北齊均田制、隋代均田制和唐代均田制，所以，北魏均田制對歷史的影響更大。北魏與均田制相配套的是比西晉課田制更輕的新的租調制，從而吸引農民脫離豪門世族，成為國家的戶籍人口，為國家納稅服役。可是這麼好的田制和稅制只維持十幾年光景就被黑暗的朝政、腐敗的吏制所破壞，農民不堪沉重的賦稅徭役，又紛紛投靠豪門世族的蔭庇。提起北魏，人們就會想到孝文帝、馮太后的改革，卻容易忽略改革後重又恢復的野蠻和腐敗。北魏因六鎮起義分裂後，均田制及其相配套的稅役制度實行得好壞決定了北周、北齊的興亡。隋統一南北朝之後，均田制及其相配套的稅役制度又繼續影響隋、唐的興亡。

17 隋：重蹈秦朝覆轍

楊堅做皇帝之前，在北周襲父爵為隨國公。做皇帝後，以爵號為國號，但認為隨字中間的「走之」不祥，便將隨改為隋，這個隋字是楊堅造的。在中國歷史上，隋和秦頗有相似之處。秦結束了戰國時代，統一中國；隋結束了十六國南北朝時代，使中國重歸統一。秦和隋都是短暫的，秦傳二世，十五年而亡；隋也是二世而亡，從滅陳到被唐取代，只有二十九年。秦和隋的賦稅並不重，都是因為徭役繁重，濫用民力，激起民變而亡。

秦二世和秦始皇一樣苛暴，但隋煬帝楊廣和隋文帝楊堅卻判若兩人。

楊堅實行輕徭薄賦政策。

一、撤郡併縣。南北統一之前，南朝增設州郡縣，安置南遷的豪門世族和農民。統一後，兵部尚書楊尚希的建議，把東漢以來的地方政府州、郡、縣三級體制，改為州、縣兩級體制。楊尚希說：「竊見當今郡縣，倍多於古。或地無百里，數縣並置；或戶不滿千，二郡分領。具僚已眾，資費日多；吏卒增倍，租調歲減；民少官多，十羊九牧。」他建議撤郡併縣，「存要去閒，併小為大」，可減少官府冗員，節省國家開支。這個建議被楊堅採納。

二、推行均田制。楊堅稱帝後馬上頒布詔令，繼續推行均田制。在人少地多的「寬鄉」，每丁（戶主）授田一百畝，但在人多地少的「狹鄉」，每丁僅授田二十畝。官吏除俸祿外，授永業田、職分田、公廨田。永業田的所有權歸於官員，按官階高低授田不等，最多可授百頃，最少也授幾十畝；職分田也因級別而有差異，一品官五頃，以下每品以五十畝為差額遞減，到九品官，授田一頃，這相當於官員的福利；公廨田，用於出租，所收租額，以供辦公經費。

三、輕傜薄賦。一夫一婦每年納粟三石，絹二丈、綿三兩，不植蠶桑的地方，納布二丈五、麻三斤。男二十一歲成丁，每年服役二十天。五十歲以上可以多納絹布代替服役，此為庸。隋與北周相比，調減輕一半，役減輕三分之一，而且成丁年齡推遲三歲。

楊堅的輕傜薄賦，使編戶齊民安居樂業，又吸引那些為豪門世族耕田而納一半以上地租的佃農，重新回到國家的戶籍之內，接受國家的授田，為國家服役納租調，國家經濟實力因而增強。但楊廣卻窮奢極欲，濫用民力，最終導致農民起義遍地爆發。

楊廣在位的十四年中，在長安和洛陽住的時間加起來不到五年，有總共九年的時間是在各地巡遊，每次出巡，相隨的百官、軍隊、役夫都在十萬人左右，浩浩蕩蕩，耗費極其巨大。

楊廣的形式主義鋪張浪費也十分驚人。四夷的番客、使者、商人仰慕中國，來洛陽觀光的極多，楊廣為了炫耀中國富裕，每年從正月十五日起，在洛陽張燈結綵盛陳百戲，演奏人員達一萬八千人，絲竹聲聞數十里。這樣的演出活動每年持續一個月，花費以巨萬計。這期間，番客到飯店吃飯，任其醉飽，不取分文，番客無不驚歎。

楊廣即位後，浩大的工程接連不斷。營建東都洛陽，徵調役夫二百餘萬；開通大運河，徵調役夫也達二百多萬；修長城，徵調役夫達一百多萬。此外，修建離宮、開馳道、築糧倉等工程徵調役夫也都數以十萬計。民夫從役，死傷無數，田不能耕，怨氣沸騰。這些工程都有一定的積極作用，如營建東都洛陽，可以把政治中心東移，減輕向長安運糧的困難；開闢大運河可以改善南北運輸，促進經濟發展。但是，任何工程都要以人民的承受能力為限，這些工程大大超過了人民的承受能力，在當時只起到破壞作用。

楊廣除了大興土木，又大動兵戈。《隋書》記載楊廣「慨然慕秦皇漢武之事」，於是連續三年三次征高麗（今朝鮮），每次徵兵一百多萬，徵發運送糧食輜重的役夫還多一倍，路上摧逼，戰場敗亡，士卒死傷逃散無數，輜重損失殆盡。《資治通鑒》是這樣記載的：「車牛往者皆不返，士卒死亡過半。」「死者相枕，臭穢盈路，天下騷動。」前兩次征高麗均告失敗，第三次征伐雖然迫使高麗投降，但天下已經大亂。

隋朝有八百九十萬戶，四千六百萬人，比秦朝人口多一倍，但它大興土木，大動兵戈，徵調的兵役勞役也比秦朝多，對民力的濫用一點也不亞於秦朝。

首舉義旗的是齊郡鄒平（今山東鄒平）人王薄。楊堅將州郡縣三級體制改為州縣兩級體制，楊廣又把州改為郡。王薄作《毋向遼東浪死歌》，號召人民不要到遼東去送死。當時遼東被高麗佔領。王薄之後，各地農民起義風起雲湧，達六十多起，後逐步形成三股強大的隊伍：竇建德領導的河北起義軍，李密領導的瓦崗軍，杜伏威領導的江淮起義軍。且看竇建德是如何起義的。征高麗時，竇建德被選為二百人長，他的同鄉孫安祖被選為征士。孫安祖因家遭水災，妻子餓死，不願從征，遂遭縣令怒笞。孫安祖起而反擊，殺死縣令，去找竇建德。竇建德勸他聚眾起義，並給他招募了幾百人。地方官搜捕與起義軍有關的人員，竇建德也在其中。竇建德全家被殺，就聚集了二百多人，參加了另一支農民起義軍，因作戰勇敢，屢立戰功，最終成為起義軍領袖。

秦代陳勝、吳廣起義，引發六國舊貴族反秦。隋代農民起義，則引發各地統兵將領反隋。楊廣第二次征高麗時，負責督運糧草的大臣楊玄感見民變紛起，認為有機可乘，便起兵反隋，圍攻洛陽。楊廣撤回進攻高麗的軍隊回救洛陽，楊玄感兵敗。

高麗投降以後，天下並未平定。各地農民起義不斷爆發，各地將領都在蓄謀反隋。可是楊廣依然要到南方的江都（今揚州）巡遊。他登基之前，曾鎮守江都六年，對江都有故地之情，這是他第三次巡遊江都了。這次他在江都一年，生活更加荒淫，而北方形勢已不可收拾。這一年裏，唐國公李淵在太原起兵，並攻佔長安。劉武周、竇建德、杜伏威、李密也都割據一方。李密的瓦崗軍進逼洛陽，楊廣派王世充率江都之兵救援洛陽。王世充打敗瓦崗軍，也成為割據一方的勢力。而滯留江都，不敢北歸的楊廣，卻被他的禁衛軍首領宇文化及用腰帶勒死。消息傳到長安，李淵宣告稱帝，改國號為唐，此在六一八年。五年之內，李淵父子平定了各個割據勢力，統一全國。

隋代稅制對歷史的影響

短暫的隋代，其賦役制度卻要分為兩個階段來看。隋文帝時期的賦役制度堪稱輕徭薄賦，租、調、役都輕於北周，使編戶齊民可以安居樂業，又可以吸引那些為豪門世族耕田而納一半以上地租的佃農重新回到國家的戶籍之內，接受國家的授田，為國家服役納租調。這樣，租、調、役雖輕，但由於服役納租調的人多了，國家的經濟實力也就增加了。隋文帝賦役制度的顯著特點是「每年二十天」和「人年五十，免役收庸」。自秦以來各朝代役期短則一個月，長則二個月、三個月，唯有西漢文景時期減為十天。隋代為二十天，雖不及文景，但也堪稱第二。後代效仿不了漢文景，但可效仿隋文帝。五十歲以上免役收庸，開創了多納賦稅代替服役的制度，對後代影響最大。可歎的是，隋文帝的輕徭薄賦被隋煬帝破壞。隋煬帝「慨然慕秦皇漢武之事」，最終重蹈亡秦覆轍。今天的人們以萬里長城為自豪，以大運河為驕傲，而在當年卻是在暴政之下濫用民力的產物。任何偉大的工程都要以國力民力為限，這是千古不變的唯一原則。譬如三峽工程，孫中山先生在建國大綱中就有描繪，毛澤東在上個世紀五十年代也寫下「截斷巫山雲雨，高峽出平湖」這行浪漫詩句，但直到上世紀九十年代國家具備經濟實力以後才開工建設。隋煬帝除了開通大運河，又建東都，征高麗，徵用民力都以百萬計，還興建許多徵用勞力以十萬計的工程。農民不堪重負，紛紛舉行起義，隋代因此而亡。隋代的大運河促進了後代的南北交通，後代也記住隋代濫用民力的教訓。

18 租庸調與大唐盛世

唐初的「貞觀之治」與西漢初的「文景之治」齊名。人們對「文景之治」的印象是無為而治，與民休息；人們對「貞觀之治」的印象是善於納諫，政治開明。其實，「貞觀之治」也是以輕徭薄賦、與民休息為治國之基的。

唐初的與民生息政策表現為均田制和租庸調制。唐高祖李淵登基不久，就頒布均田制和租庸調制，時值戰亂，僅在關中推行，後由唐太宗李世民推行到全國。

唐代的均田制和北魏、隋的均田制一脈相承。隋文帝均田以後，經隋煬帝濫用民力和隋末唐初戰亂的破壞，農民再度流離失所，人口減少，土地荒蕪，所以，唐初再行均田。

隋末唐初的戰亂，對農業生產造成嚴重破壞。唐太宗即位的第六年，即西元六三二元，唐太宗想登泰山封禪，魏徵諫阻，說：現在自洛陽以東，直到泰山，人煙稀少，荒草無邊，讓隨從的外國使者看見中國的虛弱，沒什麼好處。又過了二十五年，唐高宗到許（今河南許昌）、汝（今河南臨汝）二州巡察，發現這裏仍然地廣人稀。至於河北、山東，荒涼的程度，也不亞於河南。由此可見均田的必要和可行。

唐代的均田制規定：男二十一歲至五十九歲為丁，授田一頃。這在人少地多的「寬鄉」可以達到，但在人多地少的「狹鄉」則達不到。唐太宗曾到靈口（今陝西臨潼縣）檢查每丁受田數，發現只有三十畝，便令地方官鼓勵農民遷徙到寬鄉去。朝廷規定：遷一千里外者，免租庸調三年，遷五百里者，免兩年，遷三百里者，免一年。在自願原則下的移民，是個漫長的過程，大概一百年以後，移到寬鄉的農民才多了起來。

唐代的租庸調規定：每戶每年納粟二石，此為租。比隋朝減少一石。隨鄉土所出，每戶每年納絹二丈、綿二兩，或布二丈五尺、痲三斤，此為調。每丁每年服役二十天，若不願服役，可加調免役，一天折絹三尺。以調代役，此為庸。在隋朝，只有五十歲以上的丁，才可以加調免役，唐朝則不受年齡限制。

唐代的租庸調制還包括因災減免規定：若遭自然災害，減產十分之四，免租；減產十分之六，免租調；減產十分之七以上，租庸調全免。如果戶主是殘疾男子、慢性病人、寡婦、六十歲以上的老男，授田四十畝，不承擔租、調、役。

唐代租庸調制中的庸，表示租調和役可以互相轉化，這是歷史的進步。若不願服役，可加調免役，使農民有了選擇性。還有相反的規定：若加役十五天，免調；加役三十天，租調全免；每年加役最高不得超過三十天。這可保證農民負擔不至於加重。

唐朝在向農民授田的同時，也向各級官吏大量授田，數量超過隋朝。但有嚴格規定，官員佔田超過規定的，一畝仗六十。

均田制是一項對生產發展有極大促進作用的制度，歷北魏、東魏西魏、北周北齊、隋、唐一百五十多年而不衰，說明它特別適合於戰後重建。唐初的均田制比過去更加完善，作出了對超限佔田進行處罰的規定，這對抑制土地兼併起了一定作用。

唐代租庸調制的各項規定表現了統治者的民本思想。李世民說：「為君之道，必先存百姓，若損百姓以奉其身，猶割股以啖腹，腹飽而身斃」。「存百姓」的方法在於發展生產，他說：「國以人為本，人以衣食為本，凡營衣食，以不失時（農時）為本。夫不失時者，在人君簡靜（無為）乃可致（達到）耳。若兵戈屢動，土木不息，而欲不奪農時，其可得乎？」除了發展生產，還要減輕農民負擔，他說：「人君之患，不自外來，常由身出。夫欲盛（好大喜功）則費廣，費廣則賦重，賦重則民愁，民愁則國危，國危則君喪矣。」李世民把他的民本思想概括為一句話：「水可載舟，亦可覆舟。」這句話成為千古名言。

均田制和租庸調制奠定了唐初的經濟基礎，是「貞觀之治」的重要內容之一。若沒有均田制和租庸調制，「貞觀之治」就只是政治之治，而不包括經濟之治。「貞觀之治」之後數十年出現的大唐盛世，和均田制、租庸調制息息相關。

李世民在位二十三年，之後是唐高宗。高宗在位三十四年，其中二十五年由武則天主事。高宗死，中宗繼位，不到一年被武則天所廢。之後睿宗繼位，在位五年，又被武則天所廢。武則天稱帝歷十五年而死。可以說，李世民之後，就是武則天時代。

武則天時代，經濟得到進一步發展，但這主要是「貞觀之治」各項政策繼續執行的結果，武則天本人對經濟的發展沒有採取什麼新的措施，她的治術主要表現為政治上的官治而不是經濟上的民治。一、任用酷吏。她任用的索禮、周興、來俊臣等人都是歷史上臭名昭著的酷吏，她指使他們先後羅織罪名，殺唐宗室貴戚數百人，大臣數百家，刺史、郎將以下被殺者不計其數。殺戮，是為鎮壓群臣對女主專權的反抗。當群情震恐的時候，她又殺酷吏緩和形勢。來俊臣審問周興，用「請君入甕」的辦法。殺來俊臣，仇家爭咬其屍體，為滿足激憤的群情，她又對來俊臣加以滅族之罪。

二、選拔才能。她懂得要治理好國家，必得英賢才俊來輔佐。她任用的宰相，如李昭德、魏元忠、杜景儉、狄仁傑、姚崇、張柬之等人都是當世俊傑。三、放手招官。為收攬知識份子人心，對想做官者，有求必應，職位不夠，就廣設員外官，雖無實職，但俸祿不少。武則天的官治對經濟也有一定促進作用，比如以農業生產是否發展作為考核地方官的標準，如果「田疇開闢，家有餘糧」，則對地方官予以獎勵；反之，如果「為政苛濫，戶口流移」，則對地方官加以懲罰。

武則天去世前夕，群臣擁護中宗復位，五年後中宗為韋后所害，睿宗之子李隆基起兵殺韋后，擁其父復位，睿宗在位二年，退為太上皇，傳位於李隆基，是為唐玄宗。

唐玄宗初即位，勵精圖治。武則天、中宗時代濫授官職，玄宗召令全部罷免，「大革其濫，十去其九」，既提高官府辦事效率，又減省國家的開支。同時，自上而下選用才能，獎罰分明，使吏治煥然一新。在發展經濟方面，採取了三項措施：一、繼續均田，抑制兼併。自武則天掌權以來，貴族及官員超限額佔田嚴重，失去土地的農民成為佃戶或流民，這影響到國家的租庸調收入。唐玄宗任命大臣檢查土地和戶口，歷時四年，使八十萬民戶歸於國家戶籍，並把貴族及官員的超限額佔田分給無地、少地農民耕種。二、興修水利工程五十多項，使大面積農田得到灌溉。三、在邊疆發展軍屯，在內地發展民屯，屯田的收入佔國家租粟收入的十分之一。

唐玄宗時期的財政收入主要還是租庸調。穩定的租調收入是顯而易見的，但是庸的收入也不能忽視。以調代役即為庸，免役一天，折絹三尺，免役二十天（法定役期），折絹六丈，這是法定調額的三倍，可見免役之後庸的收入大大超過調的收入。法定租額是粟二石，在豐收年景糧價賤，二石粟的價值大大低於二丈絹。那麼就可以說，免役之後庸的收入要超過租調總和。從唐太宗到唐玄宗，百餘年間國家沒有搞什麼興師動眾的大工程，與突厥等少數民族的戰爭也都規模小、時間短，百姓大多免役，而免役於國於民皆有利。這百餘年間，國家也不徵商稅及鹽鐵酒稅，這又促進了商業的繁榮。於是，就出現唐玄宗時期的盛事氣象。

唐玄宗在位四十四年，用了三個年號：第一個年號「先天」只用了一年多，很少被後世提起；第二個年號「開元」，長達二十八年；第三個年號「天寶」，為十五年。開元、天寶年間，經濟發展達到頂峰，被史家譽為「開寶盛世」，史載：「左右（兩個）藏庫，財物山積，不可勝數。四方豐稔（豐收），百姓殷富，管戶一千萬（這是約數），米一斗三四文（穀豐則價廉），丁壯之人，不識兵器（因太平年久）。路不拾遺，行者不囊糧（不帶乾糧）。」

但在盛世的背後，潛伏著嚴重的危機。

其一，均田制難以繼續推行。均田制的前提，是朝廷掌握大量田地，若無田，便無均田制。到天寶年間，朝廷已無田可均。這是因為：均田制規定的官員授田標準過高，這在唐初，對均田制影響不大，但隨著官員的增多，佔田越來越多；唐代對土地買賣的限制，比前代寬了許多，這就為土地兼併開了方便之門，達官貴人、豪強地主憑藉他們的政治優勢、經濟優勢，大量兼併土地；唐初，人口只有三百萬戶，到唐玄宗時，人口達九百六十萬戶，五千二百九十萬人，要使人人有田可耕，除非把官吏、地主多佔的田均出去，但這肯定是不可能的。

其二，租庸調制難以繼續推行。朝廷規定，九品以上有職無職的官員、各級學校讀書的學生、孝子、順孫、義夫、節婦、六十歲以上的老人、殘疾者、慢性病患者、寡婦、佃戶、奴婢、僧人、道士等皆免除租庸調，到天寶年間，不承擔租庸調的戶已佔到總戶數的百分之四十。老弱病殘不承擔租庸調是仁政的展現，但官員、知識份子、孝子不承擔租庸調則是不合理的特權。負擔如此不均衡，使徵收租庸調越來越困難。一些本來佔田就少的農民，寧願賣掉田地當佃戶，甚至當流民，也不願當個有田戶承受沉重負擔。

其三，均田制的破壞導致兵制的改變。唐初實行府兵制，在全國設立六百多個軍府，其中三分之一設在關中。軍府獨立於地方行政體制之外，軍府的軍事長官只負責訓練，無調兵權力，用兵時，由朝廷選派將領統兵，軍事結束，兵歸其府。兵源來自當地的成年農民，選身體強壯者入府。每個軍府有府兵一千左右，府兵按均田制授田，平時務農，農閒軍訓，免租庸調。府兵分班輪流到京師或到邊疆服兵役，不領軍餉。由此可見府兵制的特點是：國家以授田、免租庸調為條件，換得基本無須軍費的義務兵制；將與兵是分開的，兵無常將，將無常兵，不會形成擁兵自重的軍閥。當均田制遭到破壞，難以繼續推行時，失去田地或得不到田地的農民就不願服兵役，即使願意服兵役，也無力自備軍糧和生活必需品。尚保留一定田地的農民也不願服兵役，因為朝政不振，導致吏制敗壞，吏制敗壞之風波及到軍事部門，導致賞罰不公，管理不遵章程，戍邊之兵逾期不得歸鄉，還受虐待，有功不能受賞，傷亡不得撫恤，於是在役的和將要服役的農民便紛紛逃役。府兵制破壞以後，改為募兵制，由邊鎮將領自行募兵，由朝廷供給軍費。將領所募之兵，多非老實本分的農民，若約束不嚴，就容易擾民。將領自募自領，久之即為私兵，則敢擁兵自重。將領為了增強實力，便要求增撥軍費，更有虛報戰功，領取獎賞的。安祿山就是這樣一個鎮邊將領。

盛世背後的危機，並未被唐玄宗所發現。他正沉醉於聲色之中，把三千寵愛加於楊貴妃一身，「春宵苦短日高起，從此君王不早朝」。此前，在開元年間，唐玄宗勵精圖治，尚能納諫，如宰相韓休就常直言相諫。他稍有過失，就問左右：「韓休知否」？有人進讒言，說韓休為相，讓陛下操勞過度，身體比過去瘦了，何不免去韓休。玄宗說：「吾貌雖瘦，天下必肥」，「吾用韓休，為社稷耳，非為身也。」但到了天寶年間，他「自恃承平，以天下無復可憂，遂深居宮中，專以聲色自娛，悉委政事於（李）林甫。林甫媚事左右，迎合上意，以固其寵；杜絕言路，掩蔽聰明，以成其奸；妒賢疾能，排抑勝己，以保其位；屢起大獄，誅逐貴臣，以張其勢。」李林甫以「口有蜜，腹有劍」著稱於史，居相位十九年而死。唐玄宗又任用楊貴妃遠房堂兄楊國忠為宰相。楊國忠本是一個不學無術、嫖賭無行的小人，一向不為宗族所齒，由於楊貴妃姐妹的引薦而飛黃騰達。楊國忠對左右說，我偶然碰上機會才有今天，誰知道日後是什麼下場，想來不會有什麼好名聲，不如眼前極樂享受。如此苟且之人，必然公權私用，不僅專橫跋扈，而且大肆貪污受賄，家中僅細絹就積至三千萬匹。唐玄宗在大臣中獨信任楊國忠，在邊鎮將領中獨信任安祿山。安祿山是個契丹人，因功由兵卒提拔為偏將。他對朝廷派下巡察的使者「百計諛媚」，拉攏賄賂，因而使者回朝多為他美言，漸漸受到唐玄宗的青睞，於天寶元年升為平盧節度使，成為鎮守一方的將領。天寶二年，安祿山入朝，以憨態可掬、詼諧滑稽博得唐玄宗的喜歡，又命他兼任范陽節度使。天寶六年，安祿山入朝，在宴席上向唐玄宗表白忠心：「臣番戎賤臣，受主寵榮過甚，臣無異才為陛下用，願以此身為陛下死。」唐玄宗於是對他寵愛有加，讓楊貴妃與他以兄妹相稱，但安祿山堅持要做楊貴妃的養兒，而他卻比楊貴妃大十幾歲。安祿山因侍奉楊貴妃如母，得以隨意出入宮中，有時對面而食，有時滯留宮中通宵達旦，京中流傳不少醜聞。安祿山身體肥胖，坐下時腹垂過膝，唐玄宗戲謔地問他肚子裏裝的是什麼，他詼諧地回答說：「更無餘物，只有赤心耳！」逗得玄宗哈哈大笑。安祿山雖然肥胖，但跳起契丹舞來卻「其疾如風」，更得唐玄宗喜歡。天寶十年，唐玄宗又滿足安祿山的請求，讓他再兼任河東節度使。至此，安祿山身兼三鎮，掌控兵力十幾萬。楊國忠與安祿山爭寵，屢告安祿山謀反。唐玄宗將信將疑，於天寶十三年試召安祿山入朝，以觀其變。不料安祿山飛馳入京，唐玄宗更加相信其忠心。天寶十四年，安祿山準備就緒，造假詔對諸將說：「有密旨，令祿山將兵入朝討楊國忠，諸君宜即從軍。」於是，發動公開叛亂。在安祿山的部將中，他的副將史思明舉足輕重，和他關係最為密切，故史稱「安史之亂」。唐代由此盛極而衰。

租庸調制對歷史的影響

租庸調制在唐代實行一百六十年，所以對唐代歷史產生重大影響。「貞觀之治」、「開寶盛世」在中國歷史上都是熠熠生輝的時代，它們的形成都與租庸調制的推行密不可分。唐代的租比隋代的租更輕一些，更有利於恢復生產，發展經濟。唐代的庸比隋代的庸更進一步，隋代「人年五十，免役收庸」，而唐代沒有年齡限制，只要男丁不願服役或者國家不必徵用勞動力，就可免役收庸。免役之後庸的收入超過租調之和，於是出現了國庫「財物山積，不可勝數」的景象。在唐玄宗以前，朝廷不徵商業稅和鹽鐵酒稅，財政收入全靠租庸調，而不徵商稅又促進了民間商業的繁榮。所以，完全可以說，大唐盛世是在租庸調制的基礎上形成的。然而，租庸調制並非是完美的稅制。它建立在均田制的基礎上，一旦均田制被破壞，它也就壽終正寢了。它是一種戶稅制，在均田制的基礎上它是合理的，但在土地不均的情況下，它就變得不合理。封建社會的土地私有化和土地兼併是必然的趨勢，那麼以戶為徵稅對象的稅制就必然被以土地為徵稅對象的稅制所取代。

19 楊炎與兩稅法

「漁陽鼙鼓動地來，驚破霓裳羽衣曲」。安祿山叛亂一個多月後攻下洛陽，半年後攻下長安。唐玄宗倉惶而逃，行至馬嵬坡（今陝西興平縣西），扈從將士痛恨楊國忠禍國殃民，發生譁變，射殺了楊國忠，又逼迫唐玄宗殺楊貴妃。唐玄宗無奈，只得讓高力士在驛站內將楊貴妃縊死。三軍這才隨他前往成都。

太子李亨與唐玄宗分道，北上寧夏靈武即帝位，是為肅宗，尊唐玄宗為太上皇。肅宗在位六年而死，安史之亂尚未結束。代宗即位，又經一年，安史之亂才算平息。所謂平息，並非將叛亂的軍隊剿滅，而是因為主要首領逐個死亡，其餘部將表示投降而已。安祿山被他的兒子安慶緒殺死，並被取而代之，史思明又將安慶緒殺死並取而代之，史思明又被他的兒子史朝義殺死並被取而代之，史朝義被其部將追殺，走投無路自縊身亡。

安史之亂後，北方和中原形成眾多藩鎮擁兵割據的局面。割據的藩鎮，有的是安史之亂的降將，有的是平叛的節度使。他們割據的特徵之一，就是不貢賦稅；特徵之二就是世襲制，一般為父死子繼，也有部將繼承的。如此一直延續到唐亡。朝廷直接控制的人口只有三百八十萬戶，而在「安史之亂」前，全國戶籍人口有九百六十萬戶。

這時，租庸調在財政收入中已經退居其次。唐初有一種輔助稅叫戶稅，按財產徵收，平均每戶每年僅幾十文。唐初還有一種輔助稅叫地稅，屬於強制性的民間備荒貯糧，不管王公、官吏、地主、農民，每畝納稅二升，貯存起來，以備荒年，不許他用。安史之亂後，租庸調銳減，就加徵戶稅和地稅，戶稅和地稅超過日益減少的租庸調，成為主要賦稅。但仍不足所用，又加徵鹽稅。《新唐書》說「天下之賦，鹽利過半」。在以農業立國的封建社會，農業產值不知要比鹽業產值大多少倍，而鹽稅過半，只能說明農業稅稅制不健全。唐王朝急需一個新稅制來解決財政危機。

代宗死去，德宗即位，這是七八〇年，宰相楊炎提出廢除租庸調，實行兩稅法，經德宗批准後頒行天下。

兩稅法的「稅」是將過去的租庸調以及戶稅、地稅合併為一，然後按土地徵收；兩稅法的「兩」是指夏秋兩次徵收。租庸調是以戶（或者說丁）為課稅對象，而兩稅法是以土地為課稅對象，相比較而言，後者比前者合理，是中國賦稅制度的一次重大變革。賦稅制度自古就是按畝課稅，如春秋戰國時期的「履畝而稅」。到了秦漢，既課畝，又課人，課畝為稅，課人為賦。三國時期，課畝為租，課戶為調。西晉以後，由於先後推行佔田制和均田制，同一地區的普通農戶所耕土地大致相等，所以事實上是按戶課租調。均田制被破壞以後，民戶佔有土地極不均衡，按戶課租調既不合理，也進行不下去了，所以兩稅法就以土地為課稅對象，這符合財稅歷史發展規律。

兩稅法是進步的，但是「安史之亂」後的朝廷和吏治是腐敗的。兩稅法有五條原則，每一條都是合理的，但每一條都可以讓地方官用來加重農民的負擔。

量出制入原則——即財政有多大的支出，就徵多少稅。這是一把雙刃劍。若朝廷節約開支，稅就可以少徵一些，農民負擔就輕一些；若朝廷開支無度，稅就可以多徵，農民負擔就重。在朝政昏暗，吏治敗壞，戰亂不斷的年代，朝廷只會多徵，不會少徵。事實正是這樣。七八二年，淮南節度使奏請朝廷准許本道（全國分十二道）在兩稅錢中每千錢增加二百文，德宗准奏，並通知各道都加二百文。後來劍南西川節度史也請加稅十分之二，朝廷也准許。從此，十分之二成為常例，各道有事，便按這個比例要求暫時加稅，事畢，暫加並不取消，而成為永加。增加的部分，也要分給朝廷一部分，稱為「進奉」。

按資產徵稅原則——資產和田地多的徵稅多，反之徵稅少，但豪強地主可以買通地方官隱瞞資產和土地，而稅額總數是必須完成的，那麼小民弱戶承擔的稅賦就加重了。雖然規定每三年檢核一次資產和土地，但實際上沒有執行，官僚、地主通過兼併增加了土地，卻並不增加稅賦，貧苦農民土地減少了，卻並不減少稅賦。

折錢納物原則——兩稅法以貨幣計稅交納，農民生產的農產品必須賣成錢或折價交納實物。市場價逐年降低，農民交納的實物就一年比一年多。市場價之所以逐年降低，是因為朝廷以貨幣收稅，貨幣就大量集中於朝廷，同時一些大商人也乘機存積貨幣，這樣，市場上的貨幣就少了，那麼農產品價格就會下跌。如七八〇年絹價每匹三千三百文，十四年後降到每匹一千六百文，降了一半，那麼農民所納產品就得增加一倍。

夏秋兩次納稅原則——夏稅不得過六月，秋稅不得過十一月。時間限制得這麼緊，地方官就急迫地催收。農產品剛收穫時，價格往往是最低的，因官吏急迫催收，農民只好低價出售或低價折算。

保留丁額原則——以前的租庸調按丁（戶）徵收，保留丁額，就是保留過去的戶籍及租庸調總額作為參考，兩稅法只能比之多，不能比之少。徵稅總額已被確定，若有流亡者，流亡者的稅就按戶籍由四鄰分攤，流亡者越多，四鄰分攤越重，最後四鄰也相率而逃。實行兩稅法的第四十年，渭南縣（今陝西渭南縣）長源鄉舊有四百戶，只剩下百餘戶；閿鄉縣（今河南靈寶縣）舊有三千戶，只剩下一千戶，其他州縣大抵與此相似。

兩稅法之所以加重農民負擔，除了稅制本身存在弊端，更主要的原因是豪強地主瞞田漏稅，而地方官又不予嚴查。這從唐代詩人元稹寫的《同州奏均田》一文可以得到證明。元稹說的「均田」不是均田制，而是「均田賦」。文中說，同州（治所在今陝西大荔縣）所屬七縣，自貞元四年（七八八年）定稅額，已經過去三十六年。這期間，民戶有逃亡，田地有荒廢，河水常氾濫毀田，豪富常兼併佔田，而富豪納稅的田只是所佔之田的十之二三。因此，稅賦不均現象十分嚴重。於是，在稅收總額不能改變的情況下，元稹規定不論貧戶、富民，一律按現有畝數、肥瘠均攤稅額。這樣做，便使富戶不能逃稅，貧戶不多納稅。只是像元稹這樣的地方官太少了。元稹說的豪強地主納稅田只佔其實有田的十之二三，應是當時的普遍現象。

兩稅法儘管存在種種弊端，但由於立法原理先進，成為春秋時期「履畝而稅」以後沿用時間最長的稅制，到明朝張居正一五八一年推行「一條鞭」稅法，兩稅法實行整整八百年。兩稅法的創立者楊炎在中國歷史上知名度不高，但他在賦稅史上佔有重要地位。兩稅法是壽命最長的稅制，但楊炎的政治生命卻是短暫的。楊炎也像他創立的兩稅法一樣在歷史上備受爭議。

楊炎青年時期文才出眾，入河西節度使幕下掌秘書工作，後被朝廷起用，進京做官，逐步做到中書舍人。唐朝不設宰相，朝廷中樞機構分為中書省、門下省、尚書省，三省長官皆相當於宰相。中書省掌制定政策，門下省掌審議，尚書省負責執行。中書省權力最大，中書省長官相當於第一宰相，門下省長官、尚書省長官依次相當於第二、第三宰相。楊炎擔任的中書舍人是中書省具體辦理政務的人員，品級不高，正五品，但職權很重，常為皇帝起草詔書。楊炎後來升為吏部侍郎，副部級，正四品。不久，楊炎在權力鬥爭中落敗，被貶為道州（治所在今湖南道縣）司馬，正六品。兩年後，代宗死，德宗即位，楊炎因文學才幹被起用為門下侍郎、同平章事，這個複雜的名稱，就是門下省的長官，相當於第二宰相。

楊炎被起用的當年，就上奏德宗皇帝，建議用兩稅法取代租庸調制。兩稅法的實行，使楊炎聲望倍增，此時第一宰相崔祐甫病重不能處理政事，揚炎升為第一宰相，得以獨攬大權。

史書上說楊炎是個報復心很強的人。楊炎要報復的人是劉晏。劉晏是著名理財家，為古今所肯定。安史之亂後，「天下賦稅，鹽利過半」，主要是劉晏之功。楊炎擔任吏部侍郎時，劉晏是吏部尚書，二人不和。楊炎的恩師第一宰相元載貪污受賄案發，劉晏是主審官。元載後被代宗皇帝下獄賜死，楊炎也受此案牽連，被貶出京。所以，楊炎對劉晏深加怨恨。當時流言說，德宗為太子時，劉晏曾秘密上奏代宗廢太子。楊炎據此流言，哭奏德宗懲治劉晏，德宗半信半疑，但從此對劉晏生嫌，不久貶劉晏為忠州（治所在今四川忠縣）刺史。楊炎繼續報復，把劉晏的政敵庾準提拔為荊南節度使，管轄著忠州。庾準迎合楊炎之意，誣奏劉晏擅充州兵，陰謀作亂，德宗信以為真，不加查證，就遣使者到忠州縊殺劉晏。劉晏之死，史載「天下以為冤」。

楊炎恃才傲物，甚至輕君，德宗厭之，就提拔盧杞為第二宰相，分楊炎之權。盧杞相貌醜陋，為人奸詐，少才無學，為楊炎輕視。盧杞懷恨在心，伺機陷害楊炎。盧杞查得楊炎三條罪狀：楊炎的兒子接受賄賂託請；楊炎將私宅高價賣給官府；楊炎修家廟所佔之地過去玄宗曾經臨幸，流言說「此地有王氣，炎故取之，必有異圖」。德宗終於找到藉口，將楊炎貶為崖州司馬。崖州就是今海南省瓊海市，比上次貶謫地湖南道縣更遠。楊炎途經今廣西北流縣，道路兩側雙峰對峙，中成關門，關門之南為瘴癘之地，北方人出關而南，罕得生還，故名鬼門關。楊炎憂傷地寫下一首五言絕句：「一去一萬里，千知千不還。崖州何處是，生度鬼門關」。走到離崖州百里之處，朝廷的使者趕到，宣讀德宗賜死詔書。楊炎歎曰：「知我善我，損我害我，唯天可知，任人評說」。終年五十五歲，任宰相僅兩個年頭。

數年後，名相李泌為楊炎鳴不平，對德宗皇帝說：「楊炎罪不至死」。德宗不加隱諱地說：「卿言誠有之，然楊炎視朕如三尺童子」。這才是楊炎被殺的真正原因。

楊炎經歷的宮廷鬥爭，是唐代後期朝政的縮影。「安史之亂」後，唐代歷經十三帝、一百四十五年，這些皇帝沒有一個具有雄才大略，他們或者疑忌才能，任用奸佞，或者剛愎自用，寵信宦官，導致朝廷出現「宦官之禍」、「朋黨之爭」。朝政昏暗又導致吏治腐敗，那麼必然加重農民的賦稅賦擔，在兩稅法之外，又徵雜稅。土地兼併也愈演愈烈，兼併土地的地主豪強佔田不納稅，將賦稅轉嫁到普通農民頭上。到唐代末年，土地不均、賦稅不均的狀況猶如東漢末年。

農民被壓榨到了極限，大起義已不可避免。八七四年王仙芝在河南長垣縣起義，八七五年，黃巢在山東菏澤縣起義，他們分別發布檄文，聲討朝廷賦稅繁重，深受重稅之苦的農民紛紛回應。兩支起義軍時分時合，後來王仙芝戰死，眾將推黃巢為主。為保證鎮壓農民起義所需的鉅額軍餉，朝廷已不再給百官發俸祿，百官無疑要向農民搜刮，農民則更多地投奔起義軍。黃巢起義軍從北到南、從南到北流動作戰，始終沒有建立穩固的根據地，以取稅供給軍用。他總是攻一城，掠一城，放棄一城，攻下長安，就放棄洛陽。軍餉充足時，饋贈於貧民，軍餉匱乏時，士卒以樹皮充饑。進入長安後，黃巢稱帝，實現了他年輕時就立定的志向。黃巢曾屢試不第，作《不第後賦菊》詩言志。其詩曰：「待到秋來九月八，我花開後百花殺。沖天香陣透長安，滿城盡帶黃金甲。」黃巢佔據長安三年後被迫撤出，軍事上從此節節敗退，最後僅帶著家人躲進泰山，下落不明。黃巢起義，前後持續十年。

在鎮壓黃巢起義過程中，各節度使都加強了兵力，但都畏懼起義軍。有大臣建議調西北的沙陀（少數民族）軍對付黃巢，朝廷應允。沙陀軍將領李克用率部四萬南下，士卒皆穿黑衣，被稱為鴉軍。李克用被稱為李鴉兒，一目眇，亦稱獨眼龍。此時，黃巢最重要的戰將朱溫率部投降朝廷，皇帝賜名全忠。朱全忠和李克用並為黃巢的勁敵。沙陀軍果然名不虛傳，連戰連勝，令起義軍畏懼。朱全忠知己知彼，也成為起義軍的剋星。黃巢起義失敗後，各節度使擁兵自重，全國形成新的藩鎮割據，其中最大的割據勢力是朱全忠和李克用。朱全忠佔據中原，李克用佔據山西，二人成為死敵。這種局面持續了二十年。九〇七年，朱全忠篡唐，建都大梁（今開封），史稱後梁。唐歷二十一帝二百八十九年而亡。

兩稅法對歷史的影響　兩稅法是按土地徵稅的稅制，在立法原理上是進步的，它適應土地私有化傾向，土地多的多納稅，土地少的少納稅，所以它能延續八百年，對唐代中後期和以後的朝代產生了深遠的影響。但是兩稅法在執行過程中卻成了加重農民負擔之法，這包括三個方面：其一，兩稅法的原則是量出制入，就是朝廷需要多少支出，就徵多少稅，支出必然是一年比一年擴大的，徵稅就一比一年多。兩稅法對於一戶農民來說，既不確定稅率，也不確定稅額，每年稅賦都可能因州縣徵稅總額的增加而增加。其二，兩稅法按土地面積徵稅，朝廷就不再抑制土地兼併，那麼土地兼併就會越演越烈，廣泛佔田的地主豪強的勢力就越來越大，必然勾結官吏瞞田漏稅，以致承稅田僅占實有田地的十之二三，那麼官吏就把地主豪強隱漏的稅攤到普通自耕農頭上。其三，一個王朝走向沒落之時，吏治必然腐敗，那麼貪官污吏就敢於擅加賦稅，使農民不堪重負。這三個方面的原因，足以迫使農民賣田甚至棄田而逃亡他鄉。一旦有人揭竿而起，無地而流亡的農民、有地而不堪重負的農民就會群起回應。黃巢起義就是這樣爆發的。

20 五代十國雜稅氾濫

五代時，中原五十餘年間更迭五個朝代，戰亂不息，土地荒蕪，人口銳減。相比較而言，唐末藩鎮割據形成的南方九國戰爭較少，破壞較輕，經濟比北方發達。北方的北漢，在遼的卵翼之下。五代十國皆沿襲唐的兩稅法，但在兩稅法之外又增加許多雜稅。

後梁　朱全忠篡唐後建都大梁（今開封），史稱後梁。後梁建立時，國家已經歷十年黃巢起義，二十年藩鎮割據，經濟遭到嚴重破壞。後梁在兩稅法之外發明了「省耗」。「省」即中書省，是朝廷的中樞機構；「耗」即損耗，指糧食徵納過程中的損耗。「省耗」的含義就是「中書省確定的損耗」。這是一個藉口，損耗是微乎其微的，但卻加徵百分之二十。此外，後梁開徵的兩個新稅種更為史家所詬病。一是牛租。朱全忠時擊淮南，掠牛以萬計，全部貸給農民，讓農民每年納牛租。後梁歷十六年，而耕牛的壽命不會有這麼長，但農民年年都得納牛租。一個稅種，一旦開徵，就很難廢除。在後唐、後晉、後漢二十七年間，牛租一直在收，莫非耕牛化成了鐵牛。到後周時，牛租才被周太祖郭威廢除。二是牛皮稅。牛皮是製造軍士盔甲的材料，從後梁開始，五代嚴禁民間買賣牛皮，農民的耕牛死後，必須將牛皮交給官府。開始，官府付很少一點錢，後來，就不再給錢，再後來，不管有牛無牛，一律按戶收取牛皮稅。後周均田賦，將牛皮稅改為按畝攤派，每十頃交納牛皮一張。普通農戶沒有這麼多田，看來主要是向富戶徵收的。

後梁與李克用割據的晉之間戰爭不斷，異常殘酷。李克用病死，傳子李存勖。李存勖年僅十七歲，但作戰勇猛，治軍嚴厲，喜歡衝鋒陷陣。五年後，朱全忠也死。死前，他在病床上哭著對左右說，我的兒子們不是李存勖的對手，我死無葬身之地了！果然，十年後，後梁為李存勖所滅。後梁歷時十六年。

後唐　李存勖滅後梁，改國號為唐（意在恢復唐朝），史稱後唐，遷都洛陽。

李存勖以孔謙掌財政，在兩稅法之外，孔謙有多項發明：一曰「預徵」，就是提前徵稅，春天徵秋天的稅，今年徵明年的稅。二曰雀鼠耗，這是在後梁省耗的基礎上又增加百分之二十。理由是：糧食在官倉貯存，會有鼠耗，翻曬會有雀耗。三曰農器錢，官府專賣的鐵製農具質次價高，農民不願用，於是改令百姓自鑄，官府按畝收取農具稅，隨夏秋兩稅交納。四曰麴錢，釀酒要用酒麴，後唐起初嚴禁造麴，私造五斤以上者處死，後解禁，許民自製，但不管釀不釀酒，按戶每畝納麴錢五文，對於賣酒戶，則十分之二酒稅。三年後恢復酒禁，實行專賣，但田畝上分攤的麴錢卻繼續徵收。五曰鹽稅，官府實行鹽業專賣，卻還要向人民徵鹽稅。在城市隨房架稅（即房產稅）攤派，在農村，按戶口攤派。六曰橋道錢，即過橋費，但不是在橋頭收，而是攤入田畝，每畝徵收五文。如此等等，不一而足。

李存勖寵信宦官，喜歡唱戲，重用伶人為官為將，猜忌功臣，賞罰不明。他的所作所為終於激起兵變，在宮中被兵變士卒射死。之後眾將擁立李克用的養子李嗣源為帝，李嗣源即位時已逾六旬，在位八年而卒，他的養子李從珂起兵奪取帝位。兩年後，李嗣源的女婿石敬瑭借遼兵打敗李從珂，李從珂自焚。後唐亡，歷十三年。

後晉　石敬瑭遷都汴梁，改國號為晉，史稱後晉。後晉的賦稅制度沿襲後唐。石敬瑭借遼兵的代價是割讓北方燕雲十六州，歲貢帛三十萬匹，以父禮事遼皇帝。石敬瑭因此被稱為中國漢奸的鼻祖。石敬瑭做了六年「兒皇帝」，常受遼使臣責難，最後憂鬱而死，其侄兒石重貴繼位。石重貴對遼稱孫不稱臣，遼皇帝大怒，發動伐晉戰爭。後晉朝臣分為投降派和抗戰派。抗戰派指揮前兩次戰爭，皆勝。第三次戰爭由投降派將領杜威指揮，在未定勝負的情況下，他竟於戰場降遼。遼軍直驅南下佔領汴梁，後晉亡。

後漢　遼兵在中原大肆燒殺搶掠三個月而歸。河東節度使劉知遠乘虛進入汴梁，改國號為漢，史稱後漢。後漢只存在三年時間，朝廷管財政的大臣王章加稅的方法，就是把前代的省耗、雀鼠耗都作為正稅固定下來，然後再加省耗。

劉知遠稱帝不到一年即死，其子即位，朝政由幾個重臣掌握。兩年後，二十歲的新皇帝為奪權與舅父合謀欲誅朝廷重臣，其中包括掌兵權的大臣郭威。見其他重臣被誅，在外將兵的郭威被迫起兵，以允許入京搶掠來鼓舞士卒，果然士氣大振，不幾天就攻入汴梁。新皇帝被部下潰軍殺死。郭威奏請太后臨朝，讓太后傳旨迎立劉氏宗室為帝。這時，遼兵入寇，太后令郭威將兵迎敵。軍過黃河，到了澶州（今河南濮陽），忽然軍中將士數千人一齊鼓噪道：「我等進京搶掠，已與劉氏結仇，不能再立劉氏，您當做皇帝。」說著就撕裂黃旗披在郭威身上。十年後，趙匡胤陳橋兵變黃袍加身，莫非就是效法郭威。

後周　郭威擁兵回京稱帝，改國號為周，史稱後周。郭威出身貧寒，知道民間疾苦。他對宰相說：我是窮人出身，今碰到機會，做了皇帝，豈敢厚自奉養以害百姓。又對群臣說：我是行伍出身，不曾從師求學問，未知治天下之道，你們若有利國利民的看法，就寫出來給我看，文字要淺白，不要用華麗辭藻。有大臣告訴郭威，去年，在汝州為官的劉審交病死，汝州吏民奏請朝廷，說劉審交有仁政，請留葬汝州。朝廷准奏，汝州百姓哭葬劉審交，並立祠堂祭祀。這位大臣接著說：我知道劉審交的仁政，他並沒有減輕百姓的租賦傜役，只是不再額外多加而已。本來這不難做到，但別的官吏不肯這樣做，劉君卻肯這樣做，所以汝州百姓愛戴如此。如果地方官都學劉君，何愁不得民心。郭威聽了深受感動，決定革除苛稅，取消正稅之外的一切附加，如牛租、省耗、雀鼠耗等，並停止州縣貢獻珍美食物和特產。為倡導宮廷節儉，他讓人取出宮中寶玉器數十件，在朝堂上打碎。在五代，郭威是一個好皇帝，可惜在位僅三年即逝，其養子郭榮繼位。

郭榮本姓柴，是郭威妻子的侄子。郭威稱帝後，郭榮為澶州節度使兩年，頗有政聲。郭榮即位後，志在統一中國。他希望自己做三十年皇帝，十年開拓天下，十年休養百姓，十年享太平。時北漢乘後周國喪，聯絡遼兵大舉南下，郭榮親率大軍迎敵，披甲縱馬臨陣督戰，北漢軍大敗，遼兵撤退。戰後，獎功罰罪，親軍將領趙匡胤奮勇力戰被提拔，七十名將校作戰不力被斬首。第二年，郭榮率軍伐蜀，得三州土地。又征南唐，戰事進行了兩年多，得江北十六州土地。翌年伐遼，決心收取燕雲十六州。進兵四十二天，遼官紛紛投降，兵不血刃，取得燕南土地。正準備繼續北進與遼主力決戰，郭榮突然得病，只得班師回朝，不久去世，年僅三十九歲，即位的兒子才七歲。

伐遼前，郭榮依據唐元稹的《同州奏均田》一文所說的平均田賦的辦法，製成《均田圖》頒給諸道節度使、刺史，按此圖，連歷朝歷代免納租稅的曲阜孔府也要照例納稅，可見這次將要進行的均田賦是很徹底的。可是郭榮死後，均田賦未能進行下去。

九六〇年春節，汴梁城裏群臣正在慶賀新年，忽報遼兵南侵，朝廷命趙匡胤率禁軍迎敵。出城二十里，走到陳橋驛，發生兵變，趙匡胤被其弟趙匡義等將領黃袍加身，輕而易舉地從孤兒寡母手裏奪得帝位，建立宋朝。後周歷十年而亡。

以上說的是中原地區的五代，以下說說和五代同時期的南方的九國和北漢。南方九國多以中原五代為宗主國。

吳 唐亡的前五年，淮南節度使楊行密被唐昭宗封為吳王，唐亡，楊行密割據建國，佔有今淮水以南的江蘇、江西、安徽一帶。

吳國以薄賦來刺激生產的發展。吳國舊制：上等田，每頃收稅兩貫一百文，中等田一貫八百文，下等田一貫五百文。另外還有丁口錢。農民稅賦顯得過重。後來，管財政的大臣宋齊丘建議，廢除丁口錢，田租用穀帛代現錢，但官府要虛抬時價，以使百姓少納穀帛。官價被提高到市價的三四倍，引起朝議喧譁，以為官府損失太大。宋齊丘說，哪有民富而國貧的道理。主持朝政的徐知誥採納宋齊丘的建議，認為這是勸農上策。果然不到十年，江淮間「曠土盡闢，桑柘（柘樹，可養蠶）滿野」，一派繁榮景象。

吳國歷四帝四十六年，被其太尉徐知誥篡國，改國號唐，史稱南唐。

南唐 徐知誥本姓李，自稱是唐太宗之子李恪之後，篡吳後讓百姓休養生息，按田畝多少肥瘠均賦稅。下詔：民三年內種桑三千株，賜帛五十匹；每丁墾田八十畝，賜錢二萬；桑田、農田都免租稅五年。如此獎勵農桑，在五代十國是唯一僅有。徐知誥性節儉，穿蒲履（草鞋），服粗布，侍奉在左右的是老醜的宮人。他勤於聽政，不分晝夜，在位七年而死。他的兒子李璟即位後憑國家的實力南滅閩，西滅楚，但江北十六州之地卻被實力更強的後周奪去。李璟在位十八年，傳子李煜，史稱南唐後主。李煜在位十四年，疏於治國，工於詩詞，亡於北宋。他描寫亡國之痛的詞作《虞美人》撼人心魄，催人泣下，不妨佳句共欣賞：「春花秋月何時了？往事知多少！小樓昨夜又春風，故國不堪回首月明中！雕欄玉砌應猶在，只是朱顏改。問君能有幾多愁？恰似一江春水向東流。」

前蜀 黃巢起義失敗之後，形成新的藩鎮割據，四川地方將領王建自立為西川節度使。朱全忠篡唐後，王建效劉備故事，稱帝於成都，史稱前蜀。王建在位十一年死，子王衍繼位，在位七年，降於五代的後唐。王建好聚斂，徵收的粟帛倉庫都裝不下。王建及其子王衍財富雖足，卻不強兵，後唐的軍隊輕而易舉就佔領了蜀地，繳獲財物甚多。

後蜀 後唐將領孟知祥據蜀自立，傳子孟昶，苟安到五代之末，史稱後蜀。蜀地民富，孟知祥任由大臣搜亂而不過問。孟昶時，宰相張業在家裏設牢獄，用酷刑勒索民財。其他大臣，甚至掘墳墓求財，搜亂到了地下。

吳越 割據於浙江一帶，歷四帝，代代向中原五代各國稱臣納貢。吳越之地水利條件好，農業生產發達，但賦稅繁重。糧田每十畝虛增六畝，按十六畝徵稅，每畝納絹三尺四寸，納米一斗五升；桑地每十畝虛增八畝，按十八畝徵稅，每畝納絹四尺八寸。此外，雞、魚、蛋、菜無不徵稅。凡欠稅，即受鞭笞之刑。吳越無戰事，但「民免於兵革之殃，而不免於賦斂之毒，叫囂呻吟八十年」。

閩 唐末威武軍節度使王朝割據福州一帶，死後其弟王審知繼立，被朱全忠封為閩王。王審知在位二十三年，輕傜薄賦，境內安然。王審知死後，繼位的子弟皆貪暴，又因爭位造成內亂，後被南唐所滅。

楚　黃巢起義軍失敗後，其部將秦宗權勢力仍盛。秦宗權的部分軍隊轉戰進入湖南，將帥三易，最後眾推馬殷為主。楚為起義軍餘脈，所以馬殷之前的將帥反唐反後梁。馬殷審時度勢，向後梁稱臣，被朱全忠封為楚王。馬殷又攻佔湖南全省及貴州、廣西、廣東各一部分。馬殷縱情聲色，諸子皆驕奢。吳國攻楚，不勝。楚相對被俘的吳將說，楚國雖弱，但舊臣宿將還在，你們就不要白費心了。等到眾駒爭槽（指馬殷諸子爭位），才是你們動手的時候。馬殷治楚三十五年而死，果然諸子爭位，混戰不休。此時，吳國已經易主，改稱南唐，南唐出兵滅了楚國。

楚國盛產茶葉，每年向中原宗主國貢茶，因而得以在中原自由銷售茶葉，並通過中原中轉，把茶葉賣到北方。楚以茶稅和茶葉專賣為主要收入，吸引各國茶商販賣本國茶葉。

南平　十國中面積最小，僅轄荊州周圍三州之地。朱全忠篡唐後，派部將高季興駐守荊州，給兵五千。後梁亡，高季興子高從誨向後唐稱臣，封南平王。後唐亡，高從誨子高保融又向後周稱臣，仍封南平王。地狹國小，三代稱臣，不敢稱帝。

南平雖小，卻是當時的商貿通道。吳及其延續的南唐與中原對立，封鎖江淮漕路。南北通商，只好走海路，或走南平。南平窮，常截奪他國貢物和商品，受損國遣使質問，便趕快歸還並示好。諸國都嗤笑南平主高氏父子為高賴子。南平小而窮，常向中原宗主國以及南方大國進貢，但貢品少，得到的賞賜卻多。

南漢　唐末，劉隱襲父職，任嶺南東道節度使，據有今廣東省與廣西、越南各一部，後被朱全忠封為南漢王，歷四世。劉隱子劉岩極奢侈，造宮殿，金作屋頂，銀作地面，木料鑲銀，琢琥珀為日月，掛於玉柱之上，殿外開水渠，渠中布滿珍珠。

北漢 中原後漢亡，後漢皇帝劉知遠之弟在太原稱帝，史稱北漢。北漢依附於遼而生存。

「十國」的賦稅史料少，實際賦稅制度恐不止上述這些。從宋代的詔令中可再窺一斑。宋太宗先後下詔廢除淮南、江浙、荊湖、廣南（兩廣、越南）、福建等地的魚稅，廢除或減輕南方「橘園、水磨、社酒、蓮藕、鵝鴨、螺蚌、柴薪、溉田等名」的稅收，由此可信南方物物有稅。

五代雜稅對歷史的影響 在分裂戰亂時代，因為戰爭的需要，賦稅必然加重。十六國南北朝時期是這樣，五代十國時期也是這樣。十六國南北朝時期實行的是租調制，租調制是定額稅制，要加重賦稅，只有在原來的租調基礎上加重數額，而無它法可想。五代十國時期實行的是兩稅法，兩稅法不定數額，似乎可以無限增加，但總得顧及民意，不可能無限增加，於是就想各種理由，在兩稅法之外增加新的雜稅。五代加十國，相當於十五個國家，都開動腦筋，想方設法，必然可以因地制宜，想出很多理由，增加很多新的雜稅。這些雜稅載於史冊，就會被後世引經據典而繼承。趙匡胤統一全國，果然以「沿納」的名義，把五代十國的大部分雜稅都繼承下來了。有的雜稅，比如「雀鼠耗」，一直繼承到清代。從稅制角度看歷史，五代是個重要的時代。唐實行兩稅法之前，雜稅名目罕見於史。唐末、五代，雜稅名目層出不窮。五代不僅給後世留下了很多理由十足的雜稅，而且對後世也有啟發作用，啟發後世再想出新的雜稅。賦稅就這樣一個朝代比一個朝代加重。

21 北宋的富強和貧弱

北宋建國在五代之末，而遼建國在五代之初。

遼是契丹族建立的國家。契丹是鮮卑族宇文氏的一支，北魏之前從宇文氏分離出來，以後形成一個獨立的民族。契丹族的特徵是髡髮，即把頭頂中間的頭髮剃掉。唐時，契丹族游牧於今河北北部及遼寧一帶。安祿山為范陽節度使，主要任務就是鎮撫契丹。在長期與漢人的交往中，不少契丹人被漢人同化並入漢籍，安祿山就是一個契丹人。唐末，藩鎮割據，朱全忠於九〇七年篡唐，契丹於同年建國，可汗叫耶律阿保機。耶律為姓，阿保機為名。耶律阿保機據說身高九尺，力挽三百斤，能征善戰，逐步統一了北方草原的其他民族。

契丹分為八部，可汗由八部酋長每三年推選一次，這是原始社會的民主制。有投附的漢人對耶律阿保機說，漢人的國君是終身世襲，沒有更選之制。於是，耶律阿保機憑藉戰功贏得的威望，拋棄民主推舉制度，在百官擁戴下登上皇帝寶座，稱太祖，仍以契丹為國號。耶律阿保機用漢人輔政，造文字，訂法律，仿漢制，迅速封建化。

耶律阿保機在位二十年死，次子耶律德光繼位，稱太宗。十年後，後晉石敬瑭借契丹兵奪帝位，向契丹割讓燕雲十六州，契丹獲得比本土人口還多的人口，國勢大增，第二年，改國號為遼。四十多年後傳到第六代，是為聖宗，聖宗年幼，由其母蕭太后臨朝攝政。北宋與遼之間的戰爭與議和就發生在這個時代。

北宋初期，平十國，伐遼，可謂軍力強大。北宋統一了全國，中原和南方都是富庶之地，與遼相比，可謂經濟富足。北宋的貧弱，是指中期以後，財政入不敷出，軍隊缺乏戰鬥力，史稱「積貧積弱」。

北宋初期的戰爭

宋太祖趙匡胤率領禁軍政變取得帝位後，立即著手鞏固皇權。他怕高級將領重演一幕「黃袍加身」，就自導自演一幕「杯酒釋兵權」的戲。辭去軍職的高級將領養尊處優，過富貴生活，卻也滿足。禁軍被分為三部分，以級別較低的軍官分別統領，但只負責訓練、管理，調兵時則另派將領。收了中央軍權後，又收地方軍權。節度使掌握地方的軍、政、財大權，是形成藩鎮割據的根源。宋太祖逐步削弱節度使的軍權、財權、行政權，到統一全國後，節度使成了榮譽銜，州、府歸朝廷直接管理。在軍隊建設上，宋太祖採取強幹弱枝的辦法，將地方部隊的精壯兵士都選入禁軍，留下的老弱兵士仍留在地方，稱為「廂軍」，因缺乏戰鬥力，主要從事各種勞役，如築城、修路等。

宋太祖「黃袍加身」後，從第三年開始進行統一全國的戰爭。統一南方九國都比較順利，統一北漢則不順利。宋太祖先後三次攻北漢而未下，宋太祖死後，其弟宋太宗趙光義又兩次攻伐，才迫使北漢投降。弱小的北漢，戶數僅有三萬五千戶，軍隊也只有三萬人，竟如此頑強，只因背後有個強大的遼國作後盾。

宋滅北漢以後，決定乘勢攻取燕京，收復燕雲十六州。燕即今北京，當時稱幽州；雲即今山西大同，當時稱雲州。燕雲十六州，包括今北京郊縣、山西北部、河北中部的廣大地區。宋軍長驅北進，包圍燕京，戰鬥十分激烈，遼兵南下增援，在燕京北面的高梁河與宋軍決戰，宋軍大敗逃歸。

遼把燕雲十六州視為自己的領土，既遭受入侵，就決定侵宋以報復，結果伐宋失敗，轉為防禦。這時，剛即位的遼聖宗才十二歲，由母后蕭氏攝政。

宋朝邊將視遼的防禦戰略為軟弱，更認為幼主即位、女人攝政，正是奪取燕京的好時機，於是，紛紛上奏朝廷出兵。九八六年，宋太宗決定兵分三路，大舉伐遼。宋中路軍十萬人作為主力，攻燕京不下，糧道卻被遼兵切斷，而遼的援兵又及時趕到，宋軍中路只好撤退。宋的東西兩路軍皆取得戰果，見中路主力撤退，也只好撤退。宋西路軍內部有矛盾，導致副帥楊業所部全軍覆沒。楊業是北漢降將，降宋後屢立戰功，受宋太宗重用，卻遭其他宋將嫉妒。西路軍面對的是遼的十萬援兵，楊業認為「不可與戰」，應先保百姓撤入宋境，在撤退的必經之路石碣谷谷口布置強弩阻敵，然後軍隊依次撤回。西路軍監軍反對楊業的計策，卻讓楊業正面迎敵，主帥潘美也附和。楊業無奈，只得出戰，但請主帥潘美設伏兵於石碣谷谷口接應，以備本部人馬迎敵不勝能安全撤退，潘美答應。楊業所部接敵，即被遼兵包圍，力戰突出重圍，至石碣谷谷口，卻不見潘美的伏兵，而遼的追兵已至，竟全軍覆沒。楊業之子楊延昭戰死，楊業被俘，絕食三日而死。楊業孫子楊文廣後來也是抗遼名將。楊家三代抗遼，被民間演義成「楊家將」的故事流傳至今。宋太宗追究導致楊業失敗的責任，西路軍監軍被發配充軍，西路軍主帥潘美被連降三級使用。

遼取勝，蕭太后決定乘勢南侵，宋積極備戰迎敵。斷斷續續打了兩年，遼雖有多次小勝，但終不能擴大戰果。此後十年間，兩國相安無事。

從九九九年到一〇〇四年，遼又多次大舉攻宋。宋全力迎敵，河北幾乎遍地駐軍。一〇〇四年，宋宰相寇準說服宋真宗親征，以鼓舞士氣。宋真宗勉強同意，但心中卻想著議和，其實議和活動已在進行中。真宗到達澶州（今河南濮陽），議和心切，向談判代表表示，每年輸銀、絹百萬亦可，但宰相寇準密令不得超過三十萬。最後達成協定：宋、遼結為兄弟，宋為兄，遼為弟，宋以「助軍餉」名義每年輸遼絹二十萬匹，銀十萬兩。果然沒有超過寇準限制的三十萬。澶州古郡名澶淵，此協定史稱「澶淵之盟」。之後，遼宋保持百餘年和平。

簽訂「澶淵之盟」這一年，宋與西夏的戰爭也暫告一段落。

西夏是黨項族於宋初建立的國家。

黨項族源於中國古代羌族，又稱黨項羌，分布於今青海一帶。唐玄宗時，青藏高原的吐蕃（今藏族）強盛起來，不斷襲擊黨項諸部，黨項族請求內徙，朝廷就把他們安置在今甘肅、陝北一帶，遷到夏州（今陝西靖邊）的部落，被稱為平夏部。

唐末，平夏部幫助朝廷鎮壓黃巢起義，其首領被朝廷任為夏州節度使，賜爵夏國公，再賜李姓，轄五個州。黨項李氏從此成為割據的藩鎮。

五代時，黨項夏州李氏對中原的梁、唐、晉、漢、周繼續保持臣屬關係。

宋朝建立後，黨項夏州李氏遣使奉表賀宋太祖即位。宋滅北漢後，全國統一，為形勢所迫，時夏州節度使李繼捧自請將所轄五州獻給朝廷，太宗趙光義對其重加賞賜，並接其親屬入京居住。

李繼捧族弟李繼遷不願歸附朝廷，率親信從夏州出逃，號召部族，抗宋自立，四年間三起三落。李繼遷遂向遼請求歸附。遼正和宋對立，便授之以節度使。遼的支持，使李繼遷在黨項族中增強了號召力，於是叛亂升級，但時叛時降，宋對他則時剿時撫。後來，李繼遷在進攻吐蕃所據的西涼時中箭身亡。

李繼遷之子李德明繼位時，宋和遼簽訂了「澶淵之盟」。次年，李德明遣使奉表向宋稱臣，宋真宗封他為西平王、節度使，賜銀萬兩、絹萬匹、錢二萬貫、茶二萬斤。但是宋與西夏的和平只保持三十年。

李德明死，子李元昊繼位，時為一〇三二年。李元昊實行了一系列強化民族意識的措施：廢棄了唐所賜的李姓，宋所賜的趙姓，給自己改姓嵬名氏；下令恢復「禿髮」風俗，自己帶頭禿髮；創西夏文字，規定黨項服飾。一〇三八年，李元昊在興慶府（今銀川）稱帝，建國號大夏。此後近百年，西夏與北宋長期處於戰爭狀態。

北宋的經濟和稅制

北宋的農業比唐代更有較大發展。北宋建立的前幾年，宋太祖多次下詔，命官吏「勸農」，規定：「自今百姓有能力植桑、棗，開荒田者，並令只納舊租」，並承諾「永不通檢」。就是說只按原來承擔的賦稅徵收，新開的田永不丈量、徵稅。在南方，以五年內免租賦為條件吸引流亡的農民回鄉恢復耕種。此外，還在南方組織無地農民屯田，在河北組織軍隊屯田。太宗時，詔令州縣在鄉村設立農師一職，由州縣發給補貼。北宋的農師，大概相當於今天的農業技術員。農師負責協助鄉官、里正，把有地的，有種子的，有牛的，有勞動力的家戶結合在一起，訂立契約，收穫分成。

訂立契約的農戶，有的是租佃關係，有的是互助關係。北宋從真宗與遼簽訂「澶淵之盟」（一〇〇四年）之後的百餘年時間，農業迅速發展。北宋中期以後人口增加到四千多萬，耕地增加到五百多萬頃，平均每人十幾畝耕地。從越南引進的早熟、抗旱的稻種「不擇地而生」，不僅在南方推廣，也傳播到北方。北方的小麥則被引種到南方，使南方的農田不再冬閒。南方、北方的稻麥兩熟耕作制，顯著提高了糧食產量。

與唐代比，北宋的商業空前繁榮。北宋都城汴京（今河南開封，當時還遠離黃河）既是消費城市，也是商品集散地，有人口近百萬，其規模據說是唐時長安的十倍。唐玄宗時期是唐代盛世，十萬戶以上的大城市有十幾個，而北宋十萬戶以上的大城市有四十幾個。唐代城市的商店必須集中在商業區，而且規定只準在午時至日落這段時間營業。北宋則可以臨街隨處開店，而且不限制營業時間。我們今天可通過《清明上河圖》目睹汴京商業的繁榮景象。

北宋的賦稅也比唐代重。一個統一的大朝代，如西漢、東漢、唐等，是在戰爭之後建國，建國之初，都要給農民減賦，以休養生息，但北宋不是這樣，它是在建國之後進行統一戰爭，為了保證戰爭的經費，就延襲五代時期的賦稅制度。北宋的兩稅法只是正稅，許多五代十國時期的苛捐雜稅都以「沿納」的名義保留下來。如五代時期加收省耗、雀鼠耗、農器錢、食鹽錢、牛皮錢等等，在宋初都隨正稅一併徵收。如南唐徵收酒麴錢後，允許民戶釀酒，而宋初禁止私人釀酒，但仍在原南唐統治區按地畝徵收酒麴錢。北宋中期以後，又增加了許多雜稅新名堂。一曰支移：讓農民把稅糧從無戰事的州「支移」到有戰事的州，從糧多的州「支移」到糧少的州，本來官府要付運費或扣減稅糧的，後來演變為讓農民運輸糧食不付運費或不減稅糧，再後來就把運費作為附加費向農民徵收，農民還得無償運輸稅糧。二曰折變：把農民所產的糧食折變為另一種糧食，或折變為錢，但都不是等價折變，而是從低價折變為高價，農民繳的糧食就得增加，甚至翻番。三曰和買：完稅以後，又以低價購買農民的產品，說是「和買」，實為強買。北宋的兩稅法，在北方大致每畝徵糧一斗，相當於「什一稅」，但「沿納」了五代十國時期的雜稅，又增加了新的雜稅，農民的總稅額要比正稅多出一倍以上。

宋初也革除了一些「無名苛斂」，如魚稅、水磨稅、鵝鴨稅、蓮藕稅等等，但這些都是很細碎的雜稅，在稅收總額中所佔比例不大。宋初革除的「無名苛斂」主要是商業上的雜稅，因為宋初制訂了中國歷史上第一部《商稅則例》，對各項商業稅作出具體規定，改變了以往商業稅徵收的隨意性。北宋城市商業發達，北宋中期以後，全國每年商稅收入超過二千萬貫，佔賦稅總收入的百分之二十以上。

北宋雖然經濟繁榮，但兩極分化嚴重。唐代中期實行按土地徵稅的兩稅法以後，就不再限制土地兼併，到北宋，「不立田制，不抑兼併」是朝廷的公開政策，很多土地集中在官員、大地主、大商人手裏，失地農民大量增加，有的地方佃農佔總人口的五分之一，有的地方佔三分之一，有的地方佔一半。大地主、大商人佔田千頃不足為奇，佔田幾百頃、幾十頃的很普遍。宋真宗時，恢復職分田，將國家掌握的官田和遠年戶主逃亡或死亡的無主田，按官階高低配給官員，多的十頃、二十頃，少的也有幾頃。此外，官員還用豐厚的俸祿大量買田，一個個都成了中小地主。連清正廉潔的范仲淹在晚年也有能力買田千畝作為族田，收穫用於救濟族中窮人。仁宗時曾下詔限制官員佔田不得超過三十頃，後又廢除，大概是法不治眾。由此可見，官員佔田三十頃者大有人在。

北宋的兩稅（田稅）指標分配到縣，縣令怎樣徵收，朝廷不管。小地主、自耕農、半自耕農無權無勢，是兩稅的主要承擔者。官員的職分田不納稅，官員買的田也可以憑權力和關係不納稅。大地主、中等地主或瞞田漏稅，或賄賂縣官公開逃稅。到北宋中期，納稅田比北宋初期減少了將近一半。

兩稅法對農民的服役時間不做具體規定，完全按需徵派。北宋的勞役分為職役和夫役。職役，就是為官府輸送物資，代官府徵收賦稅，由大中小地主擔任，有一定權利。有的可以從中謀利，甚至魚肉鄉親；有的還可能倒貼錢，如輸送官府物資發生缺損，代徵鄉村賦稅繳納不齊，都要為官府墊賠。夫役，就是為官府出勞動力。雖然有地方上的廂軍承擔工程力役，但遠遠不夠，還需徵派大量力役，這主要由貧戶承擔，地主被派夫役，也會出錢找貧戶代替。

慶曆新政

宋真宗對於「澶淵之盟」的心情是很複雜的。雖然得到了和平，但畢竟是城下之盟，蒙受了恥辱。真宗向心腹大臣王欽若詢問雪恥之策，王欽若故竟說：「陛下以兵取幽薊，乃可刷此恥也。」真宗當然不敢出兵，王欽若又提出，可以像秦漢的帝王那樣舉行大封禪，彰顯大功業，必能鎮服四海，那麼自然就可以雪恥。這是一種精神勝利法，但唯有這樣，真宗才能緩解複雜的心情。於是，一場熱熱鬧鬧的迷信活動就開展起來了。偽造「天書」，稱為祥瑞；修建廟宇，供奉天帝；又登泰山祭祀天帝，臨汾河祭祀地神，派出官員祭祀四岳、四海；去曲阜祭祀、追謚孔子，到亳州祭祀、追謚老子。每一次出行，隊伍浩浩蕩蕩。這些迷信活動前後持續十五年，花費極其巨大，到宋真宗死才結束。仁宗即位，才十三歲，劉太后聽政。劉太后專權十年，大建宮殿、廟宇、寺塔，而且隨意支取國庫存銀，用於宮廷花費和賞賜。她的無端耗費，不亞於真宗。

劉太后死，宋仁宗親政，國家「積貧積弱」的局面已經形成。宋仁宗矢意除舊布新，於慶曆年間任用范仲淹等人改革積貧積弱的弊政，史稱「慶曆新政」。

積貧積弱主要表現為冗官、冗兵、冗費。

冗官。宋初統一十國，為了社會穩定，舊官一律照用。任上的官員，不論才能、政績如何，均按年資升遷，文官三年一升遷，武官五年一升遷。中高級官員還享有「任子」的特權，就是其子弟可蔭補為低級官員。通過科舉和其他途徑加入仕途的人數也越來越多。宋太祖時，有內外官員不到五千人，四十年後增至一萬人，八十年後到仁宗慶曆年間官員增至二萬人。人浮於事，待遇優厚，虛耗俸祿。

冗兵。宋太祖時有禁軍、廂軍二十二萬，到慶曆年間軍隊人數達一百二十餘萬，其中禁軍（野戰軍）近百萬。養兵的費用佔國家財政收入的十分之六七。北宋實行募兵制，但招募兵員不是以體質強壯為條件，而是將那些無力耕田的農民、不願耕田的農民、無田可耕的農民，只要願意從軍，就招入軍隊，一入軍隊，便終生為兵，沒有退役制度，而且一人當兵，全家吃糧，士兵家屬的生活也由國家供應，軍隊彷彿一個龐大的收容所。這種制度，是為了防止饑民造反。又為了防止將領擁兵自重，平時將不帶兵，士兵缺乏訓練，每營五百人，具有合格軍事素質的不過一百多人。戰時將不知兵，指揮不靈，羸弱之兵遇戰即逃，勇壯之士也只好跟著撤退，所以與西夏交戰屢次失敗。

冗費。宋真宗大搞封禪，劉太后耗費無度，被稱為冗費。

「三冗」使政治疲弊不振，財政入不敷出。

慶曆三年（一〇四三年），仁宗把在陝西前錢鎮守邊防的范仲淹、韓琦調入朝中，以圖改革。早在十年前，范仲淹任諫官時就上疏提出「銷冗兵，削冗吏，禁遊惰（即冗費）」的改革主張。這次入朝後，被任為參知政事（相當於副宰相）。范仲淹的改革方案包括：一、明黜陟。對官員按功過定升降。二、抑僥倖。削減官員「任子」的範圍和數量。三、精貢舉。改良科舉方法，考核實際能力。四、擇長官。慎選各路官員，考核州、縣官員。五、均公田。調整地方官的職田，「有不均者均之，有未給者給之。」六、厚農桑。讓諸路官員督修水利，發展農桑。七、修武備。恢復唐代的府兵制，士兵農忙務農，農閒習戰。八、推恩倍。朝廷恩威並用，賞罰嚴明。九、重命令。有令必行，有禁必止。十、減徭役。減輕農民的官役負擔。這十項改革，有七項是政治改革，一項是軍事改革，二項是經濟改革。樞密副使韓琦、富弼也上奏陳述與范仲淹相同的改革主張。此前此後，不少官員也都上疏除弊革新。一時間，改革成了心憂天下的官員們的普遍共識。

改革從慶曆三年十月開始，逐條實施。因「明黜陟」、「抑僥倖」、「擇長官」觸及許多官員的既得利益，遂遭到一片反對聲，反對派攻擊改革派是「朋黨」，圖謀不軌。面對輿論沸騰，仁宗支持改革的態度已不如先前那麼堅決。於是，改革派開始謀求退路，范仲淹堅請回陝西鎮守。范仲淹去後，攻擊之聲益急，僅一年，新政被次第取消。其實，十項中的後五項還未來得及實施。

范仲淹辭去朝廷職務仍任職陝西，後調河南鄧州，又調杭州，再調戶部侍郎，最後在調任河南潁州的路上得病去世，距辭朝僅七年，享年六十四歲。慶曆六年，在鄧州任上，應好友騰宗諒

（字子京）之請，寫下了千古名篇《岳陽樓記》，但他並未見過岳陽樓。范仲淹主張文以載道，他的「先天下之憂而憂，後天下之樂而樂」名句表達了他對國家的高度責任感。范仲淹少時家貧，就讀於睢陽（今河南商丘）應天書院，每天煮稠粥一碗分早晚兩次就鹹菜而食。為官後一生儉樸，晚年，用一生積蓄在蘇州買良田千畝，名為「義莊」，用來救濟族中窮人。四個兒子都勤奮好學，相繼為官，皆以清正廉潔著稱，其次子范純仁曾官至宰相。

王安石變法

范仲淹的改革，主要是政治體制的改革，歷一年未見成效而失敗。二十四年後，王安石的變法主要是以改變賦役制度為主的經濟體制改革，歷十年初見成效而失敗。

「慶曆新政」失敗的原因有兩條，一是反對派的人數大大超過改革派，二是仁宗態度不堅決。范仲淹之後的幾任主政者，雖然在政見上傾向范仲淹，但都不再提改革的事。當政者富弼、文彥博、韓琦、歐陽修，以及級別較低的包拯、司馬光、王安石、蘇軾、蘇轍都是當世俊傑，仁宗滿足於賢才治國，也不再想改變近百年來形成的制度。在仁宗末年，王安石上萬言《言事書》，列舉時政弊端，提出改革意見，雖未被採納，但博得了聲望。

仁宗去世後，英宗即位，在位三年多去世，神宗即位。神宗是一個具有強烈改革思想的皇帝，剛即位就詔見傾慕已久的王安石議政。

神宗對王安石的了解始於他受封淮陽郡王時期。當時，他很青睞他的幕僚官韓維，而韓維與王安石交往甚密。每當韓維的見解受他誇獎時，韓維便說：「此非維之說，是維之友王安石之說也。」再加上王安石已有的聲望，因而神宗即位前就對王安石十分傾慕。

神宗在任用王安石的同時，也起用同樣具有改革思想的司馬光，但二人的改革思想有所不同。王安石認為國用不足是因為沒有任用善於理財的人，善於理財者應當發展生產，做到民不加賦而國用足。司馬光則認為：所謂善於理財，不過是搜刮民財，天地間的財富就這麼多，不在民間，即在國庫，不加賦而國用足是欺人之談；要解決國用不足，只有削減開支。簡言之，石安石主張興利增收，司馬光主張除弊節支。神宗經過半年多的思考，在二人中選擇了王安石。實行變法後證明，王安石所說的「民不加賦」是指普通老百姓不加賦，所說的「善於理財」就是利用國家財政資金作為資本進行經營，與大地主、大商人爭奪市場利潤。

神宗任用王安石為參知政事（相當於副宰相），主持變法，並給他組織一個十餘人的變法班子，叫「制置三司條例司」，在這個班子內，意見也有分歧。班子成員蘇轍、程顥等人認為，首先是除弊，弊不除，興利也不足用。這個觀點基本上與司馬光相同。王安石堅持認為：首先是興利，在興利中除弊；興利就要以新制度代替舊制度，除掉舊制度，其弊自除。由於觀點不可調和，變法班子內的一些成員也加入了龐大的反對派陣營。但有神宗的支持，王安石的新法得到陸續推行，主要有十項。

一、**均輸法，熙寧二年七月推行**。北宋各州、府，除了正常的田賦外，還向民戶徵收當地的土特產品上貢朝廷。如金、銀、綾、羅、綢、絹，甚至箭杆、牛皮、紙、筆等等幾乎無所不包。每年不論豐歉，不論價格高低，都要按定量徵收，然後發送京城，而不問各種貢品在京城的盈缺，這樣勢必造成有的貢品過剩，只好低價出售給商人，有的貢品不足只好向商人高價購買，從而導致財政減收增支。「均輸法」故名思義就是「均勻輸送」，其實質是對貢品進行調劑和經營。若京城缺乏某種貢品，產地價格加運費比京城價格低，就直輸京城，此為宜輸則輸；若某種貢品產地價格高於京城或其他地區，就在當地賣掉，此為宜賣則賣；若某種貢品在某地價格低，就在此地購買，此為宜買則買。均輸法首先在富庶的淮南六路（今湖南、湖北、江西、江蘇、浙江、安徽）實行，一年後成效顯著，受到神宗褒揚。均輸法成敗的關鍵在於均輸官的經營才能，才能足則可成，才能不足則必敗。其實均輸法並非王安石首倡，早在西漢時桑弘羊就這樣搞過，之所以沒有延續下來，一是體制不適合，二是人才難得，三是傳統觀念的阻力。王安石的均輸法雖然見到成效，但仍遭到許多人反對，反對者中有蘇軾、范純仁（范仲淹的次子）等名士，認為「法術不正」，是謀「商賈之利」，這便是傳統觀念在作祟。

二、青苗法，熙寧二年九月推行。北宋在京城和各路建有用於救災的糧倉，稱為常平倉和廣惠倉，兩種倉有儲糧、有資金。不遇大災，在平常年景兩倉的糧食和資金一般是不動用的。但每年都有一些貧窮農戶在青黃不接時向富戶借糧借錢以解缺糧之急，而利息高達百分之百。實行青苗法，就是在青黃不接時，把兩倉的錢、糧貸給這些窮戶，而窮戶以青苗為抵押，到莊稼收穫時隨田賦償還，收得利息。原則上借貸自願，不准強制。為保證償還，借貸戶須聯戶作保，保人須是富戶。王安石做知縣時，就曾這樣做過，官民兩利，效果很好。窮戶對此自然歡迎，但作保的富戶和高利貸者堅決反對。代表富戶利益的官員紛紛上書，對青苗法猛烈攻擊。在諸多新法中，青苗法受到的攻擊最猛烈，攻擊的人最多。攻擊者中也不乏當朝名士，如司馬光、韓琦、歐陽修、蘇軾、蘇轍、呂公著、陳舜俞等。反對派的理由歸納起來有：一、官家放錢取息，與民爭利，而且取息百分之二十太重；二、官員以多貸為政績，難免強制；三、有人不願借，有人不肯還，官家強制收貸，必然多事；四、現錢出入之際，經手的官吏不免乘機舞弊，敲榨人民，為法所難禁。王安石認為，這都是操作當中可能會出現的問題，可以避免，不是青苗法本身的問題，均加以駁斥。青苗法推行了十幾年，果然利弊互見，反對者說的現象均有不同程度發生。

三、農田水利法，熙寧二年十一月推行。此法鼓勵各地開墾荒地，興修水利，依據誰受益誰出工、出錢的原則來集資修建。較大的工程，若資金不足，可向官府依青苗法貸款或貸糧，仍不足，可由官府出面勸富戶出貸，依例計息，並由官府代為催還。對這項新法，反對者較少，在變法失敗之前的七年間，共建成水澆田三十多萬頃。

四、免役法，熙寧二年十二月推行。宋代的廂軍承擔部分工程役，但還有大量的職役、夫役是由廣大民戶來完成的。官府按貧富及人丁數量分民戶為九等，等級高的役重，等級低的役輕。他們往往因充役而耽誤生產甚至賠錢，多數人不堪重負。免役法就是免服勞役，由官府出錢募人充役，但這筆錢不是來自財政，而是取之於民，分為三部分：原先服役的上三等戶按土地多少出錢，稱為免役錢；原先不服役的屬於上五等的女戶、單丁戶、未成丁戶、城鎮戶，以及原先享有免役特權的官吏之家，僧道戶，按田產或資產，比照原來服役的上三等戶，減半出錢，稱為助役錢；此外，各加十分之二，稱為免役寬剩錢，以備災年使用。由此可見，免役法的實質，是讓富戶出錢，由官府雇貧戶服役。免役先在開封府實行，結果上等戶減少十分之四五的負擔，中等戶減少了十分之六七的負擔，下等戶基本上沒有負擔。此法同樣遭到反對，反對的理由是：一、歲有豐凶，賦稅可免，而役錢不可免，等於增加了一項苛捐；二、以前服役的都是鄉土本地人，現用錢雇募，難免奸偽之人充斥其間，有妨公務；三、以前農民出力不出錢，現在令出錢不出力，對百姓是一種損害。實際上，許多官員反對此法的根本出發點，在於此法廢除官吏之家免役的特權。

五、保甲法，熙寧三年十二月推行。規定：十戶為一保，五十戶為一大保，最富的戶任大保長，五百戶為一都保，設都保正和副保正，由最富戶和最有才能的人擔任。戶有兩丁以上，出一人為保丁，保丁每夜輪流巡邏，捕捉盜賊有賞錢，盜賊三人以上在保內停留三日以上，同保內不論知情與否都要受處罰。保內有人犯法，知而不告要連坐。各保可以自置弓箭、刀、槍等武器。保甲法先在開封府實行，治安情況有好轉，以後逐步推廣到全國。但是王安石推行保甲法的目的並非僅是除盜，而是要「漸習其為兵」，再免其稅賦，代替禁軍，然後裁軍省財費。這與范仲淹提出的府兵制相似。保甲法推行到第七年，即組織保丁七百萬人，經過軍事訓練的有五十多萬。反對者認為國家承平日久，民不知兵，一旦推行保甲，將使百姓騷動。而民兵終歸不是正規軍，恐無戰鬥力。

六、市易法，熙寧五年三月推行。此法是設立官辦商業機構市易司，由財政出錢、帛為本錢，凡滯銷而跌價的貨物，以少增之價買進，待漲價時以少損之價賣出。各行業商販可以產業作抵押，並以五人作聯保，從官辦的商業機構貸款或賒購物品，半年加十分之一利息，一年加十分之二利息。這和漢武帝時的「平準」相似。市易法在京城施行後，很快推廣到全國十幾個城市，經營利潤在百分之二十五左右。這實際上是把囤積居奇、操縱市場的大商人的利益轉化為國家的利益。反對者以「官吏容易作奸擾民」和「與民爭利」為藉口對此大加攻擊。

七、方田均稅法，熙寧五年八月推行。到神宗時，北宋建國已逾百年，農村土地兼併現象已十分嚴重。全國一半以上的耕地被官員、地主佔有，但他們多數不承擔賦稅或瞞田漏稅，田賦不均的現象十分嚴重。此前，范仲淹推行「慶曆新政」時，歐陽修派人到蔡州（今河南汝南）核實土地，就查出無稅田二萬六千餘頃。河北肥鄉縣用千步方田法重新丈量核實土地，結果發現四百家無地而承擔田賦，一百家有田而不承擔田賦，該免除的免除，該徵收的徵收，共收回所欠田賦八十萬石。這些事例都證明，進行方田（丈量土地）均稅的必要。方田均稅法不是王安石首創，但在他手裏完成，前後推行十四年。

八、保馬法，熙寧五年五月推行。其全稱是保甲養馬法，結合保甲制讓百姓養馬。宋代的軍隊缺馬匹，朝廷闢有養馬場，但各地養馬場佔地五六萬頃，用五六千人（廂軍）養馬，耗費巨大，每年僅提供四五百匹馬，亟需改革。保馬法規定：百姓憑自願，可代官府養馬，養馬戶可免除一部分田稅，但馬死須賠償。先在開封實行，又推行到陝西沿邊境各路。計開封民戶養馬三千匹，陝西各路民戶養馬五千匹。王安石罷相以後，保馬法仍繼續實行，民間代官府養馬曾達到十萬匹。

九、免行法，熙寧六年七月推行。京城工商戶除納稅外，還須低價向官府提供所需物品，承擔官府差役，這成為工商戶的沉重負擔。這彷彿農民除了納田稅還要承擔差役一樣。商業行會提出，仿農民的免役法，由商戶出「免行役錢」，官府所需物品到市場上按價購買。於是，王安石就實行了免行法。宮中和官府所需物品由官府新成立的機構估價後購買。此法遭到皇室和後宮的強烈反對，因為採買人無法從中牟利。

十、將兵法，熙寧七年四月推行。此法改過去的「兵不知將，將不知兵」為「兵知其將，將練其兵」，從而提高軍隊的戰鬥力。同時大量裁減老弱兵士，使禁軍數量由一百二十多萬下降到六十多萬，節省了一半養兵費用。

王安石變法是在神宗強力支持下進行的，但神宗又無時不在動搖之中，他想改變積貧積弱的現狀，通過變法實現富國強兵，因而主觀上是支持變法的，但面對龐大的反對派隊伍的攻擊，他又時時改變主意，幾乎每一項變法他都經過一個贊成——動搖——堅持的過程。王安石不得不花費極大的精力，從理論到實際來說服神宗。如推行青苗法時，神宗動搖不定，王安石生氣地說：「臣論此事已及十數萬言，然陛下尚不能無疑。如此事尚為異論所惑，則天下事何可為？」次日即稱病在家並請求解職。神宗讓司馬光擬詔催王安石復職，而司馬光乘機用微妙的不客氣的語言刺激王安石，王安石便故辭不就。神宗又寫親筆信向王安石道歉，王安石才復職。神宗見王安石說：「青苗法，朕誠為眾論所惑……寒食（傳統節日）假中靜思，此事一無所害，極不過失陷少錢物爾，何足恤！」王安石糾正說不會失陷錢物，青苗法遂繼續推行。

神宗在王安石的不斷說服下，逐步加大改革的力度。熙寧三年，神宗罷退一批反對變法的大臣，而將王安石提升為「同中書門下平章事」，這個名稱就是宋代的宰相。王安石居相位，有了更大的權力，變法進入高潮階段。

可是，到熙寧七年，神宗受到後宮的巨大壓力，王安石不僅說服不了神宗，神宗反要說服王安石，那麼，王安石便只好辭職。

市易法、免行法侵犯皇親國戚的既得利益，於是宮內的后、妃和宮外的反對派一起向神宗施加影響。神宗的皇后向氏的父親，以及太皇太后曹氏的弟弟一直靠佔有各商行的物品牟利，如今被市易法、免行法斷了財路。於是，皇后向神宗訴苦，「乃至泣下」；太皇太后曹氏及皇太后高氏（神宗生母）「又流涕為上（指神宗）言新法之不便者，且曰：王安石變亂天下」。改革派內部的一些人也站出來攻擊市易法、免行法。神宗的主意發生倒轉，命王安石修改新法。王安石再也沒有耐性為神宗解釋了，便懇請辭職。

王安石辭職後出任江寧（今南京）知府。知府和宰相懸殊是很大的，但在宋代，宰相及部、院大臣外任州府，知州、知府內遷入相，是很普遍的調動，大臣們已習以為常。王安石的政治抱負受阻，便轉而把精力用在學術建樹上，這可能也是他懇請辭職的一個原因。王安石名滿天下，不光因為他的政治主張，還因為他的學術造詣。孔孟的儒家學說在宋代又得到發展，被後世稱為新儒學，也稱宋學。新儒學又分三個學派：王安石的新學——對《詩》、《書》、《周禮》進行全新的訓古釋義，「先儒傳注一切廢不用」；來自蜀地的蘇洵、蘇軾、蘇轍父子三人的蜀學——對《易經》、《論語》、《孟子》作出新解；程顥、程頤兄弟的理學——強調道德涵養，物我各一，認為「理」是世界的本源。當時，王安石的新學影響最大，蜀學次之，理學影響最小。王安石在江寧知府十個月任內，修定完成他在變法之前修撰的《周禮義》、《詩義》、《書義》，合稱《三經新義》。

王安石去職後，推薦以前曾擔任過宰相的大名府知府韓絳為相，改革派主將呂惠卿為副相。韓、呂二人仍繼續推行王安石的變法。可是呂惠卿以激進的方法推行新法，如放貸青苗錢時，讓互相結保的農民一起到官府辦手續，一個都不能少，使農民深受其困。呂惠卿又不把韓絳放在眼裏，二人遂生矛盾。韓絳便請求神宗重新啟用王安石，而自甘罷相。於是，王安石第二次被起用為宰相。王安石調整推行變法的方法，並使變法繼續推進。他修訂完成的《三經新義》作為教科書，頒布於太學，這也許是他最欣慰的事。王安石的新學成為最大學派，與神宗的支持分不開。在三年前，神宗就對王安石說：「今談經者人人殊，何以統一道德，卿所著經，其以頒行，使學者歸一。」王安石接到復任宰相的詔令而不推辭，可能也與他急於頒布《三經新義》有關。

王安石第二次任宰相持續一年半，再次請求辭相。這有四個方面的原因：一是王安石糾正了副宰相呂惠卿的激進方法，遂使二人失和，呂惠卿出任地方官。呂惠卿長期追隨王安石，不僅是變法的主將，還是王安石學術上的得力助手，二人感情深厚，但在王安石第一次罷相後，呂惠卿便不再聽從王安石，對王安石指導變法的來信置之不理。王安石復職後有病在身，呂惠卿向神宗說王安石稱病不理事，可見二人已不能相處共事。這使王安石心情十分沉重。二是王安石的長子英年早逝。其長子才華橫溢，和呂惠卿同為王安石學術上的助手，年僅三十三歲而亡。這使王安石「尤悲傷不堪，力請解機務」。三是神宗對王安石已「事多不從」，王安石感歎：「只從得五分時也得也。」神宗即位時才二十歲，毫無執政經驗，出於富國強兵的抱負和對王安石的傾慕，雖有動搖，但大體上對王安石能言聽計從，在位八九年後，越來越覺得維持變法派和反對派的平衡才能保證他統攬朝政，駕馭群臣。四是神宗放棄了恢復漢唐疆域的雄心壯志，令王安石失望。王安石復相後，遼宋重劃地界的談判尚未結束，遼無理要求代州以北三州土地，王安石多次表示堅決反對，而神宗對遼十分恐懼，最終棄地七百里，這使王安石對神宗十分失望。國家積貧積弱狀況未變，變法推進又舉步維艱，王安石心灰意冷，只有辭職，才可解脫。王安石二次辭相後，神宗讓他仍擔任江寧知府，但王安石退居江寧，卻不上任，利用養病之閒進行學術研究，撰寫了《字說》，校閱了《三經新義》，將發現的錯字及刪改的文字奏報朝廷改正。

綜觀變法之爭，不是忠奸之爭或君子、小人之爭，而是光明正直的飽學之士之間的政見之爭。

王安石的變法主張，是純從立法本身著想，而忽視了在執行時可能會出現的問題以及人事上的障礙，而反對王安石變法的人則注重執行過程出現的弊病，卻不考慮立法本身的正確性。也就是說，王安石變法偏重於「理想」，而忽略「現實」；反對派只重視「現實」，而不顧「理想」。反對派的人數大大多於變法派的人數，而且反對的聲浪洶洶持久，毫不減弱，那麼，變法必然阻力重重。如果王安石和宋神宗先營造輿論氛圍，統一人們的思想，使大多數人認同變法，那麼變法或可順利推行。

王安石畢竟是神宗時期第一重臣，辭相後，神宗給予他崇高的榮譽，加大學士銜，封荊國公。王安石辭相後，變法就由神宗親自主持。神宗急於增加財政收入和加強軍事力量，把免役錢的徵收標準由家產二百貫降至五十貫，年徵役錢增加三分之一，把自願養馬改為指令性養馬，使馬匹數量大增，但這兩項措施都加重了農民的負擔。王安石辭相的第四年，西夏發生宮廷政變，西夏皇帝被其母梁太后囚禁，邊將奏請乘機攻夏，神宗遂同意發兵，但兩戰皆敗，損失慘重，消息傳到京城，神宗對著早朝的大臣們慟哭。此後，神宗漸「鬱陶成疾」，一病不起，死於在位的第十七年（一〇八六年）。神宗一生致力於富國強兵，最後竟因兵敗國恥而死，蓋因宋代的體制問題積重難返，非為君者之罪。神宗「不治宮室，不事遊幸」，一心專注改革，興利除弊，被後世評價頗高。

神宗子即位，是為哲宗，年僅十歲，由神宗的母親太皇太后高氏聽政。司馬光自洛陽奔喪入京，高太后特遣使慰勞，問新朝之政何為先，司馬光答稱，應當廣開言路，凡知朝政缺失和民間疾苦者，皆可盡言。高太后深以為然，遂下詔令百官上書，一時上書者以千計，大多是批評變法之不當。高太后原本就是反對變法的，便任用司馬光為相，商議廢除新法。變法派引用《論語》上的話說：「三年無改於父之道！」司馬光反駁道：「以母改子，非以子改父也！」太后是神宗的母親，司馬光之言似可成理。

在一年內，司馬光和高太后依次下詔，將新法逐條廢除。其中方田均稅法已在北方推行，所謂廢除，只是不再向南方推行；免役法也未完全廢除，而是募役、差役兼行。在廢除新法的同時，變法派也紛紛被貶斥外任。

在江寧養病的王安石看到他的政治成果被毀於一旦，憂心如焚，一病不起，於哲宗元年的五月去世，享年六十六歲。蘇軾在奉詔為王安石撰寫的制詞中稱：「天命將有非常大事，必生希世之異人，使其名高一時，學貫千載；智足以達其道，辯足以行其言；瑰瑋之文是以藻飾萬物，卓絕之行足以風動四方；用能於期歲之間，靡然變天下之俗。」寥寥數語，對王安石作出公正而精闢的評價。蘇軾反對王安石變法，但不反對王安石其人，真君子也！

司馬光在復出為相前，居洛陽十五年，完成了輝煌巨著《資治通鑒》。在廢除新法之後，也於王安石去世的同年十月去世，享年六十八歲。

高太后聽政八年，任用守舊派官員，貶逐變法派官員。這期間，守舊派內部又有強硬派和緩和派之分，緩和派也受到強硬派排擠。高太后死，哲宗親政。哲宗宣布繼承神宗的改革事業，任用變法派官員，貶逐守舊派官員。哲宗親政七年而死，年僅二十五歲。這七年裏，哲宗和變法派不是一心一意從事改革，而是集中精力打擊守舊派，朝政逐漸走向衰落。

哲宗無子，其弟徽宗即位。徽宗昏庸，重用蔡京為相。蔡京是個政治投機者，王安石變法時擁護王安石，司馬光當政時擁護司馬光，哲宗親政時又擁護變法派。蔡京擅長書法，通過結交宦官童貫，得到堪稱書畫家的徽宗的賞識，遂擢升為相。昏君和奸相，打著繼承神宗改革事業的旗號，但並未推行改革，而是網羅黨羽，打擊異己。這時，所謂「變法派」、「守舊派」已成為派系鬥爭的符號，「變法派」不變法，「守舊派」不守舊，完全以是否擁護蔡京來劃分派系。

北宋末年的黑暗統治

徽宗在位二十五年，是北宋最黑暗的時期。徽宗與其父神宗一點都不一樣，他不理朝政，專事享樂。皇帝的享受和奢侈可不光是吃和穿，吃和穿浪費不了多少錢。他要用，一切物品極盡奇巧，專門成立一個「造作局」，有數千能工巧匠每天為皇宮生產器物；他要住，須大造宮殿園林，每天役使工匠上萬人，採伐運輸木料的役夫又有幾萬人；他要賞賜後宮、皇室和百官，動輒成千上萬。各項費用，每月需一百二十萬貫，一年就是一千四百四十萬貫，佔財政收入的十分之一強。

蔡京把持朝政，貪污受賄，賣官鬻爵以肥私；增稅加賦，搜刮民財以滿足徽宗的奢侈。增稅加賦的方法如：新增鹽茶稅名目，稅額增至十倍以上；在《商稅則例》之外，再提高商稅稅率，逐步提高到百分之七十；原來的「和買」是預付低價向百姓買絹，蔡京改為不付錢，讓百姓無償納絹；又發明「公田錢」，就是將超出田契的田視為「公田」，徵收「公田錢」，實為收地租，後將所有荒地都作為公田，強令農民承佃納租，進而將農民耕種的田使人誣告為荒地，耕種者便成了國家的佃戶。此外，為了滿足徽宗對奇花異木怪石的喜好，朝廷連年派人到南方民間搜尋，然後裝船運回，運花石的船隊稱為「花石綱」。綱者，十艘船為一綱。搜尋民間奇花異木怪石，常逼迫百姓拆房毀屋，傾家蕩產。花石綱持續二十年，是擾民之大禍。

如此搜刮，不斷激起民變。梁山泊漁民不堪漁稅沉重，紛紛參加宋江領導的起義。浙江農民深受「花石綱」之害，紛紛參加方臘領導的起義。方臘起義的檄文說：「東南之民，苦於剝削久矣！近年花石的搔擾尤其不堪，諸君若能仗義而起，四方必然聞風回應。旬日之間，萬眾可集。我們一鼓攻下江南郡，劃江而守，輕傜薄稅，十年之間，就能統一（北方）。」

宋江起義歷時兩年，被朝廷招安，後世演義成《水滸傳》。方臘起義比宋江起義規模大，歷時一年，也被童貫率數十萬禁軍鎮壓。

金軍侵宋

平息了農民起義，徽宗命童貫率軍北上伐遼。不是有「澶淵之盟」嗎？虛弱的宋軍怎敢伐遼呢？

原來，遼統轄的東北白山黑水之間的女真人已經建國自立，國號金，幾年來攻遼連連取勝。消息傳到宋，徽宗決定聯金滅遼，收回燕雲十六州，建立萬世功業。就在鎮壓方臘起義之時，宋遣使渡海赴遼東，與金人約定南北對遼夾攻，史稱「海上之盟」。「海上之盟」約定：燕京（今北京）由宋攻佔，滅遼後，燕雲地區歸宋，宋將原納給遼的歲幣轉給金。

童貫率十幾萬禁軍攻燕京時，遼已接近亡國，但是竟然打敗了宋軍，宋軍大多潰散，可見童貫的無能和宋軍的虛弱。最後燕京還是被金兵攻下的。兩國經過交涉，又達成協定：宋在「海上之盟」基礎上每年加付一百萬貫代稅錢（等於宋代金徽燕雲的稅）；金將燕京及西部六州歸宋；宋不得收留、招誘金的漢人邊民。可是宋接收的一京六州卻是七座空城，原來金把人口都強行遷走了。接著，原來的遼將張覺（漢人），先投降金，這時又叛金投宋。金遷走的漢人百姓也紛紛逃回歸宋。金認為宋違約。儘管宋已把張覺的人頭送給金，金仍以宋違約為藉口，在滅遼以後，發兵兩路，侵入宋境。

國難當頭，徽宗才下詔罷除花石綱、公田錢、造作局等暴斂苛政。

金西路軍包圍太原，東路軍兩個月後打到汴京城下，徽宗急忙退位南逃，太子趙桓即位，是為宋欽宗。汴京禁軍本來就兵力不足，戰鬥力不強，又被徽宗帶走數萬親軍。宋欽宗只得與金兵訂立城下之盟：割讓中山、河間、太原三鎮，以肅王趙樞、宰相張邦昌為人質。金兵接受了人質後退回燕京。

金兵離去，欽宗下詔嚴懲蔡京、童貫集團，蔡京死於被貶逐的路上，童貫等人相繼被處死。

被欽宗割讓的三鎮軍民堅決抵抗，不願降金，欽宗只好廢除宋金條約，而金以此為藉口，再次舉兵南下，又包圍了汴京。汴京軍民奮力抗敵，金兵攻城不下。可是，宋欽宗卻相信一個江湖騙子能調遣神兵打敗金兵。騙子聲稱神兵出戰，讓打開城門，結果騙子跑掉了，金兵卻乘機攻進城門。宋欽宗只得奉上降表。金兵脅迫南逃又回來的宋徽宗和宋欽宗及宗室四百七十餘人北歸。

金兵離開汴京前，金太宗（太祖之弟）冊立投降派宰相張邦昌為帝，統治黃河以南地區，黃河以北則劃為金的領土。金兵撤退後，康王趙構即位，是為宋高宗。高宗南遷，是為南宋。

西夏：官不給祿 兵不給食

西夏國力不能與宋相比，卻與宋對峙百年，還略佔上風。這要從西夏的制度上找原因。

曾擔任邊帥的范仲淹說：「西夏建官置兵，不用食祿。每舉眾犯邊，一毫之物，皆出其下。」一官不給祿，兵不給食，一切軍需，均由士卒自出。這是什麼制度？這是氏族部落制度。這種制度下的民族具有進攻性和掠奪性，而北宋軍隊的戰鬥力又是那樣低，所以西夏儘管國小民少，卻令北宋防不勝防。

西夏實行全民皆兵制度，凡十五歲到六十歲之間的成丁，都要承擔兵役。一家有二丁者，一丁為戰鬥人員，一丁為軍中勞役；一家有四丁者，二丁為戰鬥人員，二丁為軍中勞役。承擔兵役者，還要自備武器和軍糧。

西夏對宋發動戰爭，既是政治鬥爭，又是經濟鬥爭。在政治鬥爭方面，西夏獨立的地位因戰爭的取勝而越來越穩固；在經濟鬥爭方面，西夏雖然難以永久侵佔宋的土地，但從宋的土地上掠奪大量的糧食、牲畜和其他財物，以補充戰爭經費。

金滅遼以後，西夏向金稱臣，配合金攻宋，金把原屬於遼的陰山以南一片地區劃給西夏，西夏領土迅速擴大到原來的幾倍。宋在金的進攻下退守江南，西夏與宋的戰爭也到此結束。之後的七十多年，西夏沒有發生對外戰爭。西夏在這時才頒行相對較輕的賦稅制度，如規定無官方諭文，不許擅自收取租戶錢物及攤派雜役；農民可在所租土地邊緣的沼澤、荒地上開墾種植，三年內不納租稅，三年後一畝納穀三升。

七十多年的和平建設，使西夏的國力逐漸增強，但最終未能抵擋住蒙古的進攻。一二〇五年以後，成吉思汗五次攻西夏，西夏於一二二七年亡，歷一百八十五年。

遼的衰亡

遼從原始的游牧部落聯盟向封建制國家迅速轉化，其土地制度、賦稅制度也像其政治制度一樣，呈現出原始社會、奴隸社會、封建社會三種特點。

契丹八部的游牧地，一直保留著原始部落組織，其牧地歸部落所有，由所有部落民使用，部落民因地位不同、貧富差別，使用牧地的面積也有差別。游牧業有別於農業，游牧部落不可能像農業氏族公社那樣，以「共有地」所產作為貢賦，於是就把所有牧地都分給部落民使用，但不是平均分配，而是按部落民的地位、貧富分配。每個部落民則按牲畜的多少和佔有牧地的多少，向部落首領獻牲畜，部落首領則向皇帝貢獻牲畜。部落民不直接向國家貢獻牲畜，這是明顯的原始氏族公社特點。部落民被部落首領徵調服兵役，須自備武器、鞍馬，這又是原始氏族公社的特點。

遼的統治者在對外擴張的戰爭中，獲得大量戰俘，擄掠大量平民，這些人都成為貴族們的附屬民。附屬民有少量的財產，在主人的領地和莊園土地上從事牧業和農業勞動，對主人有很強的人身依附關係，不經允許，不得脫離主人。附屬民繳納的賦稅，是主人的私人收入而不是國家的收入；附屬民承擔軍役是被主人徵調而不是被國家徵調；主人隨心所欲地讓他們提供力役；主人可以按自己的意志將他們轉送與人。他們不是奴隸，但具有奴隸的特徵。

遼的統治者在對外擴張的戰爭中，佔領大量的農耕區土地，如燕雲十六州。為了穩固其統治，這些地區的土地制度、賦稅制度仍保持不變，即仍實行唐、宋的兩稅法，田賦計畝徵收，傜役按民戶物力高下徵調。遼有屯田，仿曹魏時的屯田制；有荒地，也仿漢制，招流民耕種，免數年賦稅，然後再徵稅。遼的不少貴族還兼為大地主，將土地租給佃戶耕種。這些都是完全的封建制。遼對田賦的徵收每年似無衡數，據蘇轍描述，漢人平時賦役頗輕，易於供應，但是每有急速調發之政，朝廷遣使持銀牌按戶索取，完不成賦稅，連縣吏也遭鞭打。蘇轍說，「此蓋夷狄之常俗」。可見遼在封建化的過程中，行政還常常表現出不規範的野蠻性。

「澶淵之盟」之後，遼、宋確立睦鄰關係，兩國往來多遣文學之士，歐陽修、蘇轍都曾作為使者訪問於遼。「澶淵之盟」條約規定，遼以兄長待宋，遼道宗皇帝便把宋仁宗的畫像供奉在廟堂之上，宋仁宗駕崩，訃告於遼，道宗為之哀傷流淚。道宗外交和睦，內政卻不穩定。先是重臣謀亂，後是佞臣擅權，前後達二十多年，撥亂反正後，道宗用人仍不能自擇，令各擲骰子，以勝者受任。看來朝政敗壞蓋因他本人昏庸無能。道宗在位四十七年死，皇孫耶律延禧繼位，是為天祚帝。何以傳皇孫而不傳皇子？原來，在佞臣擅權時，皇太子被誣謀反而入獄，又被佞臣所害。

天祚帝和宋徽宗同年即位，南北相仿，一對昏君。天祚帝寵信佞臣蕭奉先，委以朝政，自己專事遊獵、酗酒，荒淫無度。時女真首領阿骨打見遼國朝政敗壞，便稱帝自立，建國號大金。天祚帝發兵十五萬，御駕親征。不料前鋒將領竟率兵返朝，要推翻天祚帝，但事未成。金兵因此殺得遼兵大敗。這是一場決定性戰役，遼從此難以挽回敗局。此役之後，各地民變紛起，金兵節節進攻，遼兵節節敗退。阿骨打兵臨上京城下，天祚帝仍在外遊獵，這樣的皇帝豈不亡國。幾年之間，遼已喪失半壁江山，而天祚帝仍遊獵無度，賢臣良將多被貶斥，奸佞倖臣仍然得勢，軍民無不怨恨。天祚帝有文妃、元妃，文妃多才，作詞諷諫天祚帝：「不如塞奸邪之路兮，選取賢臣。直須臥薪嘗膽兮，激壯士之捐身」。天祚帝看了，心中不快。文妃生子封晉王，晉王德才兼備，臣下歸心。元妃是佞臣蕭奉先的妹妹，生二子，封秦王、許王。蕭奉先恐秦王、許王不得立，就向天祚帝密報，說文妃的姐夫、妹夫、駙馬密謀擁立晉王，逼天祚帝退位。天祚帝大怒，立即殺文妃的姐夫、駙馬，賜文妃死，晉王以不知情得以免罪。文妃的妹夫耶律余睹正在前線抗金，聞訊即率部投降阿骨打。阿骨打實力大增，揮師長驅直入。天祚帝驚慌失措，蕭奉先乘機又進讒言：「聞聽余睹率金兵而來，還是要擁立晉王。陛下誠能犧牲一子以絕余睹之望，則可緩和金兵。」天祚帝竟賜晉王自盡，結果群情憤恨，軍心渙散。天祚帝抵擋不住金兵，率五千騎兵，亡命西走。逃亡途中，天祚帝方才醒悟過來，召蕭奉先痛斥道：「我之至此地步，皆汝所誤，然而殺汝，亦無益。汝可不必隨我西行，以免軍心憤怒。」蕭奉先大哭而出，茫茫東走，被金兵所俘，後來輾轉被遼人劫去殺死。

遼有五京，金兵攻下四京，只留燕京未攻。按宋金「海上之盟」，燕京留給宋軍佔領。可是，宋軍卻敗給遼的燕京守軍。阿骨打見宋軍無用，就揮兵南下，奪取燕京。

天祚帝在逃亡途中被金兵擒獲，後被押至長白山幽禁，一年後死去。遼歷二百一十八年而亡。

遼宗室耶律大石率二百騎向西北亡走。耶律大石是耶律阿保機的八世孫，官至節度使，有文武之才。耶律大石一路受到昔日臣服於遼的各部族的資助，一直走到遼在大西北建立的軍事重鎮可敦城（今蒙古境內），才停下來。遼在全盛時，今內蒙、蒙古、新疆以及中亞的突厥、回鶻、沙陀等等許多民族都稱臣於遼，如今遼雖敗亡，但威望還在，而女真的勢力尚未向西延伸。耶律大石在可敦城召集周圍的部落酋長開會，說：「我祖宗艱難創業，歷九主、二百年。今東方金人作亂，逼中國家，殺我人民。我今西來，欲借諸位番王之力，滅我仇敵，復我疆域。」諸酋長一致表示擁護，遂集合部眾一萬多人，隨耶律大石進駐遼的北庭都護府所在地（今新疆烏魯木齊），在這裏整軍經武，伺機反攻。可是東方的局面已不可挽回，金滅了遼，又滅了北宋，其勢力也向西發展。耶律大石恐日後難以立足，就率眾繼續向西，來到位於中亞的一個叫起兒漫的地方，安紮下來建立國家，時在一一三一年，距遼亡六年。中國史學稱其為西遼，西方史學稱其為喀喇契丹。西遼與周邊國家展開土地爭奪戰，屢戰屢勝，直至成為中亞強國。

女真的崛起

女真人源於唐時的靺鞨族。靺鞨族世居今黑龍江與松花江合流處以下的黑龍江流域。靺鞨族在契丹語中讀作「女真」，於是便以「女真」之名記載於史。女真人的特徵是辮髮。

遼把接受遼人統治的女真稱為熟女真，把遠在東北方的、必須加以籠絡才歸附的女真稱為生女真。生女真較大的部落有幾十個，以完顏部最強。這幾十個較大的部落組成部落聯盟，完顏部的首領世任聯盟酋長。部落聯盟不斷征服分散的小部落，逐漸統一了松花江、長白山地區。這時生女真尚處在原始社會末期，沒有文字，沒有政府組織。遼亡之前的第五十年，生女真才歸附於遼，其酋長被遼授予節度使，世襲罔替。

女真酋長傳到第六代，已是遼亡前的第十一年。第六代女真酋長名叫完顏阿骨打，身長八尺，狀貌雄偉，為人沉毅寡言，胸有大志。阿骨打志在建國，率眾攻佔了遼的寧江州。這裏的居民都是熟女真，本是同族，故擁護阿骨打。於是，阿骨打稱帝（後世稱金太祖），取國號為金。為何稱金？《金史》記載阿骨打說：「遼以鑌鐵為號，取其堅，然亦易變壞，唯金不變。」建國後，阿骨打又攻佔遼的重鎮黃龍府。遼天祚帝聞訊，發兵十五萬，親征金國。金兵僅有兩萬，得報大為震動。阿骨打作戰前動員，情緒激奮。女真人有這樣的風俗：哀悼死去的親人，常以刀劃破臉面，讓血淚橫流，以示沉痛。阿骨打就在部眾面前，以刀劃面，仰天大哭道：我當初與大家起兵，為求自立，不料遼主竟起傾國之兵而來，要殺盡我們女真人。今日不如大家先殺我一族去降遼，或可轉禍為福。部眾見此狀，皆悲憤填膺，道：事已至此，我們皆願效力死戰，絕不投降。阿骨打率眾迎敵，人人拼死而戰。偏偏遼的前鋒將領要乘機推翻失去民心的天祚帝，率兵回取京城。天祚帝急忙撤軍。金兵乘勝追擊，殺得遼兵屍橫遍野，繳獲車帳兵器牛羊馬匹糧食不計其數。這一仗，成為遼亡金興的轉捩點。

遼軍大敗以後，契丹人不斷發生叛亂。遼初，契丹人殺漢人不犯罪。此時，朝廷卻在叛亂地區「命漢兒遇契丹則殺之。」阿骨打乘亂奪取遼的一片片土地。

女真人的部落，是軍政合一的部落。平時漁獵農耕，戰時人人皆兵，所有軍需，皆為自備。白山黑水的苦寒環境，鍛鍊出女真人堅忍耐苦、勇悍善戰的性格。常年的圍獵生活，鍛鍊出女真的戰鬥力。女真人以騎兵為主，以五十人為一隊，前隊二十人，全副重裝鎧甲，在前衝鋒陷陣；後隊三十人，輕裝挽弓，馳射掩護。每五人有伍長；每十人有什長；統三百戶者，為「謀克」，漢譯百夫長；統三千戶者，為「猛安」，漢譯千夫長；往上依次有元帥、萬戶、都統、都元帥。戰前，官兵環坐於野，討論戰法，議畢，痛飲盡歡，然後出征。戰時，為將者執旗先趨，士卒隨其所向而前，有進無退。戰後，舉行大會，當眾議功行賞，以鼓舞士氣。阿骨打統兵，極為嚴酷，發起衝鋒有回顧者，立斬，所以每戰必勝。

遼大敗之後，正規軍損失殆盡，又招募饑民二萬人組成軍隊，名「怨軍」。這些饑民來自遼東，因金兵的進攻而流離失所，名之「怨軍」，意在抱怨女真。「怨軍」毫無戰鬥力，一觸即潰。

阿骨打從稱帝到滅遼僅用十年時間。

金是由部落聯盟迅速發展起來的國家，其賦稅制度具有原始的公平性。

女真人的稅叫牛頭稅，名義上是稅牛，實質上是稅地，因為地是按牛的多少來分配的。其制度是：每三頭耕牛為一具，每戶以二十五人為限，授田四頃零四畝；不論是官還是民，每戶佔地不得超過四十具，即一百六十餘頃。每戶何以二十五人？因為部落民一般都是大家庭，而且還有家庭奴隸。佔地為何不得超過一百六十餘頃？這是為了抑制土地兼併，盡可能維護公平。在金滅遼以前，牛頭稅沒有定制，因戰事所需而定。滅遼以後，牛頭稅始有定制，但其定制卻有兩種，每牛具（即四頃零四畝）有時徵五斗，有時徵一石。僅是北宋兩稅法的四十分之一或二十分之一。牛頭稅如此之輕，有三個原因：一、女真人全民族都是統治者，因而皆受優待；二、女真人全民皆兵，服兵役的費用出自各戶，國家並不負擔，所以無須多徵；三、牛頭稅有公積金的性質，主要用於備荒，也用於支付猛安（轄三百戶）謀克（轄三千戶）的俸祿，這與原始氏族公社把部分納貢用於部落酋長生活消費相似。

北宋稅制及王安石變法失敗對歷史的影響

北宋的稅制可用四個字概括：稅重役輕。北宋稅制的基礎是兩稅法，但又沿納五代的雜稅，並且逐步增加本朝代的雜稅，這使財政收入逐年增加。可以說，北宋的稅制是利國的。而北宋的役制則是利民的。國家從貧苦農民中招募一支龐大的軍隊，士兵終生服兵役，其家屬也由國家供養，形同國家救濟；地方部隊（廂軍）承擔工程力役，又減輕了農民的勞役。這種利民的兵役制度存在著嚴重弊病，軍隊多而不精，養兵費用佔財政收入的十分之六七，故稱之為冗兵。再加上冗官的豐厚俸祿和朝廷的冗費，財政不堪重負，年年入不敷出，形成「積貧積弱」的局面。王安石變法就是要改變這種局面，但最終卻未能改變。王安石變法的宗旨是「民不加賦而國用足」，其核心是賦役制度的改革。綜觀各項變法，要麼對國有利，要麼對民有利，就是對賦役負擔輕的大地主、壟斷市場的大商人和既得利益的官僚隊伍不利。變法在行政強制下推行，在反對聲浪中失敗。北宋後期，財政更加「積貧」，軍隊更加「積弱」，朝政更加腐敗，終因不敵金兵進攻而退守江南。

經濟發達的北宋為何不敵經濟落後的西夏、遼和金？一個重要原因在於賦役制度的不同，導致軍隊的戰鬥力不同。封建化程度低，仍保持原始部落痕跡的民族，都是全民皆兵，軍需自備，這看起來是很重的賦役制度，但他們進行的是掠奪性戰爭，掠奪的財富大於戰爭付出，掠奪的土地和人口，又可以給他們生產財富，他們因而養成好戰的天性。西夏掠奪北宋，以戰養戰。遼掠奪北宋，使兵力更強，即使議和停戰，仍可獲得財富。迅速崛起的金，剛從原始部落轉變為國家，因而戰鬥力最強，兵鋒指向內部四分五裂的遼，十年滅之；鐵騎踏入軍備空虛的北宋，兩年奪取半壁江山。

宋太祖設計的空耗財力的兵役制度，意在防止農民起義，防止將領擁兵自重，卻難防外敵入侵。王安石變法意在改變祖制，富國強兵，卻因反對派勢力強大而失敗。應該說，北宋的賦役制度和王安石變法失敗，直接影響了北宋的防禦能力。假設王安石變法像商鞅變法那樣取得成功，那麼，歷史將會是另一個樣子。

22 南宋與金的對峙

戰與和

宋高宗趙構即位後，殺了金冊立的傀儡皇帝張邦昌，於是金第三次舉兵南下。金兵分為兩路：一路渡過長江，迫近揚州，高宗從揚州逃往鎮江，又逃往杭州，金兵焚揚州而返；一路攻陝西，佔領許多州縣。

宋高宗決定向金稱臣求和，但使臣還在途中，金兵又開始第四次南侵，目的是消滅南宋。仍然兵分兩路：一路過江，窮追高宗而未獲；一路攻陝西以求入蜀，也未達目的。金消滅南宋的目的未達到，便決定在所佔領的黃河以南地區再建立傀儡政權，冊封降金的濟南知府劉豫為帝，國號齊，建都大名府，後遷都開封。偽齊兩次侵南宋，皆被打敗，讓金大失所望，便廢掉齊皇帝。

從客觀上講，金的力量難以滅南宋，南宋也難以戰勝金。此時，金宋兩國朝中都存在主戰派和主和派。高宗罷免主戰的左丞相，讓右丞相秦檜獨自主持議和，其他大臣不得參與。金的主和派也掌握著朝政，將河南、陝西歸還南宋，南宋同意稱臣，每年貢銀五十萬兩，絹五十萬匹。

一年多後，金熙宗支持的主戰派佔了上風，將主和派皆處死，於是撕毀和議，興兵兩路第五次侵宋。一路為西路軍，付出慘重代價後終於佔領陝西，但難以入蜀。一路為東路軍，佔領開封後，在順昌（今安徽阜陽）遭到宋軍頑強抵抗而難以繼續南侵。在金兵圍攻順昌時，宋高宗派三路兵馬北進，策應順昌防衛，其意在於阻止金兵南侵而不在於收復中原，因為他的戰略目標還是要議和。三路兵馬中的岳飛所部卻志在收復中原，佔領洛陽、淮陽、許昌、鄭州、中牟，離金兵主力所在地開封只有六十里。金兵元帥兀朮（受《岳飛傳》影響，民間稱金兀朮）親率鐵騎一萬五千奔襲岳飛指揮部所在地郾城，岳飛率少量留守部隊拼力奮戰，擊敗金兵。正當金兀朮準備撤兵北返之時，宋高宗命三路北進的人馬退兵，將唯一的一次大好局面斷送。

幾個月後，金兀朮舉兵十萬，發動第六次南侵。在岳飛、韓世忠、張俊三大主力未直接參戰的情況下，南宋的其他部隊也將金兀朮擊敗，迫其北撤。宋高宗已經意識到金兵不可能威脅南宋的存在，轉而又擔心若打敗金兵，金朝廷可能釋放宋欽宗（宋徽宗已死）作為傀儡而威脅自己的帝位，因而決心求和降金。為達求和目的，高宗、秦檜收回岳飛、韓世忠、張俊兵權，張俊附和高宗、秦檜，韓世忠憤而辭官，岳飛被羅織罪名入獄，後被謀害。和議終於談成，南宋稱臣，劃淮河為界，歲貢銀二十五萬兩、絹二十五萬匹。歲貢比第一次和議少了一半，但南宋失去淮河以北的中原國土。這在西元一一四一年，宋紹興十一年，史稱「紹興和議」。七年後，金兀朮病死。

這次和議維持了二十年。這期間，金朝廷發生政變，丞相完顏亮刺殺金熙宗自立為帝。完顏亮地位穩固後，發動第七次南侵。這一次規模最大，意在一舉消滅南宋。完顏亮下詔，提前徵收全國五年的賦稅，遷入中原的猛安謀克自備軍器馬匹，二十歲到五十歲的女真男丁皆為兵。一一六一年秋，完顏亮親自率兵二十多萬南侵。一個月後，反對完顏亮南侵的將領率兵兩萬譁變，擁立新帝即位，是為金世宗。又過一個月，到達揚州的完顏亮得到消息，但他不顧後院起火，仍驅兵渡江，結果損失慘重。宋軍防守嚴密，嚴陣以待，金兵將領多認為渡江必敗，完顏亮下令：渡江失敗者斬。夜間，完顏亮在帳中被將領們亂箭射死。金軍向宋軍致函，表示立刻退兵，重修舊好。金世宗貶封完顏亮為「海陵郡王」，不承認他的帝位。

南宋朝廷也發生變化。宋高宗退位，宋孝宗即位。宋高宗為何主動退位？原來，南宋上自太后，下至大臣和各級官吏，都認為趙氏江山不穩，只因帝位沒有按宋太祖一脈相傳，而是按宋太祖之弟宋太宗一脈相傳的，傳至高宗趙構，無後嗣，其獨子三歲即亡，以後再未生育子女，只有還帝位於太祖一脈，才能保江山永固。宋孝宗就是這樣繼承皇位的，他是宋太祖的七世孫，以後的皇帝就都是太祖一脈。孝宗是主戰派，決心收復中原，發動南宋第一次北伐，但宋軍渡淮北上遭挫，只得與金議和，條約中不再向金稱臣，歲貢亦減至銀十萬兩，絹十萬匹。這在西元一一六四年，宋隆興二年，史稱「隆興和議」。

這次和議維持了四十年。在和平環境下，金世宗改善吏治，實行輕傜薄賦，災年減稅免勞役，開徵物力錢，讓富人多納稅，以使賦稅均平。金世宗在位的三十年，被史家稱為「治世」。宋孝宗在位時間與金世宗大致相始終，這段時期也是南宋政治最清明、經濟最興盛、文化最繁榮的時期，被史家稱為「孝宗中興」。

一二〇五年，南宋再次北伐。北伐的起因，是金統治下的蒙古正在崛起，所以南宋認為這是北伐的大好時機。宋軍渡淮北伐，佔領淮北，而金兵反擊，宋軍又南撤。金仍佔優勢，南宋歲貢不得不增至銀二十萬兩，絹三十萬匹，還有一次性犒軍費（戰爭賠款）三百萬貫錢。這是在一二〇八年。

六年後，金在與蒙古屢戰屢敗的情況下，向蒙古求降乞和。宋見金衰落，便停止歲貢。金雖然北面受蒙古進攻，在南面仍要以武力迫南宋屈服，不過，強勢已不如當年，雙方互相攻伐，相持十年，金屢戰屢敗。從一二二四年以後，金宣布「更不南伐」。

一二三二年，蒙古遣使與宋約定：南北聯合攻金，滅金後黃河以南土地歸宋，黃河以北土地歸蒙古。一二三三年，蒙宋聯軍包圍金哀宗於蔡州（今河南新蔡）。一二三四年，蔡州城破，金哀宗自縊，金亡，歷九帝一百一十九年。黃河以南土地並未歸宋，四十五年後，元滅南宋。南宋歷九帝一百五十二年，其中後三帝即位時皆為孺子，在位分別是二年、二年、一年，處在抗元流亡之中。

南宋的兩極分化

南宋在政治上，抗戰派與議和派一直鬥爭到南宋亡；在經濟上，兩極分化進一步加大，農民承擔的賦稅比北宋更重。

南宋的京城臨安（今杭州）是商業發展的一個縮影。朝廷南遷以前，臨安只是一個中等城市，和開封不能相比，到南宋末，臨安的人口已達到一百二十多萬，超過了北宋的開封。臨安的大街小巷都是商鋪，晝夜營業，交易繁忙。皇室和高官在臨安大肆建造富麗堂皇的宮室，日夜笙歌，花天酒地。街上到處是工役之人和挑擔子的小販，更有無業者「長幼啼號，口無飲食，身無衣蓋」，餓死在街旁。

南宋的田賦收入是兩極分化的有力證據。北宋的田賦收入最高時達到六千萬貫（商稅、專賣收入另計），朝廷南遷五十年後，田賦收入即達八千萬貫，而南宋的面積只是北宋的三分之二。這些收入主要出自中小地主和自耕農，大地主納稅很少甚至不納稅。

南宋土地兼併程度比北宋嚴重十倍。北宋的大地主、大官員一般佔田幾十頃，即幾千畝，南宋的大地主、大官員佔田幾萬畝、幾十萬畝的不在少數。奸相秦檜光是皇帝賜給的官田就達十萬畝，他利用權力兼併的土地比這個數還要大。秦檜倒臺後，其後代每年還有十萬石的租米收入，秦檜一黨的投降派將領張俊喜置田產，罷官後每年仍有六十萬斛的田租收入，據此估計，他佔田至少三十萬畝。主戰派的官員也有大量田地，他們被昏庸的皇帝羅織罪名罷免後，田產也隨之被沒收。據史載，這些被沒收的田產每年可收租七十多萬斛，據此估計，田產面積達三四十萬畝。岳飛被害後，被沒收的田產有一千多畝，算是最少的。南宋大小官員佔田是很普遍的。駐防的士卒開闢的荒田，往往被將領佔有；農民開闢的荒地往往被地方官和大地主佔有。土地兼併大多是巧取豪奪，能通過購買兼併就算是公平的了。

在南宋滅亡的前三十年，御史謝方叔上書，主張限田。他說：豪強兼併之患，至今日為極，若不限田，有所不可，這也是救世道的一個辦法。南遷一百二十年來，權勢之家日盛，兼併之習日滋，百姓日貧，體制日壞，上下煎迫……今百姓膏腴，皆歸富貴之家，租米有及百萬石者。百畝以下的小民，連年納稅充役，不堪重負，還受官吏催逼，不得已則獻田於巨室，以得免役。小民田日減，而保役（保甲之役）不休；大官田日增，而保役不及。似此弱肉強食，兼併浸盛，民無以遂其生。於斯時也，可不嚴厲限制兼併，以為之防乎？他的奏章沒有結果。

過了十幾年，有臨安知府劉良貴、浙西轉運使吳勢卿，建議將富豪之家過多的田地收歸國有。

丞相賈似道深以為然。賈似道是個弄權誤國的丞相，但在限田問題上決策是正確的。朝廷按官員的品級規定佔田的限額，對地主佔田也作出限額，超過限額的土地，國家購買其中的三分之一作為官田。預計可得官田一千萬畝，每畝收租六七斗，每年可得租米六七百萬石，以彌補財政赤字。可是在推行的時候，各級官員上下其手，將限田變成一項虐政。規定二百畝以下不在限田之列，不許購其田地，但官吏向富豪人家購田有難度，便採取攤派的辦法，不論田多田少，一律按比例派買，而且買價極低，使佔田二百畝以下者紛紛破產。由此可見，南宋的吏治是多麼敗壞，又可推知其他行政措施也好不到哪裏去。這樣的吏治無疑是南宋滅亡的原因之一。

嚴重的土地兼併，使一半以上的農民成為佃戶，這也比北宋嚴重得多。南宋的佃戶地位極低，有類農奴。南宋初，地主利用「契券」限制佃戶遷徙，如果無故離去，地主憑「契券」要人，佃戶「所在州縣不得容隱」。理學家朱熹向朝廷建議：地主向自己所在州縣訴理就可以了，由官府跨州縣追捕。地主不僅將佃戶限制在土地上，而且可以隨土地的買賣將佃戶的名字寫在契約上轉讓。到南宋末年，湖北峽州的地主可將佃戶像奴隸一樣「計其口數立契或典或買」。

南宋的地租一般為百分之五十，若用地主的牛具，則多交一成租。地主收租也像官府收稅那樣加「雀鼠耗」，一般每石至少加一斗，而且用大斗。史載「民田收租，皆加二三。」南宋田稅是向土地所有者徵收的，佃戶只承擔丁稅（人頭稅），不承擔田稅，但南宋中期朝廷明文規定，倘若地主到期違欠賦稅，官府可讓佃戶補償。其用意是讓佃戶以稅抵地主的租，但地主強，佃戶弱，地主仍讓佃戶足額繳租。有的地主和收稅的吏胥串通，故意直接向佃戶徵收田稅。久而久之，到南宋末年，佃戶代地主繳田稅已習以為常了。

南宋的兩稅（田稅）沒有比北宋增加，但又增加一些新的稅種和新的附加稅。比較著名的有：經總制錢——經制錢和總制錢的合稱。「經制」、「總制」都是官署的名稱，因這兩個官署負責徵收這兩種稅而得名。這兩種稅實質上是商業附加稅，分很多細目，就是對民間一切錢物交易，按《商稅則例》徵稅後，再加徵五%的稅。在有的地區，經總制錢甚至是田稅的三倍。月樁錢——戰時為增加軍費，朝廷令各州縣在原稅額之外再按月定額籌集軍費，稱為「月樁」，州縣只有向農民攤派。耗米——北宋的省耗、雀鼠耗一般為百分之二十，南宋增加到百分之五十至百分之百。和預買——和買、預買的總稱。和買是官府按公道價格買絹；預買是官府預付款買絹。但這都是當初的做法，久而久之，形成習慣，付錢漸少，最後不給錢，讓農民納絹，成為新稅種。預借——實為提前徵稅，預借的專案有兩稅、免役錢、契稅等等，先是預借明年的，直至預借六七年以後的。科配——不定時地在兩稅之外按比例加派，多時加派七八倍。

統算起來，南宋普通農民承擔的賦稅是北宋的好幾倍，官戶、上等戶擁有大量的土地，但往往依仗權勢少繳稅甚至不繳稅，南宋的無稅田因而比北宋多。朝廷南遷二十多年後清丈土地，清丈前徽州官府掌握的田畝為一百五十萬畝，清丈後，增加到三百萬畝，多出的一百五十萬畝就是無稅田。南宋中期賦稅不均的情況更嚴重，不斷有官員呼籲再次丈量土地，但由於佔田多的官員的抵制，根本無法行。到南宋末，「有田未必有稅，有稅未必有田」已是普遍現象。

金代稅役制度

金實行兩稅法，稅額是：夏稅畝取三合，秋稅畝取五升，此外納稭稈十五斤，作為飼草。夏、秋稅為何懸殊如此之大？因為金的發源地在東北，以春播秋收的作物為主，越冬的秋播夏收作物很少。金的兩稅法與宋不同之處在於：一、金徵收的是糧食，不折錢，也不折絹；宋徵的是錢，並且折糧折絹，官府往往按低價多折，加重納稅人負擔。二、金規定向官倉輸糧，可依道路遠近折減其稅，等於官府承擔運費；宋則加收腳費，等於農民承擔運費。三、金的稅糧無任何附加，而宋則加收「雀鼠耗」和「省耗」。

金在兩稅法之外另徵戶調，戶調按桑田面積徵收。金規定，漢民必須以其土地的十分之三為桑田，女真人必須以其土地的十分之一為桑田。金的戶調與唐的戶調不同，唐的戶調是按戶徵收。金世宗時期開始徵物力錢。「物」就是資產，「力」就是勞動力，按資產和勞動力的多寡定出等級，按等級定稅率，資產越多，稅率越高，反之則低。這屬於累進制稅率，是很公平的。按資產定稅率、定稅額，就需要定期核實資產和戶口，金代每三年核實一次。

綜合起來，金代的稅制是租庸調和兩稅法的混合體，比宋的賦稅輕。

金代的賦稅還有個特點，就是和平時期輕，戰爭時期重。如金世宗在位的三十年，正處於和平時期，就屢次減免災區賦稅。但若發生戰爭，所需軍用物資器材皆取自於民，人民不堪重負。此外，朝廷若缺糧，便實行官買制度，向人民強制購買糧食，只許民間留當年口糧，其餘全部以較低的官價買去，人民飽受其害。

金代的兵役也像物力錢一樣是按財產多寡、人丁多少徵發的，財產多、人丁多者，兵役重，反之，則輕。服兵役者還要自備衣糧，這項負擔甚至重於田畝之稅。金代軍隊以女真人為主，也有漢軍。這種兵役制度對所有女真人（約有數百萬人）實行，也對部分漢人實行。女真人的稅賦一般比漢人輕，但往往終身不能擺脫兵役之苦。滅遼以後，女真人就有了厭戰情緒。當金兵入燕京時，被俘的漢人聽到金軍兵士每夜嗟怨，說和契丹已交戰十年，如今還要南下，不知何日可以還鄉。金廢傀儡皇帝劉豫而發兵，女真人以為又要和南宋開戰，都很恐懼。太原府祁縣女真千戶（轄三千戶）斜也（人名），接到出兵命令，與其家人抱頭痛哭。他殺了一頭豬，裹以自己的衣服，埋在後營，對外說：「斜也已亡，葬之矣！」徵發漢人，常引起州縣騷動，家家號泣嗟怨。有的地方民眾不肯從，便把徵兵的官員逮住殺掉。

金代的力役也很繁重，造宮殿，築河堤，造戰船等等，動輒徵發數十萬人，半年一年不得歸，死傷無數。金代中期以後，始有服役免稅制度。金代晚期，為抵抗蒙古軍進攻，每州縣都在加固城牆，深挖城壕，動用民力無數。不過，徵力役和徵兵役一樣，也是先征富人，後征窮人。官員之家雖可免役，但須出雇傭錢。

南宋和金的稅制對歷史的影響

南宋的經濟發展，賦稅加重，使偏居江南的南宋朝廷「直把杭州作汴州」，繼續維持奢侈腐朽的生活，也使抗金、抗蒙古的戰爭有了雄厚的財力支持。南宋繼續實行募兵制，但允許將領募兵，著名的岳家軍就是岳飛招募的軍隊。應募的士兵是出於民族情感，報國之心，而不是為了養家糊口。因此，南宋軍隊的戰鬥力要比北宋強得多，金兵七次南侵，均未達到戰略目標。當然，鉅額的財稅收入也使投降派得以花錢議和買平安。南宋也讓蒙古付出慘重代價。蒙古滅金，用了二十多年，而滅南宋用了四十多年。南宋軍隊是蒙古征服世界過程中遇到的最強勁的軍隊。南宋滅亡，只因懦弱昏庸的度宗皇帝不理朝政，無德無才的奸相賈似道弄權誤國。

金是剛從部落聯盟轉化而成的國家。國家的賦稅一般隨著封建化程度的加深而加重。金代的封建化程度較低，所以賦稅較輕。女真人承擔的賦稅最輕，因為他們仍處在部落性質的猛安謀克組織之中。猛安謀克是軍政合一的組織，平時是政府組織，戰時是軍事組織。女真人是國家主要的武裝力量，平時卻無須國家供養，因為國家授予他們充足的土地。女真人在戰時人人皆兵，自備兵器馬匹，也減輕了國家的軍費開支。軍費對財政無壓力，國家自然不必多徵稅，漢人因而稅賦較輕，輕於北宋，更輕於南宋。較輕的稅制，對金代統治者收服中原民心，穩定統治地位，產生了重要影響。金代後期，女真人已喪失尚武精神和騎射素質，所以不敵蒙古軍隊，漢人武裝成為金代統治者重要的軍事力量，但是已經難以挽救金代統治者滅亡的命運。

23 元朝興衰與稅制的關係

統一蒙古

塞北草原游牧民族有史以來就能征善戰。他們強大的騎兵軍隊機動性強、攻擊力強，中原農耕區域以步兵為主的軍隊難以抵擋他們的進攻。他們的社會形態處於原始社會末期至奴隸社會初期，全民皆兵，人人好戰，在戰爭中掠奪，以掠奪為戰爭目的，掠奪性的戰爭是他們最有效的生產方式。因此，當一個民族在草原上崛起，雖然只有幾十萬人，多時也不過一二百萬人，就能征服幾千萬人的農耕區域。歷史證明，在冷兵器時代，越是社會形態落後的民族，其軍事能力越強。

建立元朝的蒙古族比草原歷史上的其他民族都強大。秦漢時匈奴是漢朝的強敵，但它沒有征服漢朝，卻亡於漢朝。唐時突厥興盛不久即被唐朝打跨。西晉之後鮮卑族僅佔領中原地區。宋時，契丹僅佔領漢族的邊緣地區，女真佔領淮河以北地區即成強弩之末，難以跨淮過江滅南宋。唯蒙古以摧枯拉朽之勢滅西夏、滅金、滅南宋佔領了全中國。不僅如此，它還橫掃歐亞大陸，統治中亞、西亞和部分歐洲土地。

蒙古的強大，源自成吉思汗。汗是部落聯盟首領的稱號，相當於漢人的皇帝。「成吉思」三字有三種解釋，一是成書於蒙古統治時期、記述蒙古歷史的《史集》解釋說：「成」是強大的意思，

「成吉思」是這個詞的複數。我們可以理解為「最強大」。二是南宋赴蒙古的使臣回去後寫的見聞錄解釋說：「或曰成吉斯（思）者，乃譯語天賜二字也」。三是法國一名漢學家寫的《馬可波羅注》解釋說：成吉思意為海洋。相比較而言，我們寧願認可蒙古官方史書《史集》的解釋。

成吉思汗的名字叫鐵木真，他的先祖連續幾代被各部落選舉為可汗，即部落聯盟首領。他的家族被稱為黃金家族。他的父親叫也速該，《史集》記載也速該是蒙古部落聯盟的首領，而另一部重要的蒙古史書《元朝秘史》卻沒有這樣的記載。今天的蒙古史家認為，也速該時，部落首領之間積怨不和，可能沒有選出共同的首領，也速該即便不是聯盟首領，也是本部落首領。

鐵木真九歲時，他的父親也速該領著他去很遠的另一個部落為他求親。原始社會末期，部落內因血親相近，是絕對不允許通婚的，只有不存在血親或血親很遠的部落之間才可以相互通婚，同時還存在部落間搶婚的習俗，鐵木真的母親就是他父親也速該在半路上攔截其他部落的婚車搶來的。因為是習俗，被搶的姑娘及女方家人也都認可。也速該為鐵木真求到了親，按風俗，鐵木真應留下住一段時間。也速該在返回的路上，遇到一夥人在席地用餐，他也餓了，就下了馬。那夥人招他前來一起用餐，卻在食物裏下毒，也速該回去三天就死了。那夥人是塔塔兒部落的，認出也速該就是在部落戰爭中殺死他們首領的仇人。

也速該死後，他的部落叛散，部眾各自投靠其他部落。他的妻子領著未成年的鐵木真和幾個更小的孩子遊蕩在草原上，靠拾野果、挖草根、抓地鼠、捕魚蝦為生，還要時時躲避其他部落的加害。鐵木真長大，娶回了新娘，和幾個兄弟立志要重振家族。按風俗，新娘要陪嫁黑貂皮襖，這是拜見公爹的禮物。鐵木真把妻子陪嫁的黑貂皮襖獻給父親生前的盟友，這人是另一個部落的首領。

鐵木真獻禮後說：「您是我父親的盟友，就如同是我的父親。」按風俗，這一舉動還具有不言而喻的象徵意義，意味著鐵木真將來的部落將依附於他父親盟友的部落。這位首領深受感動，當場承諾，要幫助鐵木真重新收攏叛散的部眾。這位首領其實也是義不容辭的，因為也速該生前曾兩次幫助他奪回失去的首領地位。與此同時，鐵木真也得到他結交的另一個部落首領的幫助。在這兩個部落首領的幫助下，鐵木真還憑著自己的勇猛頑強、才智超群，以及父祖的威望，感召越來越多的舊部眾和其他部落的人前來投奔。

在二三十年的時間裏，經過出生入死的許多次部落間的戰爭，鐵木真統一蒙古各部落，又征服東、西、北其他民族的各部落，實現了整個蒙古草原的統一。歷史學家把蒙古各部落稱為「蒙古本部」，把鐵木真征服的其他民族的各部落稱為「蒙古諸部」。隨著蒙古的強大和歷史的發展，蒙古諸部漸漸和蒙古本部融為一體。

在統一戰爭中，部落間的戰爭一般規模較小，因為一個部落一般只有幾千人；部落聯盟之間的戰爭一般規模較大，因為一個聯盟至少有幾萬人。對一些強大部落，鐵木真只有將敵對的首領及其可能的繼承人殺掉，其部落才會歸順，只要敵對的首領或其繼承人不死，其部落隨時都可能反叛或東山再起。也有不戰而屈人之兵的。有的小部落攝於鐵木真的威勢，首領甘心率眾歸附。

蒙古人的戰爭動力是復仇，各部落間的恩恩怨怨太多了；蒙古人的戰爭目的是掠奪，因為自然的生產方式集聚財富太慢了；蒙古人的戰爭藉口是違約，對違約者必伐。

一二〇六年春，五十二歲的鐵木真在他的駐地召集各部落首領大會，選舉全蒙古的可汗（聯盟首領）。這個可汗不同於以前各聯盟的可汗，因而各首領提議稱為「成吉思汗」。這是一次沒有懸念的選舉，但必須通過選舉，可汗才具有合法性，蒙古有史以來每個可汗都是通過選舉產生的。這種民主制在全人類各民族的原始社會末期普遍存在著，有的還延續到奴隸制社會。

成吉思汗百戰百勝的法寶

成吉思汗統治下的蒙古不過百萬人口，竟能滅西夏、滅金、滅南宋並橫掃歐亞大陸，除了戰略、戰術、戰鬥力的優勢，最主要的法寶是他建立了護衛軍制度。他的護衛軍在他還是部落首領時就建立起來了，隨著統一的步伐，由開始的幾十人逐步發展到幾萬人。他的護衛軍是一支直屬他領導的脫離生產的常備軍，不光肩負軍事使命，還肩負管理部落事務的政府職能。這支隊伍用部落民的貢納來供養，也就是說向部落民徵收賦稅來保證這支隊伍的一切費用。這在草原歷史上處在原始社會形態下的其他民族是不曾有過的。以前的部落，是軍政合一的組織，部眾平時放牧，戰時打仗，沒有脫產的軍隊，更沒有用賦稅供養的軍隊，因為從來不徵賦稅。關於成吉思汗的賦稅制度，史料不詳，大概是按需徵收，沒有定制。若從賦稅角度看歷史，我們可以說，成吉思汗取勝的法寶就是在賦稅制度基礎上建立他的護衛軍這個強力高效的戰爭機器。

成吉思汗的護衛軍由貴族子弟和千戶長、百戶長、十戶長的子弟以及平民勇士組成。在全民皆兵的社會裏，這是一支最精銳的部隊，享有很高的榮譽，有優先分配戰爭繳獲物的特權。在視當兵參戰為權利，視戰爭掠奪為生產，視負傷犧牲為光榮的軍事部落聯盟裏，這支軍隊對部落民有極大的吸引力，因而可以汰劣補優，永葆朝氣。他們在戰鬥中率先衝鋒陷陣，攻無不克，戰無不勝。

除了護衛軍制度，成吉思汗還建立千戶長制度（共任命九十五個千戶長）和斷事官（相當於法官）制度，頒布法律（稱「札撒」，主要是成吉思汗的號令），創造文字，從而形成國家的雛型。《元朝秘史》記載，成吉思汗對他的兒子們說：「天下地土寬廣，河流眾多，你們盡可以各自去擴大營盤，征服邦國。」《史集》記載：成吉思汗訓示諸將：「男子最大之樂事，在於壓服亂眾，戰勝敵人，奪取其所有的一切，騎其駿馬，納其美貌之妻妾。」蒙古建國之後，已與西夏、金接壤，西夏、金以及中原地區比蒙古富裕，令蒙古人垂涎，於是成了成吉思汗的掠奪對象。沒有證據證明成吉思汗有一張擴張的藍圖，他是隨著掠奪戰爭的進程而逐步佔有廣大區域。

在建國的前一年，一二〇五年，成吉思汗就以西夏接納蒙古仇人為藉口進攻西夏，擄掠大量人口、牲畜。一二〇七年，又一次進攻西夏，遇到頑強抵抗，未敢深入。一二〇九年，第三次攻西夏，包圍西夏京城，西夏帝被迫稱臣，獻女求和，年年納貢。

一二一一年，成吉思汗以復仇為號召，統率大軍攻金。蒙古各部統一前，先是臣服於遼，遼亡又臣服於金，但時降時叛。金世宗開創中原「治世」，但對蒙古各部則殘酷鎮壓，每三年出兵一次，剿殺蒙古各部成年男子，名曰「減丁」。因而，金是蒙古不共戴天的仇敵。面對蒙古軍的入侵，金調集三十萬大軍與蒙古決戰，結果大敗，史稱「金人精銳盡沒於此」。

一二一三年，二次攻金，兵分三路南下，直抵黃河，蒙古軍像梳子一樣把河北、山東梳了一遍，如入無人之境。史載「凡破九十餘郡，所過無不殘滅。兩河山東數千里，人民殺戮幾盡，金帛、子女、牛羊馬皆席捲而去，屋廬盡毀，城郭丘墟矣。」一二一四年春，三路兵匯合，圍金中都（今北京），金帝被迫獻金帛、公主、童男女求和。蒙古退兵，金遷都南京（今開封），北方空虛。

一二一七年，成吉思汗命大將木華黎率兵數萬全權主持攻金。這時，金的女真人軍隊已經衰弱，而蒙古兵力也有限，因而雙方都極力爭取漢人地主武裝。木華黎一二二三年死，其子襲職，父子與金相持十年，河北、山東盡歸蒙古。

一二一八年，成吉思汗派兵西征滅了西遼。西遼是遼亡後契丹貴族耶律大石率部西遷建立的國家，曾一度為中亞霸主，位置在和闐（今新疆和闐縣）之北，西鄰花剌子模。在蒙古出征之前，西遼發生內亂，國力已衰落。

一二一九年，成吉思汗統率二十萬大軍西征已成為中亞霸主的花剌子模。五年前，花剌子模遣使要求與蒙古通商。一二一八年，蒙古商人到達花剌子模邊境城市。該城長官貪圖商隊財物，報告國王誣商隊為間諜，經國王同意，竟將商隊成員全部殺害。有一名駝夫僥倖逃回，報告成吉思汗。成吉思汗遣使三人前去責問，結果一人被殺，二人被剃掉頭髮鬍鬚（這是一種侮辱）放回。成吉思汗大怒，決定征討。

這次征討，是成吉思汗發動的最重要的一次戰爭，作了充分準備。西征軍中，除了作為主力的騎兵部隊；還有炮兵，掌火炮；有工程兵，掌攻城器械和橋樑架設。這些專業人才，都是征西夏、征金得到的漢人。蒙古軍隊動輒屠城，但從不殺軍事技術人才。沒有這些軍事技術人才，蒙古騎兵是越不過城牆的。隨行的還有回回商人，他們對中亞一帶的地理交通和花剌子模國內的情況瞭如指掌。花剌子模攝於蒙古的威勢，上下對於戰、降、逃意見不一，蒙古軍得以逐城擊破。凡降者，只要貢納財物，全城皆活；凡抵抗者，城破後全城盡屠，拆毀城市，掠奪一切財物。攻城使用的繩梯、雲梯、拋石機、火炮，令守城的花剌子模軍民驚恐萬狀，因為他們從未見過。追擊逃敵，蒙古軍抵達印度。俄羅斯南部的一些大公國（相當於中國的諸侯國）援救花剌子模的，也遭到蒙古鐵騎的踐踏。在數十場戰役中，蒙古軍僅因輕敵失敗一次。這次出征，歷時六年。成吉思汗在花剌子模及其周圍的被征服地區置官鎮守，然後率大軍滿載財物於一二二五年春回到蒙古。

接著，進攻西夏。成吉思汗率軍西征時，已經臣服的西夏拒絕派兵從征。這是進攻理由之一。見成吉思汗長久未歸，西夏與金商約，共謀抵抗蒙古。這是進攻理由之二。一二二六年成吉思汗第四次攻西夏。一二二七年第五次攻西夏，殺西夏帝，西夏亡。此役，成吉思汗也病死在金境內的六盤山，埋葬地點成為千古之迷。

成吉思汗前半生對蒙古草原的統一，是他稱霸歐亞大陸的基礎，但並不值得全世界稱奇，因為這樣的統一戰爭在歷史上屢見不鮮。成吉思汗震撼世界的功業在於他後半生將疆土擴展到漢人地區和中亞的大部分地區。這雖然主要決定於他這個一代天驕的才能和他的軍隊的戰鬥力，但金、西夏的腐朽沒落以及花剌子模的散亂不統一也為他提供了歷史機遇。

耶律楚材訂法立制

成吉思汗在攻金時很注意收攬人才，他聽到耶律楚材的名聲，就在一二一八年三月徵召耶律楚材隨從他西征。耶律楚材見蒙古方興未艾，勢不可當，便決心投身其中，實現自己以儒治國的政治理想。

耶律楚材是耶律阿保機的九世孫，博學多才，先任金開州（今河南濮陽）知州，後為金廷重臣。其父是金朝有名的學者，曾參與編撰遼史，為他起名楚材，據說取自《左傳》「楚雖有材，晉實用之」。

在成吉思汗大營，耶律楚材主要做兩件工作，一是漢文書記，二是占卜星象，相當於秘書兼顧問。蒙古人以「長生天」為神，因而對星象占卜深信不疑。來到中亞，耶律楚材在占卜星象中發現了地理上的距離與天象的關係，提出「里差」這個概念，這是中國最早的「經度」概念。

耶律楚材一生輔佐成吉思汗和窩闊台兩代可汗。

成吉思汗一二二七年七月死，其三子窩闊台一二二九年八月繼位，中間這兩年，由成吉思汗四子拖雷監國。為何四子監國，三子繼位，拖了兩年？

原來，在成吉思汗西征花剌子模時，皇后想到這一去路途遙遠，經年累月，吉凶未卜，就建議成吉思汗指定繼承人，以防萬一。成吉思汗與諸子、諸大臣公開議論此事。先徵詢長子朮赤的意見，朮赤還未回答，性格暴烈的次子察合台便搶先說：「父親問朮赤，莫不是要委付他？他是蔑兒乞的種，俺如何教他管！」

「蔑兒乞」是成吉思汗初建部落時的敵對部落，他的妻子曾被蔑兒乞部落所俘，配給一名蔑兒乞人為妻，當成吉思汗把她營救出來時，在路上生下朮赤。她被俘的時間與孕期大致相近，所以朮赤的血統一直是個疑問。

朮赤受到侮辱，立即揪住察合台要搏鬥，諸大臣趕緊上前勸解。二人如此仇視，無論將來誰繼承汗位，都將發生內亂，於是，諸大臣一致同意成吉思汗指定三子窩闊台為繼承人。但是，成吉思汗死後，窩闊台並不能馬上繼位，按蒙古慣例，還必須召開忽里台（蒙語，意為部落酋長大會），由大家選舉，否則，便不合法。由此我們看到部落聯盟民主制仍在發揮作用。成吉思汗統一蒙古後，各宗親、貴戚、勳臣就相當於過去的部落酋長，必須把他們都召集到一起開會，選舉可汗。蒙古疆域遼闊，戰爭仍在進行，必須參加會議的人分布在遙遠的地方，召集到一起需要時日，於是就等了兩年。選舉大會開了四十天，才確定窩闊台繼位。看來是充分民主的。耶律楚材主持冊立儀式。他按中原王朝的禮制，要求參加大會的人向新可汗行跪拜禮。從此，在蒙古朝廷開禮制先河。成吉思汗在世時，大臣們也沒有向他跪拜過。

成吉思汗留下的蒙古國只具有國家的雛型，政權機構建設很不完備。耶律楚材向窩闊台建議：各郡設置文官治民，另設武官治軍，使雙方勢均力敵，互相牽制；中原物產豐富，是國家財用所出之地，應當存恤其民，州縣非奉國家之命，敢擅自徵收賦稅者治其罪，敢擅自截留挪用國家財物者治其罪；蒙古、回鶻、西夏貴族有土地不納稅者死，監守自盜國家財物者死；治死罪者，應申奏待准，然後行刑；地方官向諸王大臣貢獻禮物的風氣，為害非輕，應當嚴厲禁斷」。窩闊台認為，「貢獻禮物」是貢獻者自願的事，不必禁止，其他建議都加以採納。窩闊台在初建國家機構和秩序時就埋下腐敗的種子。據《元史》記載，當時「凡建官立法，任賢使能，與夫分郡邑，定課賦，通漕運，足國用，多出（耶律）楚材。」

成吉思汗時雖有貢賦徵收，但律無明文，行無定制，取無限量。窩闊台時，草原牧民的貢賦定為馬牛羊每百抽一，黃河以北漢民的賦調則由耶律楚材主之。耶律楚材建立賦稅機構，先是規定每戶每年納粟二石，繼又增為四石。後來通過普查戶口，朝廷掌握了人丁數量，耶律楚材仿唐租庸調法重新規定稅制，以詔令頒行。規定：每丁每年課粟二石，此為丁稅；上田每畝徵三升半，中田三升，下田二升，水田五升，此為地稅。丁稅地稅不兼徵，田多的戶，地稅多而丁稅少，須納地稅；田少的戶，地稅少而丁稅多，須納丁稅，大部分農民佔田少，須繳納丁稅，一般每戶有二丁，須繳四石。丁稅地稅相當於唐代的租。每二戶出絲一斤，作為戶賦繳給國家；五戶出絲一斤，由國家賜給分封的諸王。一斤為十六兩，平均每戶出絲十一兩二錢。這相當於唐代的調。

面對滅金戰爭中濫殺無辜的行為，耶律楚材總是力圖保全生命。一二三三年，蒙古軍圍攻開封，大將速不台主張城破之後按慣例屠城。這時耶律楚材擔任中書令（相當於丞相）已兩年，說話更有分量，他力諫窩闊台，不能得了土地失了人民，才使屠城之舉得以避免，救了城內一百多萬百姓。其中的「工匠釋道醫卜之流」各類人才，被他分散安排在河北各地，並給予贍養。開封城中的一代名士元好問給耶律楚材寫信，建議他對亡金士大夫能聚養任用，因為他們都是「民之秀而有用於世者」，還特別提供一份五十四人的名單。耶律楚材都照單接收。蒙古軍對開封百姓的寬大，以後成為定例。

耶律楚材許多意在保民的建議都被窩闊台採用。如取消「收留資助逃民者，滅其家，鄉社亦連坐」的法令；收回選美充後宮的詔令；改變在中原地區收括馬匹的意圖。

蒙古進入中原之初，存在著以耶律楚材為代表的「漢法」派同蒙古舊貴族「國俗」派之間的尖銳鬥爭。蒙古「國俗」如：西域商人物品失盜找不回來，由當地民戶賠償。諸如此類野蠻落後的習慣法都被耶律楚材廢止。耶律楚材還抑制西域商人的高利貸盤剝活動。蒙古人不善經商，在成吉思汗興起時，西域商人就進入草原，和蒙古的對外擴張相伴相隨。西域商人在中原放的高利貸，一年的利息為百分之百，以後每年本利加倍，叫「羊羔息」，漢人稱其為「驢打滾」。耶律楚材奏准撥出官銀借貸與民，規定不論年月遠近，利息達到債本一倍以後，不再生息，從而抑制了西域商人的高利貨。

「漢法」派與「國俗」派的鬥爭並非總是勝利。高利貸受限制以後，西域商人勾結蒙古貴族提出要以「樸買」來承包收稅。所謂「樸買」就是以超出朝廷所徵賦稅的數額來買斷某項稅收的徵收權。這辦法在古代的中亞、西亞以及羅馬帝國都曾經廣泛採用。有西域商人以五萬兩銀樸買燕京酒稅，有人以一百萬兩樸買天下鹽稅，還有人樸買天下河泊渡口和橋樑的通行費。窩闊台看到樸買可立刻收到大宗銀兩，竟也同意。樸買的商人買到徵收權後必然要向納稅人增加稅額以牟利，耶律楚材抗爭道：「此皆奸人欺上罔下，為害甚大」，奏請罷除樸買。窩闊台不聽，竟又將原為一百一十萬兩的中原賦稅以二百二十萬兩包給西域商人奧都拉合蠻。耶律楚材焦急萬分，聲色俱厲，說這樣做只能是「嚴役禁法，陰奪民利」，最後「民窮為盜，非國之福」。但窩闊台仍一意孤行。

在內政方面，窩闊台聽從耶律楚材，多有善政，但實行樸買是他最大的惡政。在對外擴張方面，窩闊台完成了成吉思汗未竟的事業。

滅花剌子模。成吉思汗當年西征，派兵追擊花剌子模國王札蘭丁抵達印度河而未獲，蒙古兵不堪炎熱天氣只好撤回。成吉思汗東歸後，札蘭丁從印度返回波斯，其弟已先於他在今伊拉克收羅舊部，兄弟倆又征服了今阿塞拜彊，重建花剌子模帝國。一二二九年，窩闊台即位後派三萬軍隊急速進征，札蘭丁在蒙古兵追擊下東躲西藏，後逃入今土耳其東部被當地庫爾德人殺死，其他頭目也被一一鎮壓。蒙古兵留駐波斯西部草原，鎮守著這片廣闊的區域。

滅金。一二三〇年，窩闊台開始實行滅金計劃，出兵陝西，接著進軍中原。蒙古軍在鈞州（今河南禹州）消滅金軍主力十萬，接著包圍開封。開封軍民頑強抵抗，但城中缺糧，金哀帝逃往歸德（今河南商丘），開封守將獻城投降。商丘糧盡，金哀帝又逃往蔡州（今河南新蔡）。南宋出兵二萬，並提供糧餉，協助蒙古軍圍攻新蔡。一二三四年初，新蔡城破，金哀宗自殺，金亡。

用兵南宋。滅金後，窩闊台違約，未把黃河以南地區歸還南宋。蒙古主力北撤後，南宋出兵中原，蒙古軍反擊，宋軍失敗。一二三五年，窩闊台三路發兵，進攻南宋，但皆遭失敗。

建欽察汗國。成吉思汗分封四子，把離蒙古本土最遠的一塊地方分給長子朮赤，這片土地以欽察草原為中心，大部分尚未被蒙古征服。窩闊台以第三子承汗位，不忘長兄，於一二三五年召開諸王大會，決定征服欽察國，讓朮赤（此時已死）之子就國。遂發兵十二萬歸朮赤之子拔都指揮，又讓諸王、駙馬、萬戶、千戶、百戶的長子隨征，故名「長子西征」。蒙古大軍輕而易舉就滅了欽察國，但欽察王室成員四散逃入周圍歐洲國家。為防止欽察國像花剌子模那樣死灰復燃，蒙古軍兵分三路，四處追擊欽察王室成員，橫掃東歐。按蒙古軍傳統，兵臨城下，降則不殺，抵抗則屠城，但歐洲人不知道蒙古軍的厲害，沒有一座城市投降的。蒙古軍攻入俄羅斯，以炮火攻破莫斯科、基輔等十幾座城市，殺人無數。攻擊匈牙利、波蘭、羅馬尼亞，亦以炮火攻陷布達佩斯等幾十座城市。波蘭求救日耳曼，兩國出動聯軍三萬人迎戰蒙古軍，結果大敗。蒙古軍每殺一人，割掉一隻右耳，以計數記功，共裝了九大囊。全歐洲震恐，羅馬教皇致書各國王公，號召合力禦敵。這時，窩闊台死訊傳來。因路途遙遠，傳遞消息用了半年時間。諸王長子都必須回去參加新可汗選舉大會，於是撤兵東歸。這次西征，歷時八年。從此，拔都就任欽察汗國。

窩闊台是飲酒過量而死的，在位十三年。在他的晚年，耽於酒色，怠於政事，「國俗」派勢力佔了上風，耶律楚材已無法主持朝政。窩闊台死，皇后攝政，皇后站在「國俗」派一邊，耶律楚材雖然繼續任職，但難於貫徹他的「漢法」主張，不過仍不遺餘力。「國俗」派藉口天象有變，要向西遷都，耶律楚材說這會動搖根本，將造成天下大亂，遂阻止西遷。掌握大權的「國俗」派人物向耶律楚材行賄五萬兩銀子，以求他不再堅持「漢法」主張，但遭拒絕。

皇后專權亂政，耶律楚材力爭不能止，於一二四四年五月抑鬱而死，享年五十四歲。「國俗」派有人誣他久居相位，貪污鉅款，誰知在他家中僅搜出十把琴和一批書畫、金石。

二十年後，耶律楚材子耶律鑄歷任中書左丞相、平章政事，因政局多變而屢罷屢起。

忽必烈：得賦稅而得天下

元朝是忽必烈建立的。在忽必烈之前，窩闊台之後，還有兩任短暫的可汗。

窩闊台死後，其皇后攝政五年，才召開選舉大會，選其長子貴由即汗位。貴由也參加了「長子西征」，當窩闊台去世的消息傳來，他正在匈牙利作戰。他平時與拔都不和，竟率領所部兼程先行，而拔都心中不快，故意一路逗留，遲遲不歸。攝政的皇后一催再催，拔都總是托故不來，這一等再等，幾年就過去了。攝政的皇后頗有權謀，以濫行賞賜博取宗親貴戚們的歡心，並發給牌印，憑牌印可向民間任意搜刮。她因此得以攝政五年而無人反對。這期間，她任用樸買中原賦稅的西域商人奧都拉合蠻管理中原所有事務，可以想知人民負擔是多麼沉重。拔都總算派了代表前來，與會者順從皇后的旨意，選舉貴由為可汗。西征時貴由威震歐洲，如今即汗位，據說連羅馬教皇都派專使持國書來賀，書勸可汗皈依天主，息止殺伐，貴由也作書回答。貴由即位數月，其母死去，遂下令處死貪財害民的奧都拉合蠻，收回其母濫發給諸王貴戚的牌印。貴由對外沒有用兵，但吐蕃（今西藏）各教派主動歸附。貴由最大的心病是拔都的不服，遂於一二四八年春假稱西巡，率他的護衛軍離開蒙古大本營。拖雷（成吉思汗幼子）之妻識破其意圖，遣急使報知拔都，於是拔都起兵東迎。當二人相距七日路程時，貴由突然病死。當時傳說是拔都派來的奸細毒死貴由，一說他與拔都之弟酒後鬥毆被打死。

貴由死後，其皇后攝政，但權力有限，威信遠不及拔都。皇后想讓其子即位，拔都想讓隨其西征的蒙哥即位。當時，成吉思汗的嫡系子孫已分為兩派：一派是長子朮赤一系（拔都是朮赤之子）和四子拖雷一系（蒙哥、忽必烈是拖雷之子）；另一派是次子察合台一系和三子窩闊台（貴由是窩闊台之子）一系。拔都勢大，不顧另一派的抵制，召集貴親、勳臣選舉蒙哥為汗。從此，帝位由成吉思汗的三子一系轉到四子一系。正當蒙哥舉行登基慶典時，次子系和三子系的諸王率眾而來，蒙哥的鷹夫（掌獵鷹訓練）在路上發現他們的車子裏暗藏兵器，知有異圖，便急馳報告蒙哥。蒙哥派兵攔截，將他們全部控制起來。經嚴刑拷打審訊，一名部屬供出密謀。接著便是骨肉相殘，先後誅殺三百多人。

蒙哥即位後，讓同母弟忽必烈總理漢人地區軍國事務，讓另一個同母弟旭烈兀去統治波斯，此為左右翼，他帶著最小的同母弟阿里不哥坐鎮蒙古草原。

當時波斯（今伊朗、伊拉克一帶）地方不靖，有亦思馬因人為患甚烈。亦思馬因是一個教派。

該教派是伊斯蘭教什葉派的一支，十分激進，富於神秘性，教主具有至高無上的權威，聚教徒築城堡自守，共有城堡三百六十座。其教徒皆為刺客，故稱暗殺族。據史載，該教派吸收教徒，先讓飲用加了麻醉劑的酒，及醉，如死如仙，扶入洞窟，享受音樂和美女，及醒，問其所見所為，並告之，能為刺客，死後即享福如此，又授之咒語，每日背誦，以蠱惑其心志，直至死而無悔，令其暗殺，必刺敵而後已。蒙古人是當地的統治者，據說該教派計劃潛入蒙古草原刺殺蒙哥。當地的伊斯蘭教視該教為異端，也深受其害，稱其亦思馬因，意譯為「迷途的人」。

一二五二年，蒙哥派旭烈兀西征，這是蒙古人第三次大規模西征。蒙哥命西域（含波斯）駐軍皆歸旭烈兀指揮，又從諸王所轄的軍隊中抽調十分之二撥歸旭烈兀，還特別組織一支一千人的炮隊隨軍西征。旭烈兀用火炮攻破亦思馬因人的一座座城堡，尚未攻擊的皆投降，蒙古軍將城堡一律平毀，將所有教徒全部殺死。旭烈兀遣使知曉黑衣大食（伊斯蘭教國家，衣服尚黑色）國王，而國王覆書不恭，旭烈兀大怒，決定揮兵征討，竟將黑衣大食滅亡，屠殺城中居民九萬。接著又乘勝攻佔敘利亞。這時，傳來蒙哥死去的消息，旭烈兀留下二萬軍隊，率大部隊東歸。留下的軍隊人數雖少，但勇氣不減，遣使埃及，促其臣服，埃及國王處死使者，迎戰蒙古軍。蒙古軍先勝後敗，幾乎全軍覆沒。蒙古向西擴張的勢頭，就此被阻。這次西征，歷時七年。旭烈兀不知何故，東歸至波斯就停留下來。

旭烈兀的西征部隊出發後，蒙哥又派忽必烈征伐大理（今雲南）。大理即唐之南昭國，自唐中期以來一直割據自立。忽必烈出六盤山，渡大渡河，過金沙江，歷時二年將大理征服，然後留兵鎮守，班師北返。

與南宋在四川的戰爭久無進展，一二五六年，蒙哥決定親征。大軍連破數城後，兵至嘉陵江上的釣魚城，圍攻五個月而不克，蒙哥也病死在這裏。

蒙哥死訊傳來，忽必烈正準備渡江攻鄂州（今武漢）。他不願無功而返，毅然渡江圍城，卻兩個月而不能破，軍中乏食，一半兵士染病，他的妻子遣使來報，說他的留守草原的同母弟弟阿里不哥正在徵發軍隊，有奪取汗位的企圖，請他速返。恰此時，南宋丞相賈似道遣使求和，願歲奉銀二十萬兩，絹十萬匹。忽必烈順勢許和，撤師北返。

一二六〇年初，忽必烈抵燕京，兄弟倆開始爭奪汗位。阿里不哥以留守監國的身分遣使竭力說服忽必烈回到草原，好在選舉大會上逼他就範，自己繼承汗位。而忽必烈的勢力範圍在中原，不肯北上。雙方使臣往返，交涉不斷，矛盾日趨激化。令阿里不哥想不到的是，在漢人謀臣的策劃下，忽必烈暗地裏說服一些貴親勳臣集合到開平城（今內蒙古多倫），召開選舉大會，搶先宣布繼承汗位，並按中原王朝傳統，建元「中統」，意為中原正統。而此前，成吉思汗、窩闊台、貴由、蒙哥四代可汗都沒有建立年號。一個多月後，阿里不哥也匆匆組織草原上的貴親勳臣召開選舉大會宣布繼承汗位。

一國不容二主，兄弟倆刀兵相見不可避免。雙方所掌握的兵力大體相當，但經濟力量懸殊。忽必烈控制中原賦稅錢糧，立刻命各地購買戰馬萬匹送到開平府，又徵調糧食十萬石送到軍前，同時斷絕由中原向草原的糧運。據《史集》記載：草原王庭的糧食「通常用大車從漢地運來，忽必烈封鎖運輸，那裏便開始大饑荒，物價騰漲，阿里不哥陷入了絕境。」阿里不哥不能坐困缺糧之城，遂率大軍南下，可是戰不能勝，便向西退去。忽必烈進入草原王庭，留下部分軍隊鎮守，又率大軍返回。一二六二年秋，阿里不哥休整後揮師東進，擊敗忽必烈留守草原王庭的軍隊。忽必烈又率軍北征，兩軍鏖戰一晝夜，不分勝負，雙方各引軍後退。相峙至冬，阿里不哥糧餉不繼，派人到支持他的察合台汗國調糧，不料他派的人卻扣留了籌集到的糧食。阿里不哥大怒，下令移兵西征，在伊犂河流域擊敗扣留糧食的叛將。到一二六四年春，當時大饑，軍心渙散，阿里不哥無奈，只好向忽必烈投降。忽必烈殺了支持阿里不哥奪汗位的人，卻不忍心殺自己的親弟弟。兩年後，阿里不哥病死。

忽必烈稱帝時，統轄的區域包括淮河以北的漢人區域、大理、遼東、蒙古草原和今新疆的東部、南部，中亞、西亞的四大汗國只是元朝的藩國，元朝只是它們的宗主國，統一的大蒙古國已不復存在。這四大汗國分別是：欽察汗國——轄地東自吉爾吉斯草原，西至匈牙利，以及裏海黑海以北的歐亞接壤地區，由成吉思汗長子朮赤的子孫統治；窩闊台汗國——轄地在阿爾泰山一帶及新疆的西北部地區，由成吉思汗三子窩闊台子孫統治；察合台汗國——轄地在新疆西部及中亞的吉爾吉斯、塔什干、烏孜別克一帶，由成吉思汗的次子察合台的子孫統治；伊兒汗國——轄地在波斯及阿拉伯地區，由成吉思汗四子拖雷的兒子旭烈兀（忽必烈同母弟）統治。其中窩闊台汗國存在六十年左右，因對抗元朝中央政府，其東部被元朝收回，西部被察合台汗國兼併，其他三個汗國存在到明朝初期，被帖木兒所滅。這個帖木兒原是察合台汗國的萬戶，後篡奪察合台汗位，又兼併欽察汗國和伊兒汗國，建立了龐大的帖木兒帝國。他接受群臣上尊號曰「成吉思汗」，自比蒙古太祖成吉思汗。他所向無敵，攻無不克，史稱「帖木兒風暴」。他北伐俄羅斯，焚毀莫斯科；南征印度，攻克德里，屠城五日；西討土耳其奧斯曼帝國，俘其國王。他只掠奪而不佔領，故稱「風暴」。他活到七十二歲死去，帝國也隨之四分五裂。

元代賦役繁重之根源

忽必烈一二六〇年稱帝，穩定中原和北方後，於一二六八年發動消滅南宋的戰爭。滅宋戰爭從圍攻襄陽開始，多次擊敗增援襄陽的宋軍，歷時五年，終於攻克襄陽。襄陽在漢江之畔，元軍（一二七一年定國號為元）主力出漢江入長江，順流而下。一二七六年初，元軍逼近臨安（今杭州），南宋朝廷投降。陸秀夫、張世傑、文天祥擁立新的幼帝，在流亡中堅持抗元。一二七九年初，文天祥在廣東海豐兵敗被俘，元軍將領讓他修書招降張世傑，文天祥書《過零丁洋》詩，留下「人生自古誰無死，留取丹心照汗青」的千古名句。張世傑在廣東新會崖山兵敗入海，船沉溺死。陸秀夫背負幼帝投海自沉。

蒙古軍隊一二一一年開始攻金，一二三四年聯南宋滅金，用了二十三年。一二三五年開始進攻南宋，一二七九年滅南宋，用了四十四年。

元朝在北方和南方實行不同的賦稅制度。

元朝建立以前，耶律楚材在北方仿唐租庸調制定了賦稅制度。元朝建立後，這一制度的基本內容未變，只是有所調整，地稅改為不分旱地水田，一律每畝三升，這對佔田多的富戶有利。大部分農民佔田少，不允許按畝繳納稅糧，須按丁繳納，每丁二石，一般戶有二丁，須納四石，每石另加鼠耗等折扣四升。戶調（絲賦）額經調整增加了一倍，平均每戶出絲二十二兩四錢。另外，又增加一項包銀（戶錢），平均每戶納銀四兩。

南方的賦稅依南宋舊制，仍實行兩稅法。南宋傳下來的稅制各地區很不均衡，也就繼續不均衡下去。有的地方每畝徵幾斗，有的地方每畝徵幾升，每石稅糧另加鼠耗等折扣若干升，後來又普遍增加稅額百分之二十。兩稅法是不徵戶稅的，但朝廷將北方的戶調（絲賦）、包銀（戶錢）也推行到南方。只因南方是將稅糧折錢徵收，所以把戶調（絲賦）也折錢徵收，名曰戶鈔。

不管北方、南方，役法是一致的。忽必烈在位的末期，元朝統計的人口大約為一千四百多萬戶，近六千萬人。其中大約有一百五十萬戶是專職役戶，分別是承擔兵役的軍戶、承擔驛站徭役的站戶、從事官府手工業造作的匠戶、從事官府鹽業生產的鹽戶，以及礦戶、爐冶戶、船戶，還有儒、醫、僧、道、樂等戶，他們除了「專業」，不承擔職役和力役，在稅收上有的減、有的免。職役主要是管理鄉民，催督賦稅，若催繳不足，由其代償，擔任職役可免力役，力役由農戶輪流承擔。富戶承擔職役常假官勢，侵漁百姓；貧戶承擔職役則常被官府敲榨，代償賦稅，賠累不起。力役由絕大多數農民承擔，特別是大型水利工程，動輒徵調民夫幾十萬。

上述元代規定的賦役制度本來就很重了，但在實行過程中更要繁重幾倍甚至十倍，如因戰爭或工程需要臨時加徵賦稅，一些地方增加新稅種，以及無理由的加徵，等等。究其根源，大約有五個方面。

根源之一是對外戰爭。

征服周邊的國家和民族是蒙古人的傳統，忽必烈建立元朝之後，繼續保持這種傳統。

降服高麗。在蒙哥可汗時，蒙古軍隊幾次東征高麗，高麗王被迫送子為質。忽必烈即位後，送高麗王子回國即位，高麗便成為元朝的屬國。

東征日本。忽必烈從高麗得知日本的情況，便讓高麗遣使為元朝使臣的嚮導，渡海去和日本建立關係。元朝的國書傲慢無禮，日本拒絕接受。再遣使，日本仍不理。忽必烈惱火，決定武力征討。一二七四年，元朝派水師一萬五千人，戰船九百艘，抵達日本，日本軍民紛紛逃匿。不料發生風暴，元朝軍隊的戰船漂流覆沒，士卒溺死不少，統軍將領奪日本漁船返回。第二年再遣使赴日本，竟被日本幕府扣留，五年後被殺掉。這時，南宋已亡，元朝兵力正盛，組織了一支由蒙古人、回回人、漢人、南人（元朝對南宋人之稱）混合組成的十幾萬人的軍隊，造戰船近萬艘，分兩路進攻日本。至日本島，突遇颶風，戰船或沉或毀，統兵將領竟棄兵逃回，可歎十幾萬人大部分被淹死或殺死。這是蒙古侵略戰爭史上最慘痛的失敗。兩次征日本，別的不說，光是造這麼多戰船就耗費無數財力民力。近有學者研究結果說，戰船遭颶風而毀，是因為戰船品質差。因造船數量大，而優質木材少，只好使用劣質木材；因工期催得緊，只好粗製濫造。

南征安南、占城。安南即越南北部，占城即越南南部。這兩個國家本來向元朝稱臣納貢，可是忽必烈還要派一批蒙古官員去管理地方，被拒絕，於是就征討。前後發兵四次，延續三十四年，因蒙古兵不服水土、不耐炎熱，死亡無數，終不能勝，最後只好仍接受稱臣作罷。

南征緬甸與八百媳婦。元朝兩次征緬甸，雖然迫其臣服，但死傷代價巨大。而處在泰國之北、雲南之南，當時俗稱「八百媳婦」的一個小國卻始終不能征服。御史陳天祥上書指陳用兵不當，從中可以看出元朝的戰爭如何得不償失。他說：八百媳婦乃蠻荒小國，取之不足以為利，不取不足以為害。發兵征討，既不制亂，反為亂所制，食盡計窮，倉皇退走，喪師十之八九。朝廷再發四省之兵，大發運糧丁夫，眾至二十餘萬。西南諸夷，皆崇山疊嶺，陡澗深林，其窄隘處僅容一人一騎，上如登天，下如入井。賊若乘險邀擊，我軍雖眾，亦無計可施，將不戰自困。且自征倭國（日本）、占城、安南、緬（緬甸）諸夷以來，近三十年，未嘗多佔尺土，多增一民，而戰爭所費，可勝言哉！

對南洋群島用兵。在忽必烈死的前一年，元朝發兵二萬，乘船千艘，載一年糧食，前往征服爪哇。島上的兩個小國正處於交戰之中，元朝軍隊幫助甲國打敗了乙國，卻受到甲國的襲擊，元軍不敢逗留，趕快撤回，士卒死者三千餘人。這是元朝海上用兵最遠的一次。

蒙古軍隊馳騁草原和平原，戰無不勝，並獲得巨大財富；而用兵海上和西南山區，因不適應地理和氣候，皆戰而無功，耗費財力民力無數。戰爭的損失都是農民的賦役負擔。

根源之二是朝廷好利。

忽必烈的徵稅方法和窩闊台時一樣，是包稅制，即把國家稅收承包出去，只要完成稅收額，不管承包人是怎樣徵稅的。包稅制的實行是兩種執政理念鬥爭的結果。在窩闊台時就存在的「漢法」派和「國俗」派的鬥爭，一直延續到忽必烈時代。主張「漢法」的漢人儒臣，在稅賦方面，竭力強調儒家學說中關於「節用」、「愛民」的思想，強烈要求忽必烈「不營小利，不責近效」，以利於國泰民安，江山永固。主張「國俗」派的蒙古貴族則堅持用蒙古原有的方法統治中國，一切以利當先，不顧及長遠。忽必烈受財政壓力的影響，捨棄儒家的「義」而取「國俗」派的「利」。他重用一個叫阿合馬的西域商人專管財稅，不讓其他任何人過問。至於這個阿合馬如何向民間任意勒索，朝廷概不過問。阿合馬是總包稅人，他再層層分包，常能超額完成稅收任務。如陝西稅額是一萬九千錠，有人說若盡心籌辦，可得四萬錠，阿合馬就按這個數包給了他，結果徵得四萬五千錠。阿合馬還對各級官吏進行審計，讓他們把截留的賦稅以及貪污受賄的錢都吐出來。這好比漁人和魚鷹的關係，也是阿合馬排斥異己的手段。為斂財，阿合馬又濫發鈔幣，使貨幣貶值。阿合馬專權二十年，培植黨羽，謀取私利，投機專營的官員有的向他行賄，有的把妻子、姐妹、女兒獻給他，有的買美女送給他，史載他有妻妾四百餘人。阿合馬引起百官共憤。有漢人千戶王著，讓人偽裝太子，騙阿合馬出來，王著抽出袖中暗藏的銅錘，將他擊斃。王著被捕下獄，但同時漢人官員紛紛揭露阿合馬的罪行。迫於輿論壓力，忽必烈下詔，罷免阿合馬黨羽七百四十人，他的四個兒子「罪重於父」，皆被斬。接著清查沒收阿合馬的鉅額財產。當時京城百姓爭相酤酒相慶，酒肆斷酒三日。

忽必烈「好利」之念不改，又任用漢人盧世榮專權財稅。盧世榮說，可以增賦而不擾民，使財稅增長兩倍，忽必烈聽了很高興，就全力支持他。原來，盧世榮的方法是加重鹽稅和商業稅。鹽稅加重以後，鹽商就提高鹽價，以致普通百姓只好淡食。而且，他承諾的「增賦而不擾民」也是一句空話。大臣們向忽必烈報告說：「盧世榮始言課稅增至二百萬錠，不取於民，今脅迫諸路，勒令如數虛認；始言令民快樂，今所為無非擾民之事。若不早更張，待其自敗，正猶蠹雖除，而木已病矣！」忽必烈不得已，將執政僅四個月的盧世榮下獄交諸大臣訊辦。

忽必烈仍不考慮「節用」，只想「取利」，又任用西域人桑哥專權財稅。這桑哥除了未採用包稅制以外，其他斂財手段比阿合馬有過之而無不及。桑哥在位四年，在給朝廷斂財的同時，自己也斂財，通過賣官和經營私產暴富，家藏珠寶甚至超過宮廷。大臣們群起而攻之，終被忽必烈處死。

根源之三是吏治腐敗。

元朝官吏隊伍的總體文化素質比前代差，因而更容易腐敗。在唐、宋，主要通過科舉取士來充實官吏隊伍，但在元朝，科舉取士微乎其微。耶律楚材當政時，舉行過一次開科取士，以後便停廢八十年，到元代中期才恢復。每三年開科一次，共開科十六次，共取士一千二百餘人，平均每次取士才八十多人，而且人數很少的蒙古人、色目人（西域各族）和人數很多的漢人、南人各佔一半。元朝的官員（不含吏員）隊伍約為二萬人，每三年補充八十名科舉官員，僅佔官員隊伍的千分之四。

元朝官吏隊伍主要來自以下幾個方面：

承襲。武官一般世代承襲，這是從成吉思汗起就實行的制度。

承蔭。中高級文官可有一子承蔭為官。一品官，其子承蔭五品官，二品的承蔭六品官，三品的承蔭七品官，四品的承蔭八品官，五品的承蔭九品官。六品以下的不承蔭。

由吏入仕。元朝的中高級官員多為蒙古人、色目人，他們不識漢文字，連他們本民族文化也沒有完全掌握，因而需要漢人吏員協助他們做行政工作。漢族士人之家見科舉之途不暢，就不願讓子弟多讀書，其子弟「雖曾入學，方及十五以下，為父兄者多令廢棄儒業，學習吏文（公文寫作），以求速進。」吏員進入仕途也很難，一般要熬過十年以後，才可能從低級衙門升到高級衙門為吏，常接觸高官，才有可能入仕，擔任品級較低的官員。

宿衛出職。成吉思汗創建的護衛軍制度一直貫穿元朝始終，其規模一直保持一萬多人。這支隊伍有承擔政府職能的傳統，而且多由貴族、高官子弟組成，因而很容易被皇帝選派到政府部門任職。

官員隊伍以蒙古人、色目人為主，他們有「好利」的傳統，戰爭時期視掠奪為榮譽，和平時期視謀利為正當，以致貪污受賄索賄皆不以為恥。這樣一支隊伍統治人民必然實行苛斂暴政。

根源之四是土地兼併。

元代官田面積超過前代。元代建立後，金和南宋的官田轉為元代官田，金、南宋的貴族、官僚、將領失去政治地位後，其私田也轉化為元代官田。元代中後期，又通過沒收、購買等途徑增加官田。元代官田面積史無明確記載，但大致估計約有數十萬頃，約佔耕田面積的十分之一左右。戰亂過後，元代不是把官田分給農民耕種，而是租給農民耕種，收取的地租自然高於賦稅。元代還把官田大量賜給諸王貴戚功臣，動輒數百、數千頃；賜給百官，總面積有一萬多頃；賜給寺院，總面積竟達十幾萬頃。這些得到賜田的人，憑藉政治權勢和經濟實力，又可以兼併更多的土地。

元代地主佔田也超過前代。金末，在北方戰亂之中，蒙古和金為了爭奪各支漢人地主武裝，向他們許以佔地為王的條件，因此出現一大批大地主。元滅南宋，南宋一部分宗室、官僚失去土地，但大部分世家大族的土地都保留下來了，而且他們繼續兼併土地。在江南的一些縣裏，少數大地主佔田達到總耕地的六分之五。

土地不均，必然導致賦稅不均，因為地主一定會瞞田漏稅，將少繳的賦稅轉嫁到普通自耕農頭上。南宋有一半的農民淪為佃戶，在元代這個比例更高。南宋佃農是在稅制之外被不合理地強制納稅，元代佃農是在稅制之內被強制納稅，因為元代的戶調（北方為絲賦，南方為戶鈔）、包銀（戶錢）屬於人頭稅，不管有地無地都要繳。

根源之五是分封制。

元代從成吉思汗起就實行分封制。統一蒙古草原，就在草原範圍內分封；佔領中亞，就在中亞範圍內分封；佔領中原，自然也要分封。在忽必烈即位以前，中原地區一半以上的人口被分封給蒙古諸王貴戚功臣。耶律楚材制定的賦稅制度中有一項「每五戶出絲一斤」，就是繳給諸王貴戚功臣的，但諸王貴戚功臣並不滿足於此，他們還要擅自徵收賦稅。忽必烈即位後，改為「每五戶出絲二斤」，賜給諸王貴戚功臣的絲賦增加了一倍，此後形成定制。滅南宋以後，忽必烈又將南宋總人口的百分十二分封給諸王貴戚功臣，並向這些人口徵收戶鈔，賜給諸王貴戚功臣。和皇室關係密切的諸王還可以自行向屬民徵收賦稅。

這些導致賦稅繁重的根源直到元亡也沒有消除。元朝可分為三個階段。第一階段是忽必烈在位的三十五年。這期間，苛斂無度，吏治敗壞，財政入不敷出。第二階段是從第二代到第十代，三十八年裏換了九個皇帝，太子爭位，大臣擅權，內亂不止，忽必烈留下的問題不僅沒解決，反而更嚴重。第三階段是末代皇帝在位的三十五年，財政崩潰，貨幣失控，官員貪暴，民不聊生，終於導致農民大起義。

元朝末年，官貪吏污已到了無以復加的程度。貪污、受賄、索賄自不在話下，而且已經發展到公開要錢。屬官第一次參見上司，要有拜見錢；官員過生日，向下級要生日錢；官吏為人辦事，要常例錢；受理訴訟，要公事錢。朝廷經常派出宣撫使到各路監察官吏，發現有罪，四品以上者立即停職，五品以下者可就地斬決，有這種權力正可趁機勒索。當時民謠說：「奉使來時驚天動地，奉使去時烏天黑地，官吏都歡天喜地，百姓都呼天哭地。」在朝中，執政的丞相則公開賣官，賄賂可以公行。

元朝末年經濟已經崩潰，鈔票遍地，人民不願使用，視為廢紙，貿易常以物易物。繁重的賦役導致農民極度貧困。在南方，多數自耕農和佃農青黃不接時要借高利貸度荒，但收穫之後「盡數償之，還本利更有不敷」，而賦稅「日增月益」，「猛增二十倍」，無所繳納，只好逃匿。在中原地區，農民本來貧困，又遭黃河連年決口，田地無收，以致人相食。黃河氾濫使朝廷徵不到賦稅，河北、山東還有朝廷幾十個鹽場，若淹了鹽場，鹽稅也徵不到了，因而決定治河。工部尚書成遵前往實地考察，回來後說：山東、河南連年饑饉，民不聊生，若聚十幾萬眾於此，恐他日之憂，重於河患。丞相脫脫反問道：你是說百姓要造反嗎？成遵不答。脫脫讓工部郎中賈魯任工部尚書，統領治河。賈魯是個水利工程專家，也是這次治河方案的提出者。一三五一年四月，治河工程開工，徵調山東、河南民工十五萬人，又調軍隊二萬人監工。民間白蓮教頭領韓山童、劉福通本來準備起義，便利用治河，製造輿論。他們刻了一個獨眼石人，又在背面刻上兩行字：「莫道石人一隻眼，此物一出天下反」，事先埋在河工取土之地。河工取土時挖出石人，人人驚訝，消息迅速傳開，各地輿論大譁。韓山童、劉福通立即在河南潁州起義，從者多為饑民，人人頭裹紅巾為記。朝廷為阻擊紅巾起義軍北上進入治河工地，迅速調集軍隊前來鎮壓。到年底，治河工程竣工，而農民起義已經如火如荼。

白蓮教淵源佛教的淨土宗，淨土宗創立於東晉。淨土宗的創始人嚮往西方淨土，鑿池植白蓮，寓意自己純淨高潔，所以他們結社時取名白蓮社。白蓮社不要求信徒出家，所以在民間傳播很廣。到南宋，白蓮社衍生新教派，稱白蓮教，白蓮教又吸收明教的教義，信仰光明之神。到元代，白蓮教供奉的是彌勒佛，彌勒佛是佛祖釋迦牟尼的弟子，先於釋迦牟尼逝去，釋迦牟尼曾預言自己逝世後經過遙遠的年代彌勒佛將降生人間。據此，白蓮教教義認為，人世間有黑暗王國與光明王國，黑暗王國一直壓制光明王國，當彌勒佛降生後，光明王國將戰勝黑暗王國。這一教義吸引廣大深受苦難的農民紛紛入教，也成為農民起義的理論武器。白蓮教頭領韓山童、劉福通宣稱彌勒佛降生，明王（光明王國之王）出世，號召農民起義。韓山童在起義之初被捕犧牲，四年後，劉福通擁立韓山童之子為小明王，小明王成為農民起義軍的精神偶像。

劉福通領導的紅巾軍在北方發展壯大，十年間縱橫河南、山東、河北、山西、陝西，最後雖然失敗，但北方的元軍主力也幾乎損失殆盡。此時，在南方形成以南京為中心的朱元璋、以武昌為中心的陳友諒、以蘇州為中心的張士誠等互相對立的反元武裝。儒士朱升獻「高築牆，廣積糧，緩稱王」之計，被朱元璋採納。所謂「高築牆」，就是加強防守，開拓鞏固根據地；所謂「廣積糧」，就是承認農民奪田佔田為己有，實行輕徭薄賦，以保證稅糧源源供應，同時讓軍隊開展屯田，生產糧食；所謂「緩稱王」，就是繼續擁立小明王，以收服民心。一三六三年，朱元璋與陳友諒大戰鄱陽湖，以火攻取勝。一三六六年，朱元璋又消滅了張士誠。同年，朱元璋部將把小明王沉於江中。一三六七年，朱元璋命徐達、常遇春率軍二十五萬北伐。一三六八年初，朱元璋在南京稱帝，定國號大明，含繼承小明王之義。同年秋，元朝廷逃往蒙古草原，但仍以元為國號。在明軍的多次打擊下，三十年後蒙古四分五裂，不再以元為國號，但蒙古各部一直是明朝的邊患。

元代稅制對歷史的影響

大約在二百年之內，成吉思汗和他的子孫走了一個輪迴。二百年前，蒙古草原是四分五裂的各個部落，成吉思汗統一蒙古草原，率領鐵騎殺出蒙古草原，佔領中亞，滅了西夏，他的子孫滅金，滅南宋。二百年後，元朝統治者被漢族農民起義軍趕回蒙古草原，在明朝的繼續打擊下，蒙古又回到分裂狀態。蒙古人的稅制直接影響其興亡。成吉思汗以賦稅供養他建立的護衛軍，這是他戰無不勝的法寶。他的孫子忽必烈因掌握中原賦稅，在漢位爭奪中取得勝利。但是忽必烈建立的元朝始終保持著蒙古人好利的傳統，這表現在三個方面：一、元朝的稅制以兩稅法為基礎，兩稅法是以土地為課稅對象的，但是元朝又增加人頭稅，按人或者說按戶徵收絲和錢。在立法原理上這是一種倒退，其稅制因此而加重。二、在徵稅方法上，採取樸買制度，也就是把預定的稅額以更高的價格承包給西域商人，這在中國歷史上是絕無僅有的，結果國家多得了稅，承包人得到了利，而人民卻遭了殃。三、諸王貴族分封食祿，層層官吏腐敗貪利，人民成了被任意宰割羔羊。人民豈能不反！成吉思汗及其子孫征服半個世界的威名永載史冊，但是他們好利的天性決定他們只能在歷史的長河中激起短暫的波浪。他們征服了比他們文明的民族，但最終卻沒有被先進的文明所征服，因而他們只能回到原來的起點。

24 從朱元璋到李自成

重農皇帝

朱元璋這個文雅而響亮的名字，是紅巾軍首領郭子興給他起的。他幼時叫重八，稍長叫興宗，從小給地主放牛，十幾歲時逢大旱、蝗災，繼而瘟疫流行，父母兄弟皆餓病而亡。無依無靠的他只好剃度為僧，做些粗雜活計，掙口飯吃。可是寺裏也不好過，因災荒得不到施捨，法師只好罷粥散僧，讓眾和尚出門雲遊乞食。朱元璋在淮西、豫北流浪乞討三年，年景好轉後，才又回到寺裏。不久，寺廟被亂兵燒毀，他就投奔郭子興的紅巾軍。因作戰機智勇敢，不久被提升為親兵九夫長，郭子興又把養女嫁給了他。後來，郭子興讓朱元璋募兵自領。當郭子興病死，郭子興的兩個兒子戰死，作為郭子興的女婿，朱元璋就成為這支紅巾軍的首領。為爭奪天下，朱元璋佔領虎居龍盤之地南京，從此，一步步走上皇帝寶座。

朱元璋是中國歷史上唯一的由農民而當皇帝的人，他對農民和農業的重視超過任何一個開國皇帝，他採取的重農政策也與歷代不同。

鑒於元代的吏治敗壞，朱元璋對貪官污吏處罰特別重。朱元璋說：「吏治之弊，莫過於貪墨」，「此弊不革，欲成善政，終不可得」。他詔令：「凡是官吏貪污蠹害百姓的，都要治罪，不容寬貸」。他懲治貪官不避殘忍。官吏貪污錢財六十兩銀以上的，處以梟首示眾、剝皮實草之刑。所謂「剝皮實草」，就是將人皮剝下來，填充稻草，製成標本，擺在衙門裏，以警戒後任官吏。官吏貪污六十兩以下的刑罰有挑筋、剁指、砍足、斷手等。他限制官吏不嫌細微。官吏因公乘坐官府車輛，除隨身衣物外，攜帶私物不得超過三十斤，每超十斤，笞十下。洪武九年，所有受過刑的官吏悉數發配鳳陽屯田。洪武十八年，盡逮天下害民之官赴京師築城。在朱元璋的苛法嚴刑之下，吏治澄清達數十年。

元代豪強地主大肆兼併土地，貧苦農民流離失所，佃農出身的朱元璋對此感受深刻。為了限制豪強地主勢力發展，朱元璋先後遷徙十六萬富戶到南京和鳳陽，使其失去原來的土地，必須到新的地方重新立業。流傳全國的鳳陽花鼓詞：「說鳳陽，道鳳陽，鳳陽是個好地方，自從出了朱皇帝，十年倒有九年荒」其實不是鳳陽當地窮人唱出去的，而是被遷到鳳陽的江南富戶回鄉掃墓時在路上說唱而流傳開的，他們藉以發洩對朱元璋的不滿。

元朝末年，二十年戰亂，人口死亡、流散，田冊、戶冊或毀於兵火，或嚴重失實，以致「民有一戶應數十戶差役者」。明初，朱元璋詔令全國進行嚴格的戶口普查，官吏隱漏戶口者斬，民隱漏不報者治罪。重新編制戶冊、田冊，有利於均賦役。明洪武年間，統計的戶籍人口有六千萬。

元末的連年戰爭，造成許多無人區。江淮之間不少地方是「百里無幾家，但見風塵起」。黃河以北地區「地多荒蕪，遺骸遍野。」山東、河南本是人口最多的省份，戰後卻「多是無人之地」。為了恢復生產，朱元璋開展有史以來最大規模的移民，從人口多的省份，遷移人口到荒無人煙的地區開墾荒地。到永樂末年，五十多年間，移民數字可考者是二百多萬人，實際可能有四百多萬人。

明初的移民是強制性的，流傳下來許多淒慘的骨肉分離的故事。其中山西洪洞縣老槐樹下是山西移民的集合分遣點，至今仍有許多人前去尋根認祖。明初的移民有三年免賦役並提供耕牛、種子的優惠政策，因而使荒蕪地區得到迅速開發。

不移民的地區也有荒地需要開墾，朱元璋制定一條以前歷代都沒有的法令：人民因戰亂逃亡他鄉，留下的土地已經荒蕪，誰開墾成熟即歸誰所有，田主回來，由官府按其人口，另行撥給荒地。這一法令，解除了農民開荒的後顧之憂。

朱元璋擁有軍隊一百多萬，養兵耗糧巨大，而人民苦於戰爭，負擔能力有限，所以早在滅元以前他就讓軍隊開荒屯田，目標是「養兵百萬，要令不費百姓一粒米」。滅元以後，又在邊疆和內地廣泛開展屯田。明朝分駐各地的軍隊實行衛、所編制：衛，駐兵五千人；所，有千人所，駐兵一千二百人，有百人所，駐兵一百二十人。衛、所之兵三成值戍，七成屯田，定期輪換。軍屯所產糧食不僅足以軍用，還作為賦稅繳給國家。明朝軍屯規模之大，遠遠超過漢朝和曹魏。

明朝實行的商屯是歷朝歷代所沒有的。為了把軍糧運到邊境地區，明代欲借鹽商之力，規定：運輸一定量的糧，可以換一定量的鹽引（販鹽數量的憑證），無鹽引者不得販鹽。於是，鹽商不得不為朝廷無償運糧。後來鹽商發現，招民到邊疆屯田，所產糧食就近交給軍隊，比運糧還划算，就紛紛開展屯田。這就是商屯。商屯沒有軍屯規模大，只是軍屯的補充。後來朝廷改為納馬匹換鹽引，商屯就停止了。

朱元璋還十分重視興修水利和種植經濟作物。詔令地方官吏，人民如有興修水利的建議要立即呈報，不修水利的官吏要受處罰。洪武末年統計，全國開塘堰四萬餘處，疏通河流四千餘處，修建堤渠五千多處，規模如此巨大，若沒有官府組織，憑人民自發是難以完成的。為鼓勵並督促農民種植經濟作物，詔令凡種桑麻「四年始徵其稅」，不種則懲罰，懲罰的辦法是「不種桑者輸絹，不種麻者輸布」。又規定種植棉花免稅，種棗、柿等可以備荒的「鐵杆莊稼」，不論多寡，俱不徵稅。

明初賦役仍採用兩稅法，與元朝相比要輕得多。民田（農民私有田）每畝課稅三升，而畝產量至少在一石以上，那麼稅率則為三十稅一。凡皇帝所賜之田，府州縣的學田，官吏的職田，軍、民的屯田，稱為官田，官田也要納稅，每畝課稅五升三合。凡被朝廷沒收的田，每畝課稅一斗二升。課稅最重的是蘇州、松江等府，朱元璋恨此地民戶支持張士誠，就對其課以每畝一兩石的重稅。僅蘇州府所納稅糧就佔全國的十分之一。

明初的徭役制度也比較合理，民戶按田產分為三等九級，等級高者承擔徭役重，但可出錢雇役，等級低者承擔徭役輕。

朱元璋的一系列重農政策極大地促進了農業的發展，這從所徵稅糧數字可以看出。元朝時，每年徵得稅糧一千二百多萬石，而洪武十四年徵稅糧二千六百多萬石，洪武二十六年徵稅糧三千二百多萬擔。值得說明的是，稅糧的劇增，並非橫徵暴斂所得，而是在較低稅率之下因耕地面積及產量增加所得。

朱元璋在位的三十年（一三六八～一三九九）中屢興大獄，按他制定的嚴刑酷法，動輒殺人數萬，算得上一個暴君，但不能因此否定他重視農業，發展經濟的功績。

百年之變

朱元璋去世後的百年之間，明朝發生了很大變化。

田賦制度的變化。明初，田賦以納糧為主，農民把稅糧運到京師和邊關需要付出巨大運輸費用；官吏的俸祿以糧食為主，需要變賣，若糧價下跌，便難以維持生活。便有大臣提出，將稅糧折銀、折絹徵收，可官民兩便。試行後，果如所言，於是推行於天下。這是正統年間的改革，距朱元璋去逝三十多年。但是，在有的地方，有的年景，官府往往把稅糧折價過高，使農民負擔增加幾倍。與稅糧折銀同時出現的還有江南的均糧改革。朱元璋給蘇州、松江二府定的稅率太高，畝稅幾斗甚至一兩石，富戶便拖欠稅糧，窮戶則相率逃亡，於是，朝廷決定減徵十分之二三，減徵部分由江南其他地方以加耗的形式來分攤。

朝政和財政的變化。明朝傳到第六代以後，財政開支急遽增長：宮廷奢侈，大興土木，專供皇室消費的內庫白銀已不夠用，國庫銀兩常被支取；分封在各地的王府開支龐大，「歲供京師之米」，「猶不足王祿之半」；文武官吏增加數倍，俸祿也需數倍增加；軍屯制因將領佔屯田為己有而衰落，兵卒像佃農一樣被剝削，因而大量逃亡，這就需要募兵補充軍隊，軍費也隨之增長。所有增加的開支，都靠增加賦稅取之於民。

土地制度的變化。土地兼併是封建社會的痼疾，明朝的特點是，皇室成員、王府、宦官通過皇帝的主動賞賜、乞請皇帝賞賜、購買、侵佔、接受贈獻等形式而佔有大量耕地，官員和豪強地主也都瘋狂兼併土地。皇室、王府、宦官佔有的耕地自然是不承擔賦役的，官員、豪強地主則用各種各樣的手段，把應當承擔的賦役大部甚至全部轉嫁到普通農民頭上。洪武末年，全國承擔賦役的耕地為八百五十萬頃，一百年後的弘治年間，下降到四百二十多萬頃，減少的那一半，都是王府、官員和豪強地主的田，而賦稅總額僅下降十分之一，那麼這四百二十多萬頃耕地承擔的賦役就得增加將近一倍。

人口的變化。洪武末年戶籍人口為六千萬，一百年後的弘治年間卻下降到五千萬。那時候不可能計劃生育，為什麼戶籍人口會減少一千萬呢？原因在於賦役繁重，導致農民逃亡他鄉。除了稅重，農民承擔的徭役也很繁重，有數十種之多，有的屬於力差，農民必須親身應役，有的屬於銀差，農民必須出錢，只有逃離本鄉，才可擺脫繁重的賦役負擔，可是未逃離的人口，就得承擔逃亡人口的賦役，於是也相率而逃，這就形成惡性循環，導致戶籍人口下降。

海瑞均賦役

面對土地兼併、賦役不均的嚴峻現實，嘉靖年間一些憂國憂民的地方官員在各自的轄區內挫豪強，撫窮弱，清丈土地，均平賦役，慨然以澄清天下為己任。海瑞就是其中一個典型代表。

嘉靖三十七年（一五五八年），海瑞任浙江淳安知縣。淳安地瘠民貧，百姓疾苦萬狀，逃亡者過半。海瑞下民間，訪其故，原來，蓋由於加派過重，賦役不均，大戶轉嫁使然。海瑞寫道：豪宦享三四百畝之產，而無分厘之稅，貧者無一粒之收，卻出百十畝稅差，不均之事，莫甚於此。海瑞制定《興革條例》，進行土地清丈，度田定稅，均平賦役，革除一切陋規、冗費、冗役，使民困漸解。

淳安縣位於新安江下游，來往官員的舫船每天不斷，本縣負擔船夫、縴夫，還要供應食宿，費不可支。總督胡宗憲之子過淳安，以驛站不備供應為由，吊打驛吏。海瑞當即將其拘拿，並將其所攜數千銀兩沒收充公，然後去信報知胡宗憲，說此人胡作非為，竟冒充總督之子，真不敢相信，氣得胡宗憲有火難發。

嘉靖四十一年（一五六二年），海瑞任江西興國知縣。興國的狀況與淳安一樣。海瑞立即清丈土地，核查丁糧虛實、人口貧富，然後均平賦役，照實徵發，同時招撫逃民，免除積欠賦役。海瑞任興國知縣一年有餘，「民間用度十分中減去三四。」

嘉靖四十三年（一二六四年），海瑞升任戶部主事。任職一年間，海瑞耳聞目睹嘉靖皇帝崇信道教，一意修仙，不理朝政，猜疑大臣，導致國事日非，民不聊生，便冒死上書直諫，此舉震驚朝野。這就是民間說的「海瑞罵皇帝」。都罵了些什麼？罵皇帝「二十餘年不視朝，綱紀馳矣」；罵皇帝「君道不正」，「過於苛斷」，「以猜疑誹謗戮辱臣下」；還引用民謠罵皇帝：「嘉靖者，家淨也，家家乾淨，無財用」。四個月後，嘉靖皇帝以「罵主毀君，悖道不臣」之罪，將海瑞逮捕下獄。十個月後，嘉靖皇帝病死，隆慶皇帝即位，大赦天下，海瑞出獄復職。

隆慶三年，海瑞任江南巡撫，管轄十府。江南是經濟發達地區，土地高度集中，官紳豪強無不掠奪田產，常用的形式是通過「投獻」侵佔農民的土地。何為「投獻」？原來，普通農民賦役繁重，而官紳豪強享有免賦役的特權，農民便把自己的土地名義上「投獻」給官紳豪強，繳一定的「租糧」，算是在名義上為其「傭耕」，以此來逃避賦役。可是，久而久之，「投獻」的土地就真的被官紳豪強佔有。江南官紳豪強的代表人物是徐階。徐階曾為內閣首輔，時退休在籍。徐階家族有二十多萬畝土地，其中有相當一部分是通過「投獻」奪來的。海瑞巡視各地，告官紳豪強奪田者達幾萬人。海瑞十分氣憤，勒令受獻者如數退還白奪之田，對勢力最大的徐階家族也不例外。此令一下，四方震動，但官紳豪強遊說朝中權勢竟將海瑞調離。這說明，靠清官一己之力，難以澄清天下，而要革除多年積弊，須靠自上而下的改革。

張居正改革

嘉靖時，張居正是太子的老師。嘉靖皇帝死，太子即位，是為隆慶皇帝。隆慶皇帝在一年中給他老師張居正連升四級，從五品升到一品，並選入內閣，又請張居正擔任他的太子的老師。隆慶皇帝在位六年就死了，太子即位，是為萬曆皇帝。萬曆皇帝只有十歲，不懂政事，完全聽從他的生母李貴妃。張居正與司禮太監馮保結盟，依靠李貴妃，二人分別奪得內閣首輔和掌印太監的位子。張居正和馮保商議，尊皇后為仁聖皇太后，尊李貴妃為慈聖皇太后，取消后與妃在稱號上按祖制應當有的差別，這贏得了李貴妃的信任。皇后信任，皇帝年幼，張居正得以獨攬朝綱。他整頓吏治，選賢任能，整治河道，鞏固邊防，皆有口碑，但最大的政績是實行財稅改革。

一，追繳豪強欠稅。《明史》評價隆慶皇帝「躬行簡約」，但他留下的卻是嚴重的財政赤字。其實財政赤字始於嘉靖，隆慶皇帝在位時間短，未能扭轉。造成財政赤字的首要原因是欠稅，欠稅主要是豪強欠稅，也有小民欠稅，欠稅的小民要麼繳不起，要麼早已逃亡他鄉。那麼追繳欠稅的主要對象就是豪強。為了減輕追欠難度，張居正規定：嘉靖年間的欠稅，除了江南實行稅糧折銀的富庶地區外，其餘地區一律免除；隆慶年間的欠稅，免三徵七。為保證追繳欠稅，又實行考成法，就是自上而下層層考核。一批庸碌無能的官員被罷免，一批才能出眾的官員被提升。考成法提高各項工作的效率，但對追繳欠稅的作用最大。到萬曆四年，京城倉米可支七、八年。到萬曆五年，國庫盈餘白銀八十五萬兩。

二，清丈全國土地。追繳欠稅使國家財政扭虧為盈，但要徹底改善國家財政，還必須解決官紳豪強瞞田漏稅的問題。萬曆六年，張居正決定在全國範圍內清丈土地。其實早在嘉靖年間，一些地方官員就在各自的轄區內清丈土地，但遭到官紳豪強的反對和抵制。如今張居正以鐵的手腕，排除一切阻力。山西代王府宗室阻撓清丈，張居正擬詔廢其為庶人。河南獲嘉縣知縣以舊冊數字冒充清丈數字，被連降兩級。松江知府、安慶知府、徽州知州清丈土地緩慢，皆被停薪留職「戴罪管事」。張居正以身作則，寫信讓江陵（今湖北荊州）老家的兒子配合縣令核查自家的土地，結果發現，縣賦役冊上自家的土地竟是實有土地的九倍，多出來的八倍土地，有的是族人仗勢掛在張居正名下的，有的是豪強地主賄賂縣吏偷掛在張居正名下的。之所以掛在張居正名下，是為了借張居正的威勢免賦役。由此可見有田不稅的手段之一斑。到萬曆九年，全國清丈土地結束，查出官紳豪強隱瞞的應稅而未稅的土地有三百多萬頃，這是個多麼觸目驚心的數字。

三，推行一條鞭法。所謂「一條鞭」，就是把田賦、役銀合併起來，像擰成一條鞭子一樣，一次徵收，故而得名。其中田賦（夏秋兩稅）折糧為銀，按清丈後的田畝徵收；役銀原來全部按丁徵收，現在一半按丁徵收，一半攤入地畝徵收。既徵役銀，那麼就要取消力役，由官府出錢雇人出役。推行一條鞭法，意味著廢除兩稅法。一條鞭法在萬曆九年（一五八一年）推行，兩稅法是唐德宗的宰相楊炎七八〇年創立的，到萬曆八年（一五八〇年）實行了整整八百年。兩稅法與一條鞭法的不同之處在於：兩稅法是每年徵稅兩次，一條鞭法是每年徵稅一次；兩稅法徵的是糧，只在少部分地區折糧為銀，一條鞭法徵的是銀，只保留少部分地區徵糧；兩稅法按人丁徵役銀，一條鞭法的役銀，一半仍按人丁徵收，一半則攤入地畝徵收，這標誌著人頭稅向財產稅轉化，是歷史性的進步。值得說明的是，一條鞭法是將兩稅法的賦、役合併，並沒有減輕賦役，不過，一半役銀攤入地畝徵收，對人多地少的窮人還是有利的。一條鞭法按清丈後的土地徵賦役，使國家財政收入大增。據史書記載，一條鞭法推行五年後，太倉存糧可支十年，國庫結存銀銀四百萬兩，相當於一年的財政收入。

張居正和北宋的王安石、秦國的商鞅被稱為中國歷史上三大改革家。商鞅變法成功，卻慘遭車裂。王安石變法失敗，憂憤而死。張居正改革是成功的，但也下場可悲。改革者為什麼都沒有好下場？是因為他們剝奪了勢力強大的既得利益者的利益。

萬曆十年，張居正去世，終年五十八歲。皇帝主持朝政，卻是個沒有什麼才智，專好聚斂財貨的昏君。

萬曆皇帝的弟弟即將舉行結婚大典，皇太后催皇帝籌辦，萬曆皇帝捨不得動用專供皇宮的內府金庫，而挪用國庫的錢又怕大臣們批評。正巧，貼身太監密報掌管東廠的大太監馮保「寶藏逾天府」。為斂財，皇帝就抄了馮保的家，果然抄出金銀一百餘萬兩，珠寶無數。馮保與張居正交往密切。反對派便乘機攻擊張居正受賄財貨比馮寶更多。皇帝自幼被張居正管束，如今長大後怨氣深重，正好利用這股輿論來否定張居正。先是斥退被張居正提拔的人，又啟用被張居正罷官的人，於是朝中攻擊張居正的人更多。輿論造夠了，皇帝下詔奪去張居正一切封號、謚號。又有人狀告張居正在老家江陵強佔被廢的遼王的田莊宅第，侵佔遼王府金銀財寶。遼王是明代眾多親王之一，第一代遼王是朱元璋第十五子，封地在遼東，第六代遼王改封江陵，第八代遼王無嫡子，欺騙朝廷以庶子襲王位，被隆慶皇帝廢除封號。關於張居正強佔遼王田莊宅第，是一樁歷史公案，史書記載不詳，今有學者考證，認為這是一個莫須有罪名。但當時萬曆皇帝卻以此為據，抄了江陵張居正的家，抄出十萬兩銀，數千兩金，遠沒有皇帝和反對派想像的那麼多。張居正長子被追逼家產，不堪酷刑，自縊身亡，另外三個兒子和張居正的弟弟被發配邊疆。

萬曆加賦和崇禎「重徵」

張居正實行一條鞭法，本意是把已有的稅固定下來，不再增加，但他死後，田賦加派接連不斷。

張居正在世時，限制皇宮的費用，如今皇帝可以隨心所欲揮霍錢財，史載：「一二三年間，費至百萬。」萬曆十六年（一五八八年），皇帝才二十六歲，就開始營造陵墓，共費資八百萬兩。

除了皇室費用無度，戰爭費用也驟然增加。萬曆二十年（一五九二年），三場戰爭同時爆發。一、因朝廷久不發衣糧，寧夏將領率戍卒叛亂，朝廷調兵征剿，歷時八個月方平，用餉銀一百八十萬兩。二、日本最強大的藩鎮豐臣秀吉統一全國後向海外擴張，發兵二十萬入侵朝鮮，朝鮮向宗主國明朝求救。明朝出兵數十萬平倭，時勝時敗，歷時七年，最後因豐臣秀吉死去才平息，前後共用餉七百八十萬兩。三、朝廷調播州（今遵義，古夜郎國，名義上歸順，實為割據）楊應龍之兵赴朝鮮作戰，楊應龍先是應命，爾後抗命，朝廷決定進行征討，歷八年方平，用餉二百萬兩。

戰爭還在進行中，萬曆二十四年（一五九六年），皇宮發生大火，要修復宮殿，僅採木一項，即需耗銀九百三十萬兩。

宮廷耗費和戰爭費用導致國庫空虛，於是就加派田賦。田賦是以三場戰爭的名義加派的，史稱「三征加派」。

為了供給宮廷耗費，皇帝又考慮新的聚斂手段。有人建議開礦可以取利，皇帝遂派太監赴各地主持開礦徵稅，形成近二十年的「礦稅之禍」。這些太監除了組織富民開礦以徵稅，還向各行各業濫徵賦稅，先後激起數百起民變。凡地方官上奏太監敲榨民財的奏章，皇帝一概置之不理，凡太監上奏地方官阻撓徵稅的，皇帝皆下詔罷免。太監們共為皇帝的內府搜刮銀子五百萬兩，但據吏部尚書李戴揭露，太監們搜刮的錢財，以十分計，為皇帝所用的不過一分，太監們私入腰包的二分，其下屬就地瓜分的三分，土豪惡棍中飽私囊的四分。鳳陽巡撫上奏說：「陛下愛珠玉，民亦慕溫飽；陛下愛子孫，民亦戀妻孥。奈何陛下欲崇斂財賄，而不使小民享升斗之需；欲綿祚萬年，而不使小民適朝夕之樂？」如此尖銳的批評很多，皇帝皆扣留不發，也不治罪，以免擴大輿論。

皇帝大肆聚斂揮霍，分封在各地的宗室則大肆兼併土地。到萬曆四十年（一六一二年），明朝建國已二百四十多年，宗室因妻妾成群，繁衍益盛，總人口已達六十萬。凡宗室乞賜土地，皇帝一概應允。四川田地「為王者什七，軍屯什二，民間僅什一而已。」福王封河南，賜田二萬頃，河南田地不夠，則以湖廣、山東田地補足。

人民佔有的田地越來越少，而財政的支出越來越大，這些費用都來自田賦加派，人民的負擔就越來越重。

萬曆四十六年（一六一八年），努爾哈赤誓師進攻明朝。朝廷增兵遼東，以萬曆六年（一五七八年）的畝數，加派遼餉，徵銀二百萬兩。皇帝說「遼餉事寧即為止」，但第二年遼餉用盡，遼事又吃緊，又得加派，再徵銀二百萬兩。第三年，遼餉又用盡，遼事仍吃緊，又第三次加派，徵銀一百二十萬兩。而且，這些加派都被固定下來，成為常賦。應當指出的是，三次遼餉加派是按萬曆六年的畝數，而張居正的清丈土地是在萬曆九年才完成的，也就是說，三次遼餉加派不包括官紳豪強隱瞞的田畝，基本上是由普通農民承擔的。

萬曆四十八年（一六二〇年），第三次加派遼餉之後，皇帝因長期酒色無度而死，終年五十八歲。觀其一生，以苛斂著稱。所以史家有論：明之亡，實亡於萬曆。

萬曆之後，泰昌皇帝在位一個月即死，天啟皇帝在位七年，這期間，宦官魏忠賢專權，內政昏暗，遼東形勢繼續惡化。崇禎皇帝即位時，明朝已處於風雨飄搖之中。他清除魏忠賢閹黨，勤於政務，大有中興之狀。可是，他看不慣文臣的黨爭和犯顏直諫，而宦官的奴性則可滿足他的心理，於是重宦官、輕文臣，而文臣受制於宦官則群起反對，於是朝政一片混亂。他最大的失識是中了皇太極的反間計，殺了袁崇煥，遂使遼東戰事不可收拾。

崇禎三年（一六三〇年），遼東戰事急劇惡化，需增餉一百一十五萬兩，崇禎皇帝下詔，按田畝加派。這又被轉化成固定田賦。此時，陝西的農民起義此起彼伏，幾年後勢若燎原。崇禎十年

（一六三七年），兵部尚書建議按張居正在萬曆九年清丈後的畝數加派剿餉，又被崇禎皇帝採納。剿餉原定以一年為期，但農民起義勢不可擋，遼東戰事又日趨緊迫，不僅剿餉被固定下來，又增加了練餉，練餉用於練兵。萬曆有「三征加派」、三次遼餉加派，崇禎又有遼餉、剿餉、練餉加派，所以崇禎被民間稱為「重徵」（重複徵餉）。在萬曆九年實行一條鞭法之時，朝廷每年稅收為四百多萬兩，以後經過九次加派，而且都固定下來，到崇禎後期每年稅收就增加到兩千多萬兩，不光如此，地方官吏還乘機私徵亂派。史料多有這樣的記載：「一歲之中，陰為加派者不知其數」；「是以私派多於正賦，民不堪命」；「蓋一年而出數年之賦，一畝而出數畝之糧」。明末清初思想家顧炎武在《天下郡國利病書．福建三》中記載：「民田一畝值銀七八兩者，納餉至十兩。」納餉竟然超過地價，這應是一個極端的數字，恐怕不是平均數字，但農民確實無力承擔沉重的賦稅。史料記載，在重稅之下，「富者貧，貧者逃，逃者死」。李自成針對朝廷徵糧加餉的惡政，提出「均田免糧」的口號，沒有活路的農民就紛紛投奔李自成。農民起義軍一路勢如破竹，輕而易舉地攻陷北京。崇禎帝十七歲即位，在位十七年，明朝歷二百七十六年而亡。

李自成：均田免糧和追贓助餉

李自成的身世和朱元璋頗為相似。朱元璋幼時給地主放牛，李自成幼時給地主放羊；朱元璋從小父母雙亡，李自成也是從小父母雙亡；朱元璋當過和尚，李自成也當過和尚；朱元璋投奔郭子興的紅巾軍，郭子興把養女嫁給他，他自成一軍，郭子興死後，他接替了郭子興的位置；李自成投奔高迎祥的起義軍，高迎祥把侄女嫁給他，他也自成一軍，高迎祥死後，他也接替了高迎祥的位置。兩個貧苦農民，相隔一個朝代，都生逢亂世，都因官府橫徵暴斂而起義。不過朱元璋不會想到，他領導農民起義建立的王朝也被農民起義推翻。

崇禎三年（一六三〇年），李自成在陝西米脂縣起義。翌年，李自成投奔高迎祥，隨高迎祥轉戰陝西、山西、河南，被明軍圍剿，屢遭挫折。崇禎九年（一六三六年），高迎祥在陝西周至縣遭伏擊被俘，後押至北京被殺。高迎祥所部擁戴李自成為闖王。兩年後，李自成所率數萬人馬也在陝西潼關全軍覆沒，李自成僅帶十八騎逃入陝西東南部的商洛山中，潛伏起來。兩年之後，即崇禎十三年（一六四〇年），李自成東出河南，重新舉起闖王大旗。河南久旱，饑民蜂起回應，李自成的起義軍立刻由幾十人發展到幾萬人。河南舉人李岩為李自成獻策，提出「均田免糧」的口號。宣傳這個口號，成為李自成崛起的轉捩點。民間到處傳說：「吃他娘，喝他娘，開了大門迎闖王，闖王來了不納糧」。僅一年時間，起義軍又從幾萬人發展到幾十萬人。崇禎十四年（一六四一年），李自成攻佔洛陽，用福王府的數萬石米、數千萬錢賑濟饑民，「遠近饑民荷旗而往，應之者如流，日夜不絕」，起義軍發展至百萬人，「其勢燎原不可撲」。崇禎十五年五月，開封朱仙鎮大戰，李自成殲滅明軍十餘萬人，從此明軍在河南失去進攻能力，只能防禦。崇禎十六年正月，李自成在湖北擊潰明軍二十萬，攻佔襄陽。同年九月，李自成遷滅明軍十萬，攻破潼關，佔領西安。崇禎十七年（一六四四年）正月初一，李自成在西安建國，國號大順。同年二月，李自成率軍一路勢如破竹，經山西攻入北京。

李自成百萬軍隊耗費巨大，但不徵農民一粒糧，完全靠向官紳富戶追贓助餉解決軍需。起義軍認為，官紳富戶的錢糧，都是剝削農民所得，所以謂之「贓」。李自成進入北京後，已佔有陝西、山西、河南、山東全部，以及河北、湖北、安徽、江蘇的部分地區，在這廣闊的區域裏，普遍實行追贓助餉。北京是財富聚集之地，追贓助餉更為急迫嚴酷。具體政策是：皇帝宗室和太監的財產全部沒收，內閣和大學士納餉銀十萬兩，六部九卿納餉銀七萬兩，以下官員按品級納銀五萬、三萬，翰林最窮，納銀一萬，級別最低的郎中也要納餉銀一千兩。少有如數繳納的，於是「滿街捉士大夫拘繫枷鎖，相望於道」，很多官員被用刑。起義軍將領已經被勝利沖昏了頭腦，追贓助餉政策一旦執行起來，也就不講策略了，連山海關總兵吳三桂的父親也被追贓助餉，吳三桂的愛妾陳圓圓又被起義軍大將劉宗敏搶去。吳三桂本來已經投降李自成，將三海關交給李自成派去的軍隊，率所部數萬人馬赴京，半路上聽到老父被追贓，愛妾被搶，頓時「衝冠一怒為紅顏」，也為了尊嚴，掉頭復奪山海關，與李自成為敵。李自成親率大軍攻打山海關，有說率六萬人馬，有說率二十萬人馬，總之是壓倒優勢，但沒有料吳三桂已投降關外的多爾袞。兩軍血戰至難解難分之時，突然殺出數萬清軍，李自成損失慘重，被迫退兵。回到北京，李自成匆匆登基稱帝，即放棄北京，撤回陝西。

分析李自成的盛極而衰，根本原因在於「均田免糧」和「追贓助餉」。

「均田免糧」與明朝政府的橫徵暴斂、明朝軍隊的到處搶掠形成鮮明對照。在喊出「均田免糧」口號之前，起義軍如流寇一般被圍剿，幾起幾落。喊出「均田免糧」口號之後，起義軍迅速壯大，捷報頻傳。

追贓助餉保證了百萬軍隊的供給，但卻太過火了。明朝無節制徵餉於民，農民起義要推翻朝廷。李自成無節制追贓助餉，官紳富戶就與李自成為敵。在封建時代，農村的秩序是靠官紳富戶來維持的。官紳富戶都成了敵人，就建立不起來鞏固的根據地，撤出北京以後，就沒有立足的地盤。最大的失策，是在北京的追贓助餉。崇禎皇帝死了，絕大多數官員本來是願意歸順李自成的，連手握重兵的吳三桂不也投降了嗎？改朝換代之際從來如此。可是京城裏的官員都成了被勒索、被侮辱的囚犯，山海關的吳三桂則成為李自成的勁敵。李自成山海關戰敗的直接原因，是清軍的突然出現，但深層原因則是追贓助餉這項錯誤政策。追贓助餉養活的百萬軍隊，其實包括家屬和老幼（當初饑民是帶著全家來吃糧的），這些人只能作為後勤兵員，有效戰鬥人員恐怕只有幾十萬，其中至少一半分布在已經佔領的廣大區域，帶入北京的可能只有一二十萬。追贓助餉也導致將領腐敗，士兵貪財，戰鬥力因此下降，而山海關慘敗又重挫全軍士氣。這時的李自成雖有追贓得來的鉅額銀兩，但兵力、戰鬥力、士氣都不如清軍和吳家軍，所以只好撤出北京，而清軍緊緊追擊，追得李自成一路敗退。為了挽回敗局，李岩提出分兵二萬，去收復河南，卻遭猜疑，遂被殺害，這導致起義軍核心層分裂，從而加速李自成的滅亡。李自成之死，一說死於湖北通山縣九宮山，一說死於湖南洪江市羅公山，兩種說法也有共同之處，都是說李自成率十八騎外出求食被農民打死，而農民並不知道他是李自成。照此說，真是宿命的輪迴。當年率十八騎出商洛山，闖王大旗一樹，「均田免糧」口號一呼，而得饑民百萬；如今英雄末路，率十八騎外出求食，不是死於清軍，而是死於山民之手，死得沒沒無聞，怎不令人嗟歎。

還把李自成與朱元璋來比較。假如李自成追贓助餉適可而止，假如也像朱元璋那樣，建立穩定的稅源之地，並建立有效的行政體系來管理稅源之地，合理取稅，源源供給軍用，那麼或可取得天下。可是歷史沒有假如。在中國歷史上，沒有穩定稅源之地，只靠劫富自養的農民起義都注定要失敗，如西漢末年的綠林赤眉起義、東漢末年的黃巾起義、唐代的黃巢起義，規模都可與李自成相比，但最終都失敗了。取稅於民，本不是罪惡。取稅過重，民不堪承受，才是罪惡。只有合理取稅於民，才是奪取天下、穩定天下的正確之道。

明代加賦對歷史的影響　明代先後實行兩種稅制。從朱元璋建國到萬曆初年，實行兩稅法。兩稅法以土地為徵稅對象。明初政治清明，保證了兩稅法公正實行。但百年之後，廣佔土地的官紳豪強都瞞田漏稅，並且向普通農民轉嫁田賦，農民除了田賦加重，還承擔著沉重的按人頭徵派的役銀。這時候的兩稅法已經極不公正，應當有一個新稅制來取代它。萬曆九年，張居正在清丈土地的基礎上推行一條鞭法，使所有土地都承擔田賦，並把役銀的一半攤入田畝徵收。國家財政因此明顯好轉，農民負擔也有所減輕。可是好景不長，萬曆中期以後，因朝廷揮霍毫無節制，戰爭費用與日俱增，在一條鞭法之外，按連加賦，到崇禎年間，共加賦九次。也就是一條鞭法改變了九次，已不是當初的一條鞭法了。與當初的一條鞭法相比，農民一年出數年之賦，一畝出數畝之糧。朝廷加賦使農民沒有活路，那麼起義就是不可避免的了。

25 滿清：從原始部落到封建帝國

努爾哈赤統一女真各部

滿清的歷史從努爾哈赤開始。努爾哈赤原來只是一個小小的部落首領，他用三十年時間統一東北的女真人。

金與南宋對峙的百餘年間，遷到中原的女真人繁衍至數百萬人。金亡之後，中原的數百萬女真人沒有遷回東北，而是被漢人同化並融合到漢人裏去了。東北的女真人則一直保持本民族的傳統，到明朝萬曆年間，東北的女真人約有數萬戶，數十萬人，分散在數百個部落村寨裏。按族譜他們分為三大系，即建州女真、海西女真、野人女真，各系互不統屬，各系之內的各部落村寨也互不統屬。《滿州實錄》說：「每村每寨為主，各族為長，互相征伐，兄弟相殺，族眾力強者欺凌搶掠懦弱者。」這種現狀是明朝統治者樂於看到的，符合明朝的以夷制夷、分而治之的政策。鎮撫女真人的明朝邊將認為「女真兵過萬人，則不可敵」，因而哪一支女真強大就征討哪一支，以防止其統一其他部落。女真部落間多有矛盾，明軍征討哪個部落，常得到其他部落的協助。

萬曆十一年（一五八三年），明朝的遼東總兵李成梁派兵征討建州女真一個較大的部落，努爾哈赤的祖父、父親率本部落男丁，隨明軍作戰，不料在作戰時卻被明軍誤殺。明軍送回二人屍體，贈馬三十匹，讓努爾哈赤承襲父祖之職，以作了結。努爾哈赤時方二十五歲，血氣方剛，認為是他家的仇人尼堪外蘭利用明軍殺害了父祖，因而發誓報仇。他為寨主的部落也只是一個小部落，只有十三幅鎧甲、三十個兵丁。為增強力量，他聯合另外兩個小寨主，幫自己復仇。尼堪外蘭不敵，倉皇逃竄。尼堪外蘭勢力較大，不少部落村寨都依附他，努爾哈赤能打敗他，頓時威望大增。

努爾哈赤立下雄心，要統一所有女真部落。他以復仇時的三個部落村寨為基礎，由近及遠，由弱及強，憑藉英勇和機智，征服或說服一個個部落村寨歸附。女真的部落村寨大的才幾百戶，小的只有幾十戶，一個個征服或說降，似也不難。到統一建州女真後，努爾哈赤的兵力已發展到數千。

散亂的女真部落需要用一種組織形式進行整編，才能形成堅強的戰鬥力。努爾哈赤發明了八旗制度，旗下又分若干級組織，最基層的叫牛錄（滿語音譯），轄三百戶。八旗制度是軍政合一的組織，旗下女真人平時為民，戰時為兵，紀律嚴密，獎罰分明。

努爾哈赤在發展壯大過程中，對明朝十分恭順，否則，明朝不會容許他勢力坐大。他每年都給明朝進貢，表示忠心，還約束部眾，絕不允許侵擾明朝邊境。萬曆十七年（一五八九年），一個女真酋長侵擾明朝邊境，掠奪漢民為奴。努爾哈赤將其擒斬，獻送明朝邊將，並送還被掠漢民，又借機要求晉升職務。明邊將向朝廷奏報保准，努爾哈赤遂成為建州女真首領。之後，努爾哈赤繼續為明朝效力。女真酋長以及臨近的蒙古酋長掠奪漢民，努爾哈赤必向其要回並送還明朝。萬曆二十年（一五九二年），明朝出兵朝鮮，征剿侵朝的倭寇，努爾哈赤主動奏請隨明軍出征。對明朝邊將，哪怕是下級軍官，他也極盡恭維。對遼東總兵李成梁更是百般迎合，力表忠順，屢送厚禮，還結為姻親，把侄女嫁給李成梁之子為妾。萬曆二十三年（一五九五年），他終於被明朝授予「龍虎將軍」，這是女真各部中官階最高的職銜。從此，他統一女真就是名正言順的了。

萬曆四十四年（一六一六年），努爾哈赤建國，稱汗，定國號後金。這個時候的後金國在很大程度上還保留著部落聯盟性質，就像歷史上耶律阿保機建立的契丹、完顏阿骨打建立的金、鐵木真（成吉思汗）建立的蒙古一樣。兩年後，努爾哈赤反叛明朝，並向明朝進攻，虜掠人口、牲畜。萬曆四十七年（一六一九年），明朝發兵十萬，進剿努爾哈赤，結果慘敗。此役史稱薩爾滸之戰。戰後，努爾哈赤乘勢奪取開原、鐵嶺，滅了死敵女真葉赫部。葉赫首領臨死前說：「葉赫人將來一定要報仇，即使只剩下一個女人，也要報仇。」這話彷彿是讖語，慈禧太后就是葉赫氏的人，努爾哈赤開創的大清江山果然斷送在她手裏。天啟元年（一六二一年），努爾哈赤又攻下瀋陽、遼陽。天啟六年（一六二六年），努爾哈赤進攻寧遠，守將袁崇煥用火炮重創後金軍，努爾哈赤被擊傷，幾個月後死去，終年六十八歲。

努爾哈赤不是以戶為徵稅對象，也不是以土地為徵稅對象，而是以牛錄（轄三百戶）為徵稅對象。每牛錄出十丁，開墾閒地作為公田，耕種公田所獲糧食交納公庫，作為國家行政費用。三百戶出十丁耕公田，比例為三十比一，那麼其稅率則為三十稅一。戰時各牛錄出丁為兵，馬匹、軍械、軍糧也由各牛錄自備。戰爭掠奪的糧食、牲畜等財物，除了旗主佔有，其餘都分給各牛錄。攻佔瀋陽、遼陽以後，努爾哈赤佔領大片漢人區域，為了籠絡漢人，努爾哈赤實行「恩養」政策，對漢人徵收賦稅很輕。後來，努爾哈赤發現不斷有漢人逃往明朝統治區，就縱兵濫殺漢人。他定了個標準，凡家中存糧不足五斗者，都是不願久居而欲逃走的人，皆格殺勿論。未被殺的漢人全部降為奴僕（滿語稱「包衣」），劃歸八旗貴族所有，把他們每十三丁編設一莊，耕地百晌（一晌為六畝），其中八十晌供自食，二十晌為貢賦。同時嚴防漢人逃亡，逃亡則死。漢人皆不願為奴，紛紛冒死逃亡，結果導致土地荒蕪，糧食短缺，影響八旗的軍糧供應。努爾哈赤還對漢官實行奴役政策，將漢官俱歸滿州大臣名下。漢官所有的馬匹、牲畜、良田，被滿官賤價強買。漢官米穀不足食，以至典衣以自給。漢官病故，其妻子則給滿州貝勒家為奴。努爾哈赤奴役漢人的制度使後金的力量出現衰退。

皇太極奠定清朝基業

皇太極（滿語音譯，非義譯）即汗位後，將過去降為奴僕的漢人全部釋放，恢復平民地位，退還其土地；將漢官從滿州大臣名下拔出，統領部分漢民，按滿人八旗制度管理；戰爭擄掠的漢人，過去全部分給滿人為奴，現在按滿人的品級分給定量的漢奴，其餘則為平民，選漢官管理，從而限制奴役漢人制度的擴大化。

在軍事上，皇太極取得一系列勝利。征服朝鮮，割斷了朝鮮與明朝的同盟關係。進攻寧遠巡撫袁崇煥防守的錦州、寧遠兩城，不克，轉而征討蒙古察哈爾部，使大漠以南的蒙古各部成為後金進攻明朝的同盟軍，於是避開袁崇煥，繞道蒙古，破長城攻入明朝內地，兵臨北京城下。崇禎皇帝急調袁崇煥援京，此時北京謠傳袁崇煥要與皇太極簽訂城下之盟，恰好皇太極又施了一個反間計，故意讓兩個被俘太監聽到金兵與袁崇煥有密約的談話，然後放鬆看管，讓兩個太監逃跑，報告給崇禎皇帝，崇禎皇帝信以為真，便殺了袁崇煥。袁崇煥死後，皇太極在關外取得大凌河圍城戰勝利，一萬一千明軍投降。此後，皇太極對明朝軍民實行招降厚待政策。明朝山東登州守將孔有德、耿仲明因糧餉不繼，發動兵變，又不能自保，遂率部一萬二千人渡海投降後金；遼東廣鹿島副將尚可喜不堪上司迫害，率兵萬餘投降後金。

在皇太極即汗位的第十年（一六三六年，崇禎九年），滿蒙貝勒和漢人大臣以蒙古各部歸附、明朝軍民相繼來降為理由，請求皇太極稱帝，皇太極欣然應允，改國號大清，並建立健全的國家機構。皇太極稱帝後，三次派兵繞過山海關破長城進入關內，擄掠上百萬漢人至關外為其種田供糧，掠奪大量牲畜、財物以供軍餉。在第三次入關前，皇太極發動松山、錦州大戰，殲滅關外明軍十三萬人。這是明亡清興的關鍵性戰役，明軍主力喪失殆盡，山海關以外，只剩寧遠一座孤城。

稱帝第八年，五十二歲的皇太極突然去世。其六歲的兒子福臨即位，其同母弟多爾袞攝政。此時，滿清有滿州八旗六萬多人，蒙古八旗二萬多人，漢軍八旗五萬多人，總兵力約十三四萬。

多爾袞：革除「三餉」和跑馬圈地

清軍入關後的戰爭比在關外的戰爭規模更大，所需糧餉更巨。要君臨天下，就不能以搶掠籌餉，只能以賦稅供軍需，而崇禎末年賦稅繁重，人民不堪重負。多爾袞為收攬民心，宣布革除崇禎「三餉」，按萬曆末年的稅額徵派。他在「大清國攝政王令旨」中說：「……前朝弊政，厲民最甚者，莫如加派遼餉，以致民窮盜起，而復加剿餉，再為各地抽練，而復加練餉。惟此三餉，數倍正供（正稅），苦累小民，剔脂刮髓……予哀爾百姓困窮……為爾下民請命，自順治元年，凡正額之外，一切加派，如遼餉、剿餉、練餉……盡行除免。」

多爾袞說的「正供，就是指萬曆末年的稅額，而這個稅額已經包括萬曆皇帝的「三征加派」和三次遼餉加派，比張居正一條鞭法的稅額多出好幾倍。也就是說，多爾袞的稅額輕於崇禎的稅額，等於萬曆末年的稅額，重於張居正的稅額。其稅制仍屬於一條鞭法。

多爾袞革除「三餉」，減輕了農民的負擔，但他同時頒布的圈地令卻使北京周圍方圓數百里的農民和地主痛失良田。

多爾袞的圈地令是對戶部的指令，說：我大清建都北京，作長久計，而從關外來的諸王、勳臣、兵丁人等卻無土地，而近京州縣無主民田及明朝皇親國戚公侯太監死於寇亂者的田地甚多，爾部可概行清查，分給來自關外的官民兵丁。

這聽起來倒很在理，入關的官民兵丁沒有土地便不能自養，靠國家供養就得加重賦稅。這時有順天（北京為順天府）巡按上疏道：無主之地與有主之地犬牙交錯，勢必滿漢雜處，恐日後爭端易生，不如滿漢分居，各住一方，毋相侵奪，不生爭端。這道上疏的結論是，若實現滿漢分居，則必須兌換田地。又有戶部尚書奏道：臣奉命查得近京無主田地三十六處，盡數撥給旗下，猶若不足。去京較遠處尚有無主田地，若撥旗下，則兵民雜處，多有未便。議將近京有主田地劃撥旗下，而將遠京無主田地兌換給近京之民。

多爾袞採納了兌換田地的建議。但兌換不是自願的，而是強制的。誰也不願意以近京的價值高的田地，兌換遠京價值低的田地；誰也不願意離開祖祖輩輩的生活地，背井離鄉去遠方。百姓抗不過朝廷，只好兌換，到順治四年，以遠京的五十二州縣瘠地兌換近京三十八州縣良田共六萬頃，被強行兌換田地的農民「離其田園，別其墳墓」，「婦子流離，哭聲滿路」。而實際圈地面積達十六萬頃，多出的十萬頃，除了無主田地，大部分是有主田地，無奈的田主不願兌換遠京瘠地，而寧願把土地投獻給大清皇室和諸王，自己則成為佃耕者，而佃耕的還是原本屬於自己的田地。

圈地之所以為「圈」而不是「量」，是因為滿州人和漢人的習慣不同。漢人區域人多地少，丈量土地用步弓，人工丈量。滿州人少地多，丈量土地用繩，用馬牽繩而馳，故稱「跑馬圈地」，若用步弓則太慢。不解者，把「跑馬圈地」意會為信韁而馳，以蹄印為地界。

圈佔的土地分為皇莊、王莊和旗地，皆為免稅田。

皇莊，即皇室之莊田，歸內務府管理，在北京附近約有幾千頃土地，在盛京（瀋陽）還有幾千頃土地。皇莊什麼都種，有糧食、棉花、蔬菜、果園，還有養蜂的，種蘆葦的，等等，皇宮可以依靠皇莊自給自足。當時清皇室對商品經濟的社會化供給是相當陌生的，這也許是清王朝閉關自守的思想根源之一。留在皇莊內的京郊百姓被稱為投充人，帶地投充的還種原來的地，其中有的帶地幾十頃，顯然原為地主，投充後也是雇人耕種或租佃經營，不帶地的投充人由皇莊劃給土地。所有投充者，均按直隸民田納稅標準向皇室納銀，而不再向官府納稅。投充者之外的勞動者統稱為壯丁，即包衣，大多數是清兵入關前俘掠的漢人，也有因罪發遣的犯人、被沒官為奴的人、從宮廷發遣的奴僕等。他們的生產器材、生活所需由皇室提供，勞動產品全歸皇室所有。

王莊，即王公貴族之莊田，根據級別授田，總面積有一萬多頃，也是由投充人和壯丁耕種，與皇莊經營方式相同。

旗莊，即八旗官兵之莊田，級別高的有幾百畝，一般兵丁為三十畝，總面積有十四萬頃，也是由屬於他們的壯丁耕種。壯丁常跟隨旗人出征，土地便荒蕪；壯丁也有不斷逃亡的，而旗人又不善或不願耕種，便長久荒蕪。時間一長，大部分旗地被旗兵典賣，少部分被租佃。被典賣的旗地又被朝廷墊錢贖回，讓原旗人業主按價交官，領回土地，但多數業主無錢交官，於是，就被別的旗人買去，再租佃出去。這樣，旗人就發生兩極分化，出現旗人地主和旗人貧民。到晚清，那些遊手好閒，貧困落魄的旗人大多數是失去旗地的。最終，大部分旗地都由農奴制經營轉化為租佃制經營。

皇莊和王莊也在發生變化。每十幾個或幾十個壯丁由一個莊頭管理，莊頭的身分也是壯丁。莊頭負責向皇室或王爺繳糧納銀，多繳納有獎，少繳納則罰，莊頭就想方設法多繳納，那麼就要加重對壯丁的剝削，於是壯丁就反抗，或者怠工，或者逃亡。百年之後，農奴制的莊田再也經營不下去了，乾隆皇帝就下令解放壯丁，將莊田租佃與民，莊頭仍然保留，負責收租，變成了二地主。莊頭為謀私利，就加重租額，除了上繳，留為己有，這遭到佃戶的反抗。為平息爭端，而又可以獲利，莊頭就不斷私自將莊田典賣給佃戶。鴉片戰爭以後，割地賠款，財政緊張，皇室和王爺不斷出賣莊田。到清末，莊田幾乎被賣光。

皇莊、王莊、旗莊，一經公開典賣，買主就須向國家納稅。

康雍乾盛世減免田賦改革稅制

在封建社會，經濟的發展決定於農業生產的好壞，而農業又主要決定於耕地面積的多少。明末清初的戰亂和重稅，導致人口大量死亡、流亡，田地荒蕪失耕。順治八年（一六五一年），官方掌握的在冊耕地僅有二百九十萬頃，比張居正清丈的土地面積少四百四十萬頃。清初沒有像明初那樣實行強制移民，而是以優惠政策吸引流民回歸本鄉墾荒，動員少地無地農民遷移外地墾荒。優惠政策是：新墾荒地最短六年最長十年不徵稅；國家借給墾荒者口糧，給墾荒者提供牛具和種子。除了開墾當地的荒地，還形成「湖廣民人往四川開墾」（即「湖廣填四川」）、「山東民人到口外種地」（即「山東闖關東」）兩股潮流。順治十八年（一六六一年），耕地恢復到五百四十九萬頃；康熙二十四年（一六八五年）為六百零七萬頃；雍正二年（一七二四年）增至七百二十三萬頃，乾隆三十一年（一七六六年）達到七百八十萬頃，超過了張居正清丈的耕地面積。

玉米和紅薯的推廣也促進了清代農業的發展。玉米和紅薯原產南美洲，在哥倫布一四九二年發現美洲新大陸後，逐漸被引種到全世界，明朝中期傳入中國，到清朝初期已推廣到全國各地。玉米和紅薯不擇肥瘠、水旱、冷暖皆可種植，產量比原有的穀類高得多。玉米和紅薯最突出的貢獻是減少、減輕災荒年份，在生產條件差的地區，其作用超過小麥、水稻和穀子。

農業的發展，帶動賦稅收入的增長。順治年間，年賦稅收入在一千五百萬兩至二千萬兩之間，因軍費開支大，年缺餉數十萬兩至數百萬兩。康熙二十年平定了雲貴吳三桂、廣東尚之信（尚可喜之子）、福建耿精忠（耿仲明之孫）三藩叛亂以後，天下太平，年賦稅收入突破三千萬兩（不含稅糧）。三藩之亂是藩王率兵叛亂，而其所轄之民不反，其民不僅不反朝廷，而且反藩王，因為三個藩王皆重賦於民，以籌軍餉。不得民心的叛亂是注定要失敗的。從平定三藩之亂到乾隆末年這百餘年，史稱「康雍乾盛世」。康雍乾盛世每年賦稅收入都在三千萬至四千萬兩，不少年份財政有積餘，多時達數千萬兩。

康熙皇帝在位六十一年，從康熙二十五年（一六八六年）開始，由於財政積餘，常常每年免除數省錢糧，有的省連免數年錢糧，因災而免除局部地區錢糧的次數更多。據統計，康熙皇帝共免除賦稅一億三千萬兩以上。稅是有田之戶承擔的，免稅，使有田之戶得實惠，而佃戶沒什麼實惠可言，繳的租一點也沒少。康熙五十年（一七一一年），經大臣建議，康熙皇帝詔令，以後所免之稅，地主佔七分，佃戶佔三分。

康熙五十一年（一七一二年），康熙皇帝決定「盛世滋丁，永不加賦」，即以後再增加的成丁（十六歲以上）人口，不再徵收丁銀。從明朝萬曆九年張居正實行一條鞭法以來，丁銀一半攤入地畝徵收，一半按人丁徵收，到康熙時，人丁承擔的丁銀約佔農業總賦稅的大約十分之一。富戶人少地多，人丁承擔的丁銀顯得很輕；窮戶人多地少，人丁承擔的丁銀就顯得較重；佃戶無地，承擔的丁銀就顯得更重。增丁不加賦，可以在總體上避免人頭負擔再增加，但這一政策有局限性，雖然不加賦，可是也不減賦，以保甲為單位的丁銀總額必須保持不變。保甲內，減丁戶減賦，增丁戶就得增賦；若保甲內男丁總數減少，丁銀卻不能減少；若保甲內男丁總數增加，丁銀卻不增加。這就造成丁銀負擔不均。這種局限性到雍正時得到改變。

雍正皇帝在位十三年。雍正元年（一七二三年），在諸大臣的建議下，雍正皇帝決定實行「攤丁入畝」，即把一省的丁銀總額全部攤入地畝徵收，富人地多，攤的就多，窮人地少，攤的就少，無地戶則不承擔丁銀。這是一種新稅制，也是封建社會最後一種稅制，比一條鞭法更徹底。也可以說，這是多徵田賦，免去丁賦。這是劃時代的進步，從秦始皇開始的人頭稅，到雍正終於取消了。

雍正皇帝還對始於五代十國時期的「耗羨」進行了務實的改革。清代以前的「耗羨」只有「鼠耗」和「雀耗」。清代田賦以徵銀為主，以徵糧為輔，所以又增加了「火耗」。官府向一家一戶徵收的散碎銀子要鑄成大錠，以便入庫和上繳，熔鑄時會有損耗，這損耗即為火耗。熔鑄時的損耗，實際上是很少的，但為了多徵稅，就誇大這種損耗，各地不一致，有加百分之十幾的，高的有加百分之五十的。康熙皇帝曾說過，所謂廉吏者，非一文不取也，如州縣官火耗只加一分（即百分之十），此外不取便是好官。多徵的火耗不用上繳國庫，留在省、府、縣作為官員們的小金庫，用於向上級行賄和給自己發補貼。如地方官夏天要給京官「冰敬」，冬天給「炭敬」，一般都從火耗中支出。至於給自己發補貼，似乎情有可原，因為朝廷定的俸祿太低，以年計：一品官一百八十兩，二品官一百五十五兩，三品官一百三十兩，四品官一百零五兩，五品官八十兩，六品官六十兩，七品官四十五兩，八品官四十兩，九品官三十三兩。以七品縣官為例，按當時比較體面的生活標準，他的俸銀只夠他一個人用，全家用只夠三個月。鑒於這種情況，雍正皇帝實事求是地做出規定：各地火耗比例由朝廷根據當地的經濟發展水準分別確定，一般在百分之十以下，不得私加；所有火耗全部歸公上繳，不得私留；朝廷在俸祿之外，依當地經濟發展程度給各級官吏發養廉銀。這樣規範化以後，民負有所減輕，國庫收入增加，官員也不再有怨言。還以七品縣官為例，最窮的地方養廉銀每年不低於六百兩，最富的地方養廉銀每年不高於一千二百兩，是其俸祿的十幾倍。品級越高，養廉銀越多，總督、巡撫可達一萬多兩，是俸祿的百倍。官員們請客吃飯、騎馬坐轎都應在養廉銀裏面開支，沒有另外的招待費、車馬費。其實養廉銀只是堵住了官員向百姓亂加派的藉口，並不能保證他們清廉。時有流行說法：對賄款擇而收之，便是好官；對賄款來者不拒，則是壞官。一縣一府的行政、財政、刑罰全歸一人掌握，同級沒有監督機構，想貪賄是有很多機會的。民謠說：「三年清知府，十萬雪花銀」便是當時的真實寫照。

乾隆皇帝在位六十年，分別於乾隆十年、三十五年、四十五年、五十五年、乾隆六十年五次詔令免稅，每次都分三年輪免各省錢糧一年，並多次免除各省的積欠。乾隆皇帝免稅總額大概不少於康熙皇帝。

盛世的衰落

盛世的標誌是國力的增強，國力包括財政實力和軍事實力，但隨著財政實力和軍事實力的消耗，盛世就會走向衰落。

康雍乾盛世儘管屢次減免田賦，但財政仍然經常有積餘。這些積餘庫銀來自漢族地區的賦稅，但都消耗在對邊疆加強統治的軍事行動上，甚至還不夠。康熙、雍正時期就不斷對邊疆用兵，乾隆用兵更多，先後共發動十次戰爭，乾隆皇帝得意地稱之為「十全武功」。「十全」語出《周禮》，說醫生看病「十全為上，十失一次之」。就是說，十次都治癒為上，十次有一次不見效則次之。「十全武功」如下：

一、平大金川。四川大渡河上游，是藏族聚居地之一。此地藏民分別由若干土司世襲統治。其中大金川土司日漸強盛，不斷攻掠相鄰的小金川土司，有統一該地區的趨勢，那將不利於朝廷對該地區的制約。乾隆十二年（一七四七年），乾隆皇帝調兵三萬進攻大金川，由於山勢險峻，碉樓林立，進攻沒有什麼進展，且損失慘重。乾隆皇帝又增兵、增餉，終於在乾隆十四年（一七四九年）

迫使大金川土司乞降。此役耗銀二千萬兩。

二、平準噶爾部。準噶爾部是蒙古族的一個分支，領地包括今新疆準噶爾盆地。元朝滅亡之後，蒙古族四分五裂。到清初，蒙古族分為漠南蒙古、漠北蒙古、漠西蒙古。清軍入關前，漠南蒙古各部已歸順清朝。康熙時，漠北蒙古各部也都與清朝保持臣服關係。漠西蒙古分為四部，準噶爾部是其中一部，它在清初迅速崛起，控制其他三部，並進攻漠北蒙古，這是清朝不能容許的。康熙二十九年至三十六年（一六九〇－一六九七），康熙皇帝三次親征，挫敗準噶爾部，但並沒有實現對其統治。康熙五十六年（一七一七年），準噶爾部又侵佔西藏，康熙皇帝發兵將其驅逐。乾隆十五年（一七五〇年）以後，準噶爾部上層為爭奪汗位發生內訌，兵戎相見。乾隆二十年（一七五五年），為完成康熙皇帝未竟之功，乾隆皇帝調動大軍進攻準噶爾部。因為準噶爾內部分裂，所以清軍「兵行數千里，無一抗者」。不過三個月，就將準噶爾可汗擒獲。

三、再平準噶爾部。準噶爾部反清具有民族基礎，當清軍撤退後，準噶爾部就發生反清叛亂。乾隆二十二年（一七五七年），清朝再次出兵，對準噶爾部進行殘酷屠殺，致使人口銳減。乾隆皇帝這一次徹底平定準噶爾部，實現對其有效統治。

四、平回部。清代，維吾爾族居天山南路，因信奉伊斯蘭教，所以稱為回部。回部長期被準噶爾部統治。準噶爾部被平定後，回部又發生叛亂。清朝立即出兵，於乾隆二十四年（一七五九年）平定了回部。從此準噶爾部、回部成為清朝「新的疆域」，故稱新疆。平回部和兩次平準噶爾部，共耗銀三千三百萬兩。

五、征緬甸。緬甸與清朝在很長時間內沒有聯繫，在乾隆十八年（一七五三年），緬甸才遣使來朝。隨即緬甸發生內亂，新國王對外擴張。乾隆二十年（一七五五年）之後，緬甸不斷侵犯清朝雲南邊境。乾隆三十年（一七六五年），雲貴總督派兵征討失敗。乾隆三十一年（一七六六年），乾隆皇帝調陝甘總督征討緬甸，先勝後敗。乾隆三十二年（一七六七年），第三次征討，因孤軍深入，糧草不繼，兵敗而退。乾隆三十四年（一七六九年），派軍機處重臣督師第四次征討，雖然大半士卒因不適應氣候、不服水土而病死，但終於迫使緬甸求和。緬甸答應十年一朝貢，但並未兌現。緬甸之役耗銀九百萬兩。

六、再平大小金川。乾隆十四年（一七四九年）平定大金川後，大金川、小金川之間仍然衝突不斷，四川總督說服他們聯姻，化敵為友，不料他們聯姻後卻聯合反清，並攻掠鄰近土司。乾隆皇帝決定再度出兵。此役更為慘烈。從乾隆三十六年（一七七一年）到乾隆四十年（一七七五年），歷時五年，用兵十萬，耗銀七千萬兩，才將其平定。之後朝廷廢除此地土司制度，設官管理，駐兵鎮守。

七、平臺灣。鄭成功在康熙元年收復臺灣，驅逐荷蘭殖民者。康熙二十二年（一六八三年）清朝收復臺灣，設臺灣府，隸屬福建省。乾隆五十一年（一七八六年），臺灣彰化地區天地會首領林爽文率眾起義，沒收地主土地，分給起義的農民，農民因而群起回應。天地會是分散在民間的秘密反清組織，成立於康熙初年，入會的多為貧民，會員之間結為異姓兄弟，義氣為上，有難同當。林爽文起義是天地會的第一次起義，乾隆五十三年（一七八八年）被清軍鎮壓。此役耗銀八百萬兩。

八、征安南。安南就是現在的越南。安南是清朝的附屬國，每三年進貢一次，每六年遣使朝拜一次，新君即位須由清朝冊封。乾隆五十二年（一七八七年），安南黎氏國王被崛起於南方的阮氏家族推翻，黎氏國王請求清朝出兵。乾隆皇帝出於憐憫之心，決定發兵征討。清軍進攻順利，阮氏退回南方。阮氏以乞降的假象迷惑清軍，暗地裏集結優勢兵力，向清軍發起突然襲擊，清軍倉皇逃回國內。阮氏害怕清朝再次興兵，連續四次向清朝謝罪，祈求歸順。乾隆皇帝只好承認既成事實，冊封阮氏為安南國王。此後阮氏進貢朝拜一如黎氏。征安南耗銀最少，僅一百萬兩。

九、一征廓爾喀。當時的廓爾喀就是後來的尼泊爾。廓爾喀雖然地狹人少，卻十分強悍，至今英國的廓爾喀雇傭軍仍享譽世界。當時的廓爾喀比西藏強大，廓爾喀人在西藏經商，認為西藏徵稅過重，就出兵侵入西藏。藏兵抵擋不住，清朝的駐藏大臣奏報朝廷出兵。乾隆皇帝派理藩院侍郎為欽差大臣率四川兵四千入藏禦敵。當時的駐藏大臣位高權輕，不直接掌握行政權力，達賴喇嘛只是宗教領袖，西藏的政務由五名噶倫掌握。噶倫軟弱，同意每年出三百錠銀元寶，贖回被廓爾喀侵佔的領土。朝廷的欽差大臣心想，三百錠銀元寶由西藏出，而不由朝廷出，竟然同意這項和議，但他知道乾隆皇帝絕不會同意，就編造謊言，說廓爾喀認罪退兵，乞求封王納貢。乾隆皇帝照准。一征廓爾喀就這樣荒唐地結束了。這是在乾隆五十五年（一七九〇年）。

十、二征廓爾喀。一年後，西藏交不起三百錠銀元寶，廓爾喀再次入侵，大肆搶掠，連寺廟也不放過。乾隆皇帝得報，大怒，仍在西藏的欽差大臣畏罪投河自盡。派駐西藏的將領雖然擁兵四千，卻不禦敵，聽任廓爾喀搶掠之後安全退回。乾隆皇帝決定增兵一萬四千，二征廓爾喀。清軍不畏山勢險峻，猛攻猛打，節節取勝，深入敵境七百里。廓爾喀依險防守，頑強抵抗，也使清軍損失慘重。廓爾喀終於支撐不住，以稱臣納貢為條件乞降，清朝見好就收，也同意撤兵。兩次征討廓爾喀，共耗銀一千萬兩。總結廓爾喀入侵的教訓，乾隆皇帝認為問題根源在於噶倫執政的體制，於是頒布《欽定藏內善後章程》。此後，清朝駐藏大臣直接掌握西藏行政權力。

乾隆皇帝的「十全武功」共耗銀一億五千萬兩，相當於清朝四年的財政收入。「十全武功」是盛世的標誌之一，但也是由盛轉衰的原因之一。可是如果光是「十全武功」耗銀，還不至於盛極而衰，還有更主要的原因，就是奢侈和吏治腐敗。

奢侈始於皇帝，上行下效，遂成風氣。皇帝待在皇宮裏，衣食用度花費不了多少銀子，最怕出巡，興師動眾，耗費極其巨大。乾隆皇帝最崇拜他的爺爺康熙皇帝，康熙六次南巡，他也南巡六次，但他的耗費據記載十倍於康熙。乾隆南巡，深愛江南園林，於是就仿江南園林，擴建圓明園。圓明園始建於康熙，雍正時擴建，乾隆時擴建達到高潮，擴建工期長達數十年，建成後被稱為「萬園之園」，內藏珍寶無數。建造圓明園的花費，史無記載，只可估計。拿頤和園來比吧。頤和園和圓明園比，是小巫見大巫。頤和園和圓明園同毀於英法聯軍，慈禧修復頤和園挪用海軍軍費二千萬兩白銀，要是重建，恐怕得幾倍於二千萬兩，據此估計圓明園的建造費用，恐怕又是頤和園建造費用的幾倍，要大大超過「十全武功」所耗銀兩。慈禧的奢侈，有據可查，那就再把慈禧祝壽和乾隆給他母親祝壽比一比吧。慈禧六十大壽，本想辦得像乾隆給他母親祝壽一樣，可是正值甲午戰爭，只得收斂，但仍然花了五百四十萬兩白銀。由此推測，乾隆給他母親祝六十大壽、八十大壽以及他自己的八十大壽，哪次祝壽恐怕至少花費上千萬兩白銀。史書只記載乾隆和皇太后三次做壽奢華的場面，沒有記載具體花費，但由慈禧的花費推測乾隆的花費絕不為過。皇帝的奢侈，必然開一代奢侈之風。僅說吃，著名的滿漢全席，就是起源於乾隆時期，一百零八道菜，奇珍美味無所不包，需要三天才能吃完，達官貴人流連於宴席之上是司空見慣的現象。他們吃的都是公款。以河督為例，朝廷每年撥款數百萬元，但用於治河的不及十分之一，大部分都用於揮霍。乾隆朝的奢侈之風愈演愈烈，蔓延至嘉慶、道光，嘉慶皇帝、道光皇帝力加遏止，然而無濟於事。

奢侈之風必然伴隨著貪賄之風，而吏治不嚴又助長了貪賄之風。雍正皇帝為政嚴猛，官吏大為收斂，乾隆皇帝自稱為政寬嚴相濟，事實上是平時實行寬政而難以防貪，當吏治敗壞以後再嚴厲治貪而為時已晚。乾隆的寬政到中期以後結出惡果。如：乾隆三十三年（一七六八年），兩淮鹽政貪污鹽稅案；乾隆四十六年（一七八一年），甘肅布政使貪污賑災款案；乾隆四十七年（一七八二年），山東巡撫、布政使虧空國庫案；乾隆四十九年（一七八四年）和乾隆五十一年（一七八六年）先後發生的江西巡撫、福建巡撫、閩浙總督勒索屬員鉅額銀兩案；乾隆五十七年（一七九二年），浙江巡撫索賄貪污案。這些省級大員都受到嚴懲，但並沒有剎住貪賄之風，各地府州縣官員因貪賄而送命者更是「前仆後繼」。其實乾隆中期以後貪賄之風的風源就在乾隆皇帝身邊，這就是乾隆皇帝的寵臣和珅。和珅被嘉慶皇帝抄家，查抄的錢財、珠寶、家產共編號一百零九號，其中已估價者二十六號，就值銀兩億兩千萬兩，而國家年財政收入才四千萬兩，可見和珅贓物之多，財產之富。故而民間有「和珅跌倒，嘉慶吃飽」之說。和珅受乾隆皇帝寵信，專權二十多年，他在很大程度上造成政以賄成的風氣。誅滅和珅後，嘉慶皇帝在上諭中說：州縣盤剝小民，除了自肥，大半奉獻給上司；督撫勒索下屬，不為獨貪，更為交結和珅；層層貪賄，皆為和珅一人。嘉慶皇帝痛恨和珅，就把吏治腐敗歸罪和珅一人，其實吏治腐敗還與朝廷的捐納制度有很大關係。

捐納制度在秦漢就有。秦代「納粟千石，拜爵一級」。漢文帝採納晁錯「輸穀賜爵」的建議，按納粟多少，賜給相應的爵位。秦始皇和漢文帝只賣爵，不賣官，買爵位的人，可免勞役，如果犯罪，可減輕量刑。賣官鬻爵始於漢武帝，目的是為征匈奴籌軍費。漢武帝賣爵多，賣官少，賣的是最低級的官。賣官最濫的是東漢末年的靈帝和北朝的北齊，上至九卿下至縣令都明碼標價，現任官員正常提拔也得交錢。宋代、明代以賣國子監的學歷文憑為主，賣低級官職為輔。以上賣官都是國家賣官，收入歸國家財政。至於權臣私自賣官，歷朝歷代都有，如唐代楊國忠、北宋蔡京、南宋賈似道、明代嚴嵩等等，都屬於受賄索賄性質，並非國家制度。

清代捐納制度繼承於明代，起初並不是每年都開捐，只有遇到戰爭、賑災、治河而財政不足時才開捐。順治時期統一全國征戰不休，軍費捉襟見肘，於是開捐監生，補貼軍用。監生就是國家最高學府國子監的學生，開捐監生相當於現代賣學歷文憑。監生的名分高於秀才，低於舉人。康熙平三藩之亂，為了籌餉，擴大捐納範圍，下至秀才（府州縣學的學生），上至監生，都可捐得。知縣也可以靠捐納獲得，全國有一千三百多個縣，竟有五百個知縣是捐官。不過康熙時期對捐官者把關較嚴，大多是有才能的正派之人，吏治還不至於敗壞。雍正對西北用兵，也開捐籌餉。乾隆時期一方面國庫充裕，可以經常減免賦稅，也可以奢侈浪費；另一方面戰爭頻繁，又不時需要賑災、治河，這些時候財政積餘就不夠用了，就需要開捐籌款。因為財政開支浩繁，籌款數額巨大，所以就對捐納者把關不嚴，以致捐納越來越濫，吏治越來越壞。以乾隆三十九年（一七七四年）賣官價格為例，知府一萬三千三百兩，知縣四千六百二十兩，當時出得起這個價格的富人不下百萬，那還不把全國的知府、知縣都買光了？但是不會都賣掉的，還要照顧到科舉制度，畢竟科舉才是正途。可是由科舉走向仕途真是太難了。兒童讀私塾，讀到十幾歲，稱為童生，可以參加國家考試。童生無年齡限制，小的十幾歲，老的幾十歲，都叫童生。童生依次參加縣試、府試、院試，院試由省裏的學政主持，學政又稱提督學院，故稱院試。通過了院試，可入縣學、州學或府學學習，稱為生員，民間俗稱秀才，國家給生活費，每月有幾斗米。秀才分三等，成績優秀者叫廩生，「廩」即糧倉，「廩生」即國家供糧的生員；其次叫增生，即「增加的廩生」；初入學者叫附生，即附學之生員。秀才是最低的功名，三年考錄一次，有名額限制，貧困地區每縣幾名，富庶地區每縣十幾名。府學每年選一名秀才，州縣學二年選一名秀才入國子監學習，學期三年，畢業考試合格者稱為監生。監生一般不授官，但朝廷如果需要，通過考試監生也可授予低級官職，捐納的監生大多通不過考試，若想做官，需要再捐。監生的主要出路是隨秀才參加三年一次的本省鄉試。為什麼稱「鄉試」？因縣學、州學、府學相對於國子監來說是地方學校，所以又稱鄉學，鄉學學生參加的考試故稱鄉試。鄉試由朝廷派官員主持，每省錄取舉人幾十名、上百名不等。舉人有資格被授予官職，但並非必然授予官職。舉人大多都要參加三年一次的會試，會試在京城舉行，由禮部主持。數千舉人趕考，僅錄取二三百名。會試之後接著是殿試，殿試的作用是定名次，由皇帝主持，前三名賜「進士及第」，依次叫狀元、榜眼、探花，第四至第二十名賜「進士出身」，第二十一名以後賜「同進士出身」，統稱進士，可入翰林，可放外任，放外任者以授知縣為榮幸。無數讀書人十年寒窗苦，最終考中進士的平均每年不到一百人，哪有捐納入仕來的容易。這正是捐納籌款立地見效的原因。

在明代，財政增收靠重複加賦而不靠捐納制度。清代接受明代的教訓，入關伊始就革除崇禎「三餉」，只按萬曆稅額徵收。康熙五十一年（一七一二年）宣布「盛世滋丁，永不加賦」，控制住賦稅因人口增長而增長。雍正元年（一七二三年）實行「攤丁入畝」以後，對廣大少地無地的農民來說，賦稅實際上是減輕了。殷鑒不遠，清代歷朝皇帝都不願承擔加賦的罪名。雍正實行的

「火耗」歸公，早在康熙後期就有大臣建議過，但被康熙皇帝拒絕。他說，「火耗」是地方官私自加徵，若歸公就等於朝廷承認此項加徵是合法的了，那麼皇帝就要背上加賦的罪名。正因為這種心理，康熙皇帝平三藩籌餉，寧願擴大捐納範圍，而不肯加重賦稅。雍正、乾隆二帝也是抱著這種心理，把捐納制度當作補充財政的有效手段，平常年份捐納收入只有幾萬兩、十幾萬兩，一遇支出大項，就廣泛開捐，如乾隆十九年（一七五四年）為平定準噶爾部籌餉，捐納收入達五百五十多萬兩。乾隆年間多次開捐，雖然沒有加重賦稅，卻加速了吏治腐敗。越來越多的買官者把官場當商場，想方設法魚肉百姓，加倍收回投資，害民的程度超過朝廷加賦。其手段如：在「火耗」歸公的基礎上再加「火耗」；徵糧則加大折扣，甚至有每石折扣二斗半的；勞役本該官府出錢雇傭，但卻無償徵派。伴隨著地方官私徵濫派，許多捐了虛職官銜的地主、商人也加重對農民的剝削，他們有了護身符，更加肆無忌憚地橫行鄉里。在盛世的背後，是農民貧困化的加重。據官員上奏，湖南一半農民是無田的佃戶。當時多數省份大抵都如此。乾隆皇帝在晚年已經認識到捐納制度的危害性，他在上諭中說：為政之要，首在用人，而人才究以正途為重。因軍需、河務支用浩繁，不得不開捐例，以致正途壅塞，人才不興，可見捐納之事不必舉行。遂決定停止捐納，並要求子孫永不再開。嘉慶四年（一七九九年）正月初三，在位六十年又當了三年太上皇的乾隆皇帝心憂天下遙指西南而逝，終年八十九歲。

西南方向的川楚白蓮教起義正鬧得不可收拾。白蓮教是具有反抗精神的宗教，教徒們信奉的彌勒佛轉世必將改朝換代的教義，成為農民起義的精神武器，推翻元朝的紅巾起義就是白蓮教發動的。朱元璋建立明朝後，深知白蓮教對朝廷的威脅，因而嚴禁白蓮教傳播。社會的動盪不安是白蓮教傳播的土壤，在明代萬曆年間白蓮教又發展起來。至乾隆，全國各地形成眾多白蓮教教派，尤以川楚為盛。川楚兩省的白蓮教教徒大都是少地無地農民，教主承諾「事成之後，分給地畝」，農民立刻相應，於嘉慶元年（一七九六年）爆發大規模起義。三四年間，清軍圍追堵截，但農民起義卻成燎原之勢，由四川、湖北蔓延到陝西、河南，眾達數十萬。乾隆皇帝建立了「十全武功」，但對這場農民起義卻束手無策，臨終仍放心不下。乾隆皇帝逝去，嘉慶皇帝親政，發現勞師無功的關鍵原因在於統兵將領「日以玩兵養寇為事」。玩兵養寇而不力戰，可以向朝廷要更多軍餉以自肥，自軍中歸來者，「無不營置田產，頓成殷富」。見此情景，那些在京武官無不謀求赴軍，不是想去打仗，而是想去發財。腐敗，已經侵蝕軍隊，盛世怎能不衰。嘉慶皇帝嚴厲整軍，圍剿才有所進展。同時，對起義軍進行招撫，資助安家費用，分給田地，或以若干年免賦為條件讓其開墾荒地。圍剿加招撫，終於在嘉慶十年（一八〇五年）將起義鎮壓下去，前後共調集十六個省的兵力，耗銀達二億兩。十年間的用兵用餉，遠遠超過乾隆數十年間「十全武功」的耗費，盛世從此徹底衰落下去。十年耗銀如此之巨，是財政所不能承受的，除了捐納一途，別無辦法。為了鎮壓亂民，嘉慶皇帝已顧不得乾隆皇帝的上諭了，而且捐納範圍比乾隆時期更濫。除了捐監生、捐官、捐復職、捐虛銜，副職還可捐正職，低品級還可捐高品級，該退休了還可通過捐納推遲退休，實職不夠可以捐候補，文官不夠可以捐武官，等等。據記載，每年捐納收入少者二三百萬兩，多則千餘萬兩。從嘉慶到道光，五十多年間，財政越來越匱乏，捐納也像田賦一樣成為戶部的固定收入，吏治因此越來越腐敗，軍備因此越來越鬆弛，當資本主義列強的堅船利炮從海上駛來，大清帝國卻如一個身體虛弱、步履蹣跚的巨人，經不起外力一擊。

鴉片戰爭之後賦稅加重

道光二十年（一八四〇年），世界上最強的資本主義國家英國和最悠久的封建制國家中國因為鴉片貿易發生一次戰爭，這次戰爭改變了中國歷史的進程，也影響了中國的賦稅制度。

鴉片貿易並非始於英國，也非始於清朝，早在十六世紀中後期，至晚在明朝的萬曆年間，葡萄牙人就從印度販運鴉片到中國，緊隨其後的還有西班牙、荷蘭。十八世紀七十年代，整個印度半島都淪為英國的殖民地，這裏所產的鴉片盡歸英國東印度公司所有。當時，英國對中國的貿易逆差很大，因為英國的毛料和棉布在中國銷路不好，而英國對中國的茶葉和生絲需求量很大。為改變貿易逆差，英國就實施了罪惡的鴉片貿易政策。東印度公司聘請專家研製熬煉出特別適合於中國人口味的鴉片，標價拍賣給鴉片商人。此後，輸入中國的鴉片逐年增加。乾隆五十二年（一七八七年），英國出口中國鴉片二百箱（每箱一百斤或一百二十斤）。五十年後的道光十八年（一八三八年），英國出口中國鴉片猛增到四萬箱。這一年，英國出口中國商品總值五百六十萬英鎊，其中六成是鴉片，進口中國商品總值三百一十萬英鎊，順差達二百五十萬英鎊。

清朝從雍正七年（一七二九年）就開始禁煙，諭令：對私開煙館的人，處絞刑，協從者杖一百，流放三千里；兵、吏索賄受賄者照枉律治罪；疏於糾察、監察的官員交刑部嚴加議處。但是，雍正的這道諭令根本沒有得到執行。據後來林則徐奏章稱：「開館應擬絞律，律例早有明條，而歷年未聞絞過一人，辦過一案。」乾隆皇帝也諭令禁煙，也無效果。除了走私，海關還對以藥材名義進口的鴉片徵稅放行。鴉片是在嘉慶朝才真正成為禁品的，皇帝三令五申，各地官吏也積極行動，但各省禁煙參差不齊，以湖廣（湖南、湖北）總督林則徐禁煙決心最大。道光十九年（一八三九年），林則徐被委以欽差大臣赴廣州查禁鴉片，第二年就爆發了鴉片戰爭。

一八四二年鴉片戰爭失敗，中國向英國賠款二千七百萬銀元，分四年付清。這時的銀元是指在中國流通的西班牙銀元。一元折中國白銀七錢二分，二千七百萬銀元折一千九百多萬兩白銀。此後，又有三次鉅額戰爭賠款。咸豐十年（一八六〇年），第二次鴉片戰爭失敗，向英、法賠款一千六百七十萬兩。光緒二十一年（一八九五年，農曆甲午年），甲午戰爭失敗，向日本賠款二億兩，日本退還遼東半島，又追加三千萬兩。清政府無力賠款，只好以關稅、鹽稅作擔保，向英、法、德、俄借款用於支付戰爭賠款，借款本息高達七億兩。光緒二十六年（一九〇〇年，農曆庚子年），八國聯軍侵佔北京，清政府賠款四億五千萬兩，分三十九年還清，加上利息，本息共計九億八千多萬兩，史稱庚子賠款。關稅、鹽稅已被列強控制，作為償付賠款之用，但仍然不夠，還需各省分攤。四次戰爭賠款加利息，總額約十八億兩。

與四次戰爭賠款同期，清廷鎮壓了五次大規模的農民起義，分別是太平天國起義、捻軍起義、西北回民起義、西南各族人民起義、東南各族人民起義。鎮壓五次農民起義耗銀約為八億五千萬兩。

在第二次鴉片戰爭至甲午戰爭之間的三十多年間，興起「師夷長技以制夷」的洋務運動，興辦一批軍工企業和民用企業，朝廷撥款加上各省籌款，每年少則數百萬兩，多則一兩千萬兩，總額達數億兩。

戰爭賠款、鎮壓農民起義、洋務運動總共耗銀約三十億兩之巨，而朝廷每年賦稅收入不過四千萬兩左右。巨大的缺額從哪裏來？只有廣開加稅門路。

捐納。嘉慶、道光年間各項捐納已經氾濫，僅捐納的監生就有二十萬人。咸豐元年（一八五一年），朝廷頒布的《籌餉事例條款》，進一步鼓勵民間捐官，捐官的價格一再降低，甚至只有乾隆年間的一半。由於賣官太多，不久就失去吸引力。買實職的絕大多數不能到任，買虛職的也沒有過去那麼榮耀，於是買官者日漸減少。供求關係發生變化後，朝廷就實行「勸捐」，任務逐級分派下去，地方官吏指名讓那些「殷實上戶」捐官。聽謂「勸捐」，實際上是強迫捐官，這是捐納制定的轉捩點。此前任憑自願，是募款性質；此後就變成針對富民的變相的賦稅加派，許多中小地主和商人因此而破產。「勸捐」持續四十多年，效果越來越差，到光緒二十年（一八九四年）又針對大地主、大商人實行「勸借」，「借」了一千一百萬兩就借不到了，四年後又發行債券，計劃發行一億兩，實際僅發行二千萬兩就發行不下去了。「勸借」和發行債券，都是有借無還，等同於賦稅加派。

厘金。厘是重量和長度單位，也是利息的百分比，一厘息指年利率百分之一，一分息指年利率百分之十。「厘金」是借用利息名詞作為稅收名詞，最初的厘金，就是百分之一稅率。厘金產生於鎮壓太平天國起義時期。咸豐三年（一八五三年）欽差大臣琦善在揚州建立江北大營，圍困天京（南京）。當時朝廷財政困難，令各省「就地籌餉」。在江北大營幫辦軍務的一個京官向米商徵百分之一的捐稅，以助軍餉。這個辦法收效顯著，得到琦善的支持和朝廷的肯定，在幾年間推廣到全國。從此，厘金就成為商稅的代名詞。在此之前，清朝的商稅以營業稅為輔，以內地關稅為主。朝廷在全國水路交通要道和通衢之地設立二十九個關卡，對過往商人徵百分之五的關稅。在厘金產生以前，朝廷只重視田賦，不重視商稅。順治年間，全國每年商稅收入約一百萬兩，康熙年間約二百萬兩，乾隆、嘉慶、道光百餘年間一直保持在五百萬兩上下。厘金開徵以後，迅速超過內地關稅。

厘金與內地關稅不同之處在於：內地關稅是朝廷統一徵收，關卡數量固定，稅率也基本固定；厘金是各省「就地籌餉」的辦法，因而各省自行其是，每個省都設立數十個甚至數百個關卡，稅率由最初的百分之一提高到百分之幾，甚至百分之十幾，一宗貨物過幾道關卡，所納厘金往往高達貨值百分之二三十，甚至百分之四五十，嚴重阻礙商業的發展。厘金的大部分都被官員、稅吏中飽私囊，只有少部分歸於各省財政，就這樣，在咸豐、同治二十多年間，全國每年厘金收入仍達一千五百萬兩左右。鎮壓太平天國的湘軍，主要靠厘金籌餉，其次才是捐納。甲午戰爭以後，鉅額賠款迫使朝廷加重厘金，年厘金收入突破四千萬兩而內地關稅仍只有數百萬兩。

鹽稅。鹽是生活必需品，加重鹽稅往往是最有效的聚斂手段。乾隆、嘉慶、道光年間，全國每年鹽稅保持在七百萬兩以上，咸豐以後加重鹽稅，到光緒末年，每年鹽稅收入達二千四百萬兩，清亡之前，鹽稅年收入達四千五百萬兩。鹽稅作為甲午賠款、庚子賠款擔保，基本不為朝廷所用。

海關稅。第一次鴉片戰爭以後，定海關進口稅稅率為百分之五，洋貨進入內地，再徵稅百分之二點五，而不再徵收厘金。如此優惠的稅率，使洋貨大量傾銷中國，海關進口稅也隨之大增，咸豐末年不足五百萬兩，十年後翻一番，超過一千萬兩，又過十年再翻一番，超過二千萬兩，清亡之前，達三千五百多萬兩。海關稅也像鹽稅一樣基本上不為朝廷所用，而主要用於支付賠款。

田賦。康熙五十一年（一七一二年）宣布「永不加賦」之後，朝廷在名義上是做到了，但實際上田賦是不斷加重的，只不過加賦的罪名由各省承擔罷了。第一次鴉片戰爭以後，朝廷不斷讓各省分擔賠款；太平天國起義爆發後，又讓各省「就地籌餉」。各省有賠款、籌餉之責，也就有了加賦之權。加賦的方法因省而異，因時而異，大致有五種。一曰徵銀。清朝的幣制是白銀和銅錢並用，乾隆末年，一兩白銀折換一千文銅錢，後因鴉片大量輸入，白銀大量外流，導致銀貴錢賤，道光年間，一兩白銀折換一千六百文銅錢。清代的田賦在大多數地區徵收的是貨幣，在幣制穩定時，納銀納錢都是一樣的，但當銀貴錢賤時，納銀納錢就不一樣了。朝廷只徵銀不徵錢，農民在市場上賣米得到的是錢，需折換成白銀完稅，即使按市場價折換，農民負擔也加重百分之六十，實際上各省徵銀時，銀、錢折換都高於市場價，農民負擔普遍加重兩倍以上。曾國藩曾在奏章中說「昔日賣米三斗，輸一畝之課有餘；今日賣米六斗，輸一畝之課不足。」二曰浮收。田賦徵糧的地區，想方設法對稅糧七折八扣，並且另加費用，如踢斗蹴實、斗口冒尖、收過篩費等等不一而足，常能多徵一倍以上。李鴻章曾在奏摺中說：江蘇二石五六斗當一石，湖北除了另加費用，每石浮收五六成或七八成。三曰預徵。太平天國佔領區域徵不到田賦，咸豐皇帝下詔在山西、陝西、四川預徵田賦一年。各省循此例，紛紛預徵。四曰附加。雲貴「酌量加派」四五成，四川加派是正稅的二三倍，廣東、湖南按畝抽數斗或數百文。光緒後期，朝廷任由各省為舉辦新政籌款，於是又出現了以各項新政為名目的田賦附加，如團練費、辦學費等等，以四川為例，田賦附加竟是田賦正稅的五倍。五曰差傜。雍正攤丁入畝以後，差傜在稅制中就不存在了，但是鴉片戰爭以後，差傜重又復生，不僅派勞役，而且派糧派款，各省皆然。

清代後期賦稅之重不亞於明末，但清代沒有亡於農民起義，而是亡於革命黨人起義。要解釋其所以然，需要分析太平天國起義和清末的立憲運動及民主革命。

拜上帝教與太平天國

廣東花縣官祿村私塾先生洪秀全，考秀才屢試不中，於是把儒家書籍扔在一邊，一心鑽研宣傳基督教的小冊子，最終創立了拜上帝教。拜上帝教來源於基督教，但不屬於基督教，就像白蓮教來源於佛教而不屬於佛教一樣。洪秀全把世界分為兩個陣營，一個陣營是上帝及其子民，另一個陣營是邪神妖魔。他自稱是上帝的次子，耶穌的弟弟，稱上帝為天父，稱耶穌為天兄，上帝讓他率領天下的兄弟姐妹，剷除邪神偶像，斬盡妖魔鬼怪，建立太平社會。他要在這個太平社會裏，實行「聖庫」公有制。

洪秀全鄰村的私塾先生馮雲山最早信奉拜上帝教，並且是拜上帝教的主要傳播者。洪秀全在家鄉發展教徒屈指可數，這可能是當地人對他知根知底的緣故。馮雲山輾轉來到廣西桂平縣貧困的紫荊山區傳教，信徒與日俱增，這可能是「外來的和尚會念經」的緣故。馮雲山在傳教中把遠在廣東的洪秀全奉為教主，教徒對教主的陌生感，有助於增強教主的神秘性和吸引力。當洪秀全來到紫荊山區時，受到教徒們狂熱的崇拜，遂於道光三十年十二月初十日（一八五一年一月十一日）他生日這天，在金田村發動起義，定國號太平天國。參加金田起義的數千教徒都懷著對未來世界的美好憧憬，那是一個財產歸公、人人平等，如天堂一般的太平社會。他們都賣掉土地、房產，扶老攜幼舉家而來，然後把錢交給「聖庫」，而生活則由「聖庫」供給。宗教的精神力量大大提高了他們的戰鬥力，腐敗渙散的清軍連連敗陣。他們一路進軍，一路傳教布道，一路將所獲公私財物歸於「聖庫」，而「聖庫」供給制吸引了更多的貧苦百姓加入到起義的隊伍中來，兩年後攻克南京，太平軍已達百萬之眾。

太平天國定都天京後頒布的《天朝田畝制度》，描繪出一幅平均主義的公有制藍圖：男女老幼平均分配天下土地；每二十五戶組成一個基層單位，設一聖庫，各家的收穫除留夠口糧，餘下的都交給聖庫，婚喪嫁娶，由聖庫補貼，鰥寡孤獨，由聖庫供養；每一基層單位設一禮拜堂，在禮拜日都到禮拜堂祭拜上帝。這個制度雖然可以滿足農民對土地的要求，但卻剝奪了農民對生活財物的私有制，誰會願意把多餘的糧食交給聖庫呢？若把多餘的糧食繳給聖庫，分配的土地就顯得毫無意義。聖庫公有制可以在太平軍內部嚴格實行，但在太平天國佔領區，絕大部分農民並不信奉拜上帝教，所以，以聖庫公有制為基礎的《天朝田畝制度》難以實行。實際上，太平天國並沒有改變原有的土地關係，實行的還是「照舊繳糧納稅」的辦法。

曾國藩、左宗棠、李鴻章在與太平天國爭奪城市的同時，又通過「減賦」與太平天國爭奪民心。曾國藩等人的「減賦」是減去正賦之外的部分，而太平天國不僅減去正賦之外的部分，還將正賦減去一成，在忠王李秀成的轄區所徵錢糧甚至只有正賦的一半。可是隨著太平天國軍事上的失利，佔領區越來越小，而戰爭更加頻繁，軍需更加困難，於是各個統兵將領擅徵賦稅成為普遍現象，所徵數額常常是正賦的數倍，農民不斷起而抗糧，從而加速了太平天國的失敗。

太平天國的失敗還與拜上帝教的教義有很大關係。拜上帝教只拜上帝，剷除一切邪神偶像。所以太平軍所到之處盡毀孔廟、關帝廟、土地廟、城隍廟，以及佛寺道觀，盡焚儒家經典、佛道經書。這種大規模的對傳統文化的破壞，把知識份子推向對立面。拜上帝教視孔子為邪神，知識份子則視拜上帝教為邪教。正如曾國藩在《討粵匪檄》中所說：「此豈獨我大清之變，乃開闢（開天闢地）以來名教之奇變，我孔子、孟子之所痛哭於九原，凡讀書識字者，又烏可袖手安坐，不思一為之所也」。曾國藩正是以「衛道」的名義，吸引知識份子投筆從戎，領兵作戰。他以知識份子為中堅組建的湘軍最終將太平軍剿滅。太平天國定都天京後也曾開科取士，但考題不是出自「四書五經」，而是出自拜上帝教的教義，大多數讀孔孟之書的人望而卻步，應考者多數是文化粗淺的遊醫和占卜者。李秀成在他的自述中以「無讀書人」為太平天國的缺憾。

太平天國的失敗也與列強的干涉分不開。兩次鴉片戰爭，列強從中國攫取種種特權，而要保住這些特權，就必須扶持岌岌可危的清政府。李鴻章在上海、左宗棠在浙江都得到外國雇傭軍的幫助。忠王李秀成兩次進攻上海，都因為外國正規軍的參戰而失敗。

太平天國的失敗，標誌著兩千年來「官逼民反」式的農民起義的終結。歷史已進入一個新的時代，革命者的目標不光是要推翻封建社會最後一個王朝，而是要連兩千年的封建制度一起推翻，這個歷史使命落在民主革命黨人身上。

維新、立憲與革命

孫中山一八六六年出生在廣東香山縣翠亨村一個貧窮的佃戶家庭，他的兄長孫眉赴夏威夷首府檀香山當雇工，數年後自己經營農場，家境才漸漸改善。孫中山在檀香山、廣州、香港求學和後來從事革命活動，多靠兄長資助。一八八七年，孫中山入香港西醫書院學習，受維新思潮影響，經常發表反清言論，以「洪秀全第二」自居，與另三位好友被稱為「四大寇」。一八九二年至一八九四年，孫中山在澳門、廣州行醫，常與反清的秘密會黨聯繫，並醞釀改良社會。一八九四年六月，孫中山赴天津上書李鴻章，主張引進西方科學技術，發展教育和經濟，挽救民族危亡，但未被李鴻章理睬。之後，他放棄改良主義，確立革命思想。於一八九四年十一月在檀香山聯繫二十多名華僑青年成立興中會，他為興中會起草的秘密誓詞是「驅除韃虜，恢復中華，創立合眾政府」。

一八九五年四月，中國在甲午戰爭中失敗，這標誌著持續三十多年的「師夷長技以制夷」的洋務運動的破產。甲午戰爭的失敗，表明僅僅學習引進西方技術並不能挽救民族危亡，更應該學習西方政治制度，改良封建專制制度。在洋務運動期間就出現的宣傳西方政治學說的維新思潮，這時發展到高潮，在北京參加會試的康有為發動一千三百多名應試舉人聯名上書朝廷，反對簽訂《馬關條約》，要求實行變法。從此，維新思潮轉化為要求變法的政治運動，但遭到朝廷的頑固派和洋務派堅決反對。這時，朝廷並不知道，以推翻清朝封建專制制度為目標的興中會正在秘密活動。一八九五年秋，孫中山在香港、廣州秘密發展興中會，會員數百人，定於重陽節在廣州起義，不料機密洩露，起義未及發動即遭失敗。孫中山逃亡國外，成為清政府重金懸賞通緝的要犯。

一八九六年九月，孫中山來到英國倫敦，在去拜訪他的英國朋友的路上，被清政府駐英公使館秘密綁架，面臨被秘密押送回國處死的危險。孫中山買通在公使館工作的英國僕人，讓他給自己的英國朋友送信。孫中山的英國朋友立即奔走營救，倫敦各報連篇報導這起國際綁架案，英國政府根據國際公法向清政府公使館提出交涉。孫中山被囚禁十三天後終於被釋放。獲釋後，孫中山撰寫的《倫敦蒙難記》在倫敦出版，翌年此書又在上海出版。報紙的報導和書籍的發行，使全世界都知道孫中山是中國的革命黨領袖，從而奠定了孫中山在海外華僑和國內知識份子中的崇高威望。

從一八九六年到一九一一年，孫中山一直在國外從事革命活動。在國內，變法維新派的宣傳越來越廣泛深入。一八九八年，光緒皇帝為了擺脫慈禧太后的控制，決定支持變法維新，推行新政，但僅推行一百零三天，並未見到什麼效果就被慈禧太后扼殺。光緒皇帝被囚禁，康有為、梁啟超逃往國外，譚嗣同等六君子被殺，慈禧太后重新主政，變法維新的輿論被迫轉入低潮。一九〇〇年（農曆庚子年），河北、天津、北京的民間會黨與教會勢力爆發衝突，史稱義和團運動。慈禧太后先是鎮壓義和團，當八國聯軍以保護使館為名要進入北京時，又利用義和團向列強宣戰。戰爭失敗，八國聯軍攻入北京，慈禧太后帶著光緒皇帝逃往西安，命李鴻章與各國公使和談。各國公使提出的和談條件是讓慈禧太后還政於光緒皇帝，嚴懲支持義和團的大臣。慈禧太后不願還政，但為了轉嫁責任，懲治了支持義和團的大臣。各國公使不再堅持慈禧太后還政，但迫使清政府於一九〇一年（農曆辛丑年）簽訂賠償鉅款的條約。條約簽訂後，慈禧太后表示要「量中華之物力，結與國之歡心」。

在北方爆發義和團運動的一九〇〇年，孫中山派遣興中會成員在廣東惠州聯合當地反清會黨，舉行第二次武裝起義，堅持十多天，因敵眾我寡而失敗。

《辛丑合約》簽訂以後，國家危亡進一步加重，朝野要求維新變法的呼聲重新高漲起來。一九〇二年四月，從西安回到北京的慈禧太后不得不宣布施行「新政」，內容包括發展工商、改革教育、編練新軍、修訂法律等，這些內容並沒有超出一八九八年「百日維新」的範圍。新政施行三年，圖強效果未能如願，但西方的政治學說借助新政的施行進一步深入人心。

一九〇五年，日俄為爭奪中國東北殖民地而進行的戰爭，以日本戰勝而告終。國內輿論一致認為，日本因實行君主立憲政體而戰勝，俄國因實行沙皇專制政體而戰敗，於是要求立憲的呼聲起於朝野，大多數維新派人士轉而成為立憲派。在立憲輿論的影響下，直隸總督袁世凱、兩江總督周馥、湖廣總督張之洞聯銜上奏，要求以十二年為立憲期限，盡快選派親貴大臣出洋考察政治。慈禧太后迫於形勢的壓力，一九〇五年派五大臣赴日本及歐美各國考察，一九〇六年宣布「預備立憲」，立憲期限為九年，計劃在一九一六年頒布憲法，一九一七年召開國會，實施憲政。一九〇八年頒布《憲法大綱》。《憲法大綱》還不是《憲法》，只是憲法的綱領。君主立憲派本來是想通過制定憲法，限制君權，保證民權，而清廷的《憲法大綱》卻是君權至上。這一年，光緒皇帝、慈禧太后相繼死去，三歲的溥儀即位，年號宣統，他的父親載灃攝政監國。一九〇九年，載灃按九年立憲步驟，明令各省成立諮議局。諮議局只是輿論論機構，並不是地方議會，但各省立憲派利用這個合法機構，連續三次向清廷請願，要求「速開國會，組織責任內閣」，雲貴總督李經羲聯繫十八省總督、巡撫向清廷發電支持立憲派請求。清廷不答應速開國會，但迫於壓力，把立憲期限縮短為五年，答應在一九一三年召開國會。按五年立憲步驟，清廷在一九一〇年十月成立資政院，這是全國性的輿論機構，但實際上由清廷控制；又在一九一一年五月宣布組成內閣，但內閣成員多由皇族成員擔任，立憲派稱之為「皇族內閣」。至此，立憲派對清廷的立憲誠意徹底失望。

一九〇〇年後，在立憲派呼聲日益高漲的同時，以推翻清王朝封建專制制度為目標的革命力量也在日益壯大。隨著慈禧太后新政的施行，新式學堂逐年增多，培養的新型知識青年和出國留學的青年也逐年增加。這些新型知識份子很快接受革命思想，紛紛組織革命團體，從事反清活動。孫中山深受革命形勢的鼓舞，認為各個團體應當聯合起來，成立一個大團體，廣泛吸收知識份子參加，開展更大規模的革命運動。各個革命團體和廣大新型知識份子也都感佩孫中山的名望，願意擁戴他為革命領袖。一九〇五年，孫中山領導的興中會、黃興領導的華興會、蔡元培領導的光復會以及其他較小的革命團體在日本東京成立「中國同盟會」，推舉孫中山為總理，並以孫中山提出的「驅除韃虜，恢復中華，創立民國，平均地權」為同盟會綱領。數年之內，海內外紛紛建立同盟會支部和分會，會員激增至數萬人，成為最大的民主革命政黨。還有一些革命團體，雖然沒有加入同盟會，但和同盟會一起從事反清活動。同盟會以及其他革命團體的革命黨人都與各地會黨建立聯繫。會黨具有悠久歷史，是下層群眾的反清組織，隊伍龐大。如廣東廣西的天地會、浙江的哥老會、湖南湖北的哥老會、四川的哥老會、山西的哥老會、海外的洪門等都成為革命的重要力量。同盟會以及其他革命團體還在各省新軍內部發展組織。各省編練新軍，要求一半士兵是識字的人，這些有文化的士兵很容易接受革命思想。革命黨人還把已經接受革命思想的青年和會黨成員輸入新軍。從一八九五年孫中山在廣州第一次準備起義算起，到一九一一年武昌起義之前，革命黨人共發動二十九次起義，但都失敗了，而武昌起義終於成功。武昌起義是湖北新軍中的革命團體共進會、文學社發動的，當時湖北新軍有五千多名官兵加入革命組織，佔新軍人數的三分之一。武昌起義的勝利，推動了各省革命黨人發動新軍和會黨舉行起義。各省的立憲派立刻與革命黨人合作，宣布獨立，脫離清廷，繼而選舉從海外歸來的孫中山為臨時大總統。掌握強大軍事實力的袁世凱，利用革命形勢要挾清廷，又以清帝退位為條件迫使革命黨人和立憲派轉讓政權。一九一二年二月十二日，清廷宣布皇帝退位，二月十三日，孫中山辭去臨時大總統職務，三月十日，袁世凱在北京宣誓就職。

清代稅制對歷史的影響　清軍入關以前，剛剛從部落聯盟發展到國家形態。處在這一歷史階段的民族，無一例外都是實行公田之稅和全民皆兵制度。公田之稅稅額很輕，有利於增強全民族的凝聚力。全民皆兵制度則是對外掠奪的需要。對外掠奪可以富國富民，所以全民族久戰不衰。而明朝的腐朽沒落，也是清軍屢戰屢勝的原因。清軍入關之後，為了爭取民心，宣布革除崇禎「三餉」，實行比崇禎年間稍輕的稅制。統一全國以後，清廷接受明朝因加稅而亡國的教訓，歷代皇帝都不願承擔加重田賦的罪名。康熙皇帝宣布「盛世滋丁，永不加賦」，控制了人頭稅的增加；雍正皇帝實行「攤丁入畝」，完全取消人頭稅。這兩次稅制改革都是歷史性的進步，也是盛世的標誌之一。盛世的另一個標誌，是乾隆皇帝的「十全武功」。可是，「十全武功」不僅耗盡財政積餘，而且為了籌餉，又導致賣官鬻爵的捐納制度的氾濫，使本來就走向腐敗的吏治變得更加腐敗。雖然朝廷不加賦，可是腐敗的官吏勢必要對農民巧取豪奪，變相加賦，從而導致貧者愈貧。川楚兩省參加白蓮教起義的農民，絕大部分是生活無著的貧苦農民。鎮壓白蓮教起義，比「十全武功」耗餉更巨，盛世從此徹底衰落下去。外遭列強入侵，六十年間四戰四敗，四次賠以鉅款，海關稅、鹽稅不足以償付，就讓各省分擔賠款；內有太平天國起義，征剿連年，朝廷無餉，就讓各省「就地籌餉」。各省既有賠款、籌餉之責，就有加賦之權，農民更加苦難。清代沒有亡於農民起義，而是亡於民主革命。歷史發展到這一階段，已經不是一個封建王朝取代另一個封建王朝的時代，而是民主制度取代封建專制制度的時代。

26 土地革命改變中國

孫中山平均地權的主張

一九〇五年，中國同盟會在日本東京成立。同盟會以「驅除韃虜，恢復中華，創立民國，平均地權」為政治綱領。孫中山在為同盟會機關報《民報》撰寫的發刊詞中，將同盟會的十六字綱領歸納、闡發為民族主義、民權主義、民生主義，此即「三民主義」，而民生主義的主要內容即為平均地權。

平均地權怎麼實現？孫中山計劃通過實行土地國有、徵收地價稅的方法來實現。實行土地國有，並不是馬上把土地充公，而是國家保留對土地的收購權。徵收地價稅，就是對土地的價格徵收百分之一的稅。百分之一這個稅率，是各國通行的地價稅稅率。孫中山認為，田賦、田賦附加稅、丁銀以及各種苛捐雜稅都應當免除，只對土地徵收百分之一的地價稅，國家財政就很充裕了。那麼，地價如何確定呢？地價是因時因地而變化的。比如：同一塊地，豐年和歉年的地價不一樣；同樣的地力，城鎮周圍和偏僻鄉村的地價就不一樣。所以，地價若由國家確定，那是極其麻煩，而且也是不準確的。最簡便、有效、公平的方法是讓土地所有者自報地價，而國家照價徵稅，並隨時可以照價收購。這樣，土地所有者就只會公平報價，不會多報或少報。多報地價多納稅，而國家嫌你地價高，不收購，那麼土地所有者就吃了虧。少報地價少納稅，而國家馬上照價收購，那麼土地所有者也吃了虧。所以，只有公平報價，土地所有者才不會吃虧。但是，地價是會自行增漲的。地價會隨著人口增長而緩慢增漲，也會隨著交通發展、城市發展而迅速增漲，地價增漲以後怎麼辦？孫中山認為，漲價歸於國家，因為土地是國有的，而且地價增漲是社會因素使然，而非個人因素使然。這樣，國家就可以在適當時候按公平的價格收購地主的土地，然後或授給、或租給、或售給少地無地的農民，從而實現平均地權。

實現平均地權的方法有了，關鍵是付諸實施。具體來說，就是何時實行自報地價，何時開徵百分之一的地價稅，何時照價收購地主的土地。孫中山擔任臨時大總統後，曾向臨時參議院提議試行平均地權，但遭到否決。在當時，孫中山的民族主義、民權主義被普遍接受，以「平均地權」為核心的民生主義卻遭到許多人的反對，當初「平均地權」寫進同盟會綱領時就並非一致贊成，是因為孫中山態度堅決才寫進去的。

孫中山擔任臨時大總統只有三個月，就讓位給袁世凱。一九一二年四月四日，孫中山在辭去臨時大總統的當天，發表「民生主義與社會革命」的演說，他仍然強調：「若能將平均地權做到，那麼社會革命已成七八分了」。

孫中山平均地權的思想受到美國十九世紀經濟學家亨利．喬治的影響。亨利．喬治原為商輪水手，赴美國舊金山淘金致富，後創辦報紙，宣傳自己的政治見解。他於一八七九年出版了數十萬字的政治經濟學專著《進步與貧困》。他認為：土地也像水和空氣一樣是自然界賜與人類的公產，人人都應當擁有使用土地的權利。土地被少數人佔有，是造成大多數人貧困的根源：在農村，地主不勞動而獲得地租，造成多數農民貧困；在城市，資本家建工廠要付給地主高額土地租金，那麼付給工人的工資就少得可憐，這也是地租造成的貧困。消除這些貧困的方法，就是以單一的地價稅代替所有的稅收，這樣，可把地主的地租轉化為國家的稅收，使國家財政收入劇增，同時因為免除其他一切稅收，也使工人、農民的收入增加。這本書出版之時，西方資本主義正處於經濟衰退期，它觸動了貧困的人民的心靈，因而成為暢銷書，幾年之間發行數百萬冊。一八九七年至一八九九年，此書曾被節譯刊載於上海《萬國公報》。孫中山、廖仲愷對此書推崇備至，一九〇五年，廖仲愷又將此書節譯刊載於《民報》。

孫中山也受到中國傳統的「均田地」思想的影響。夏、商、西周實行的井田制，具有均田性質，是儒家嚮往的土地制度。秦以後實行土地私有制，導致土地兼併一代比一代嚴重，而歷史已不可能倒退到井田制時代。歷代封建統治者都無法解決土地不均的問題，土地不均的問題只能通過農民起義引發的戰亂來解決。朝代之末的戰亂，造成人口大量流亡和死亡，形成大量無主荒地，新朝代為了發展生產，就把無主荒地分配給少地無地的農民，這就是西晉佔田制，北朝、隋、唐均田制的由來。歷史上之所以能夠實行均田，除了戰亂原因，還有人口較少的原因。從漢代到明代初期，人口最多時在六千萬左右，最少時才一千萬左右，所以有田可均。但是，明代後期人口已達一億多，清代後期人口已達四億多，儘管人民要求均田更為迫切，國家卻沒有大面積的荒地可供均田，要均田，必須改變土地制度，而這在封建統治者是難以做到的。

孫中山提出的平均地權的主張雖然沒有實現，但卻成為此後中國革命的一個的導向。

北洋政府的賦稅重於晚清

袁世凱竊取臨時大總統職位後，他的北洋政府為表現新朝氣象，也像歷史上的封建朝代那樣著手整理田賦。但是所謂整理田賦，其實就是把清末的各種稅目合併起來而已，稅額一點也沒有減少，而各省則以整理田賦之名，行加重田賦之實，有的加徵數成，有的加徵數倍。這又一次驗證了明末清初思想家黃宗羲所總結的「積累莫返之害」。

黃宗羲認為：中國歷次稅制變革的大趨勢，是一次比一次積累加重，而不會返回到以前較輕的稅制，每一次稅制變革不久之後，又會產生新的雜稅，雜稅越來越多，到下一次稅制變革，就把正稅、雜稅合併為新的稅制，如此反覆。黃宗羲發現的這個規律，被現代學者稱為「黃宗羲定律」，這個定律可用一個公式來表示：併稅——加稅——再併稅——再加稅。

各省除了借「整理」之名加重田賦，還借「改折」之名加重田賦。北洋政府發行的新貨幣為銀元，民間俗稱「袁大頭」，規定白銀一兩，折銀元一元半。清代的田賦以銀計算，需要改折成銀元，但各省徵收田賦過程中白銀改折銀元都超過了這個比例，有的甚至超過幾倍。據當時的報紙報導：「聞自改折以來，各省田賦收入之數，均較前清舊額增收數倍。」

各省之所以敢於擅加田賦，是因為田賦實際上已經歸各省掌握。在清末，各省因「就地籌餉」、「分攤賠款」已掌握田賦的一部分，辛亥革命後各省宣布獨立，一九一三年國民黨發動「二次革命」，南方諸省又宣布獨立，一九一六年袁世凱稱帝，南方各省再次宣布獨立，這幾次獨立，不光是政治獨立，還包括財政獨立，田賦就這樣逐步被各省掌握。雖然北洋政府財政部規定田賦為國家稅，但事實上它掌握不了。

一九一六年六月袁世凱死後，北洋軍閥分裂為兩派：一派以段祺瑞為首。段祺瑞是安徽合肥人，安徽簡稱皖，故稱皖系軍閥。一派以馮國璋為首。馮國璋是河北河間人，當時河北稱直隸，故稱直系軍閥。皖系軍閥和直系軍閥控制長江流域各省和中原各省。東北的張作霖是奉天人，故稱奉系軍閥，控制東北三省。閻錫山從辛亥革命後就一直控制著山西。在南方，雲南人唐繼堯為首的滇系軍閥控制雲南、貴州，廣西人陸榮廷為首的桂系軍閥控制廣東、廣西。軍閥割據，連年混戰，愈演愈烈。一九一六年至一九二四年，軍閥混戰波及七省，一九二五年以後軍閥混戰波及十四省。軍閥在田賦上橫徵暴斂，仍不足以養兵，那麼就向所駐之地、所經之地、所戰之地徵派兵差，兵差包括人夫、車輛、騾馬、船隻、薪柴、糧食、衣物、銀錢等等。兵差害民甚於田賦。

在北洋政府統治時期，各省的田賦正稅逐年加重，田賦附加也是逐年加重，直至超過正稅。更有預徵的，預徵三兩年是常見現象，典型的是：湖南郴縣，一九二四年預徵一九三〇年的田賦；福建興化，一九二六年預徵一九三三年的田賦；四川梓潼，一九二六年已經預徵一九五七年的田賦。農民承擔當年田賦已是家無餘錢，又遭預徵催逼，只得借高利貸或典當財產。預徵是五代和兩宋時期的惡政，而北洋軍閥政府的預徵年數更超過五代和兩宋。

在軍閥割據的局面下，自上而下政令不通，地方政府各自為政，縣公署、警察局、民團都打著「維持地方行政」、「保護地方治安」的旗號向農民徵收苛捐雜稅，幾乎事事有捐，物物有費，每個縣都有幾十種之多。

據歷史記載，北洋政府時期的賦稅比晚清更沉重。

耕者有其田

一九二四年一月，中國國民黨和中國共產黨正式合作，召開中國國民黨第一次代表大會，大會宣言明確指出：「中國以農立國，而全國各階級所受痛苦，以農民為尤甚。國民黨之主張則以農民之缺乏田地淪為佃戶者，國家當給以土地，資其耕作。」國民黨「一大」後，國民黨中央設立農民部，孫中山提名共產黨員林祖涵任部長，共產黨員彭湃為秘書。孫中山還審定公布《農民協會章程》，創辦「農民運動講習所」。孫中山在講習所第一屆學員畢業典禮上，發表重要演講。他說：「民生主義真是達到目的，農民問題真是完全解決，是要『耕者有其田』，那才算是我們對於農民問題的最終結果。」「中國的人口，農民是佔大多數，至少有八九成，但是他們由很辛苦勤勞得來的糧食，被地主奪去大半，自己得到手的幾乎不能自養，這是很不公平的。」「這是一個很重大的問題，我們應該馬上用政治和法律來解決，如果不能解決這個問題，民生問題便無從解決。」從此，「耕者有其田」就取代「平均地權」，成為一個響亮的革命口號。至於如何實現「耕者有其田」，孫中山主張通過立法手段「和平解決」，「讓農民可以得利，地主不受損失」，做到「兩不吃虧」。孫中山也考慮過另一種辦法，即「仿效俄國的急進辦法，把所有的田地馬上拿來充公，分給農民。」但又認為當時條件還「沒有預備」，不能馬上拿來實行。

一九二四年十月，直系第三軍總司令馮玉祥率三萬精兵在北京發動倒戈政變，推翻賄選總統曹錕，將部隊改名為國民軍，邀請孫中山北上「共商國是」。一九二四年十一月，孫中山北上前夕，親自簽署了「二五減租」令，作為實現耕者有其田的第一步。「二五減租」就是減去租額的百分之二十五，地租率一般是百分之五十，那麼就要降到百分之三十七點五。但是尚未貫徹，孫中山即在北京因肝癌逝世。

中國共產黨從成立之初就關注賦稅和土地問題。國共合作建立後，共產黨可以公開組織領導農民運動。一九二六年七月，國共兩黨發動北伐戰爭。北伐軍挺進湖南、湖北後，得到農民運動的有力支持，而北伐軍節節勝利，又推動了農民運動。在湖南兩千萬農民中，有一千萬加入農會。農民起來打倒土豪劣紳，實現「一切權力歸農會」。據毛澤東《湖南農民運動考察報告》所述，這一時期農民對土豪劣紳的鬥爭，主要表現為清算土豪劣紳經手的地方公款，減租減息，廢除苛捐雜稅，收繳土豪劣紳的武裝，針對土豪劣紳罪惡的輕重，分別給以戴高帽遊鄉、關進縣監獄、驅逐出鄉直至槍斃等處罰，還沒有分配土豪劣紳的土地。

國民黨是一個成分龐雜的政黨，在其內部始終存在著反對「耕者有其田」的強大勢力，孫中山逝世以後，這股右派勢力超過了左派勢力。北伐軍總司令蔣介石是右派勢力的總代表，他堅決反對共產黨領導的工農運動。一九二七年四月十二日，蔣介石在上海發動政變，大肆屠殺共產黨人。從此，國共兩黨分裂，開始了實現「耕者有其田」和反對「耕者有其田」的十年內戰。

一九二七年八月十八日，毛澤東以中共中央特派員的身分主持召開改組後的湖南省委會議，討論制定秋收起義計劃。毛澤東在會上指出：「湖南秋收暴動的發展是解決農民的土地問題」，「必須沒收地主的土地交給農民」。一九二七年九月九日，秋收起義爆發，參加起義的正規軍和農民自衛軍共約五千人。由於國民黨在軍事上佔優勢，起義部隊一再受挫。毛澤東率領剩下的不足千人的部隊，轉戰千里，於一九二七年十一月上了湘贛邊界的井岡山。

一九二八年，國民政府將關稅、鹽稅、商稅、煙酒稅、礦稅、銀行銳等稅種劃歸中央，將自古就是國家稅的田賦正式劃歸地方財政。這是中國賦稅史上的一次重大變化。不過自北洋政府以來，田賦留省已是既成事實，南京政府也是不得已而為之。南京政府原則上規定田賦正稅為地價的百分之一，又規定田賦附加不得超過田賦正稅。照此規定，田賦正稅和田賦附加總共是多少呢？我們可以按當時的產量和地價進行折算。當時地價的百分之一大約相當於產量的百分之五，再加上田賦附加，總共可徵收產量的百分之十，這相當於古代的「什一稅」。但是實際上各省徵收的賦銀（包括田賦正稅和田賦附加）折成糧食，普遍超過產量的百分之二十以上。這還不包括苛捐雜稅。而且土豪劣紳普遍向貧苦農民轉嫁田賦，形成嚴重的賦稅不均。

一九三〇年，國共兩黨都頒布了《土地法》。南京國民政府的《土地法》洋洋兩萬多言，核心是保護封建土地所有制和封建租佃關係，全文連「耕者有其田」的字樣也沒有。雖然規定最高租額不得超過土地產量的百分之三十七點五，但卻沒有實行。在這部法律的保護下，土地繼續向地主手裏集中，農民的無地化趨勢更加明顯。中華蘇維埃政府的《土地法》是在兩年前的《井岡山土地法》基礎上修訂的，第一條即開宗明義地規定：暴動推翻豪紳地主階級政權後，須立刻沒收一切豪紳地主階級及祠堂廟宇社會的田地、山林、池塘、房屋，歸蘇維埃所有，由蘇維埃分配與貧苦農民及其他需要土地的人民。「蘇維埃」一詞是俄文音譯，意為「代表會議」，表示代表大多數人。

中華蘇維埃政府的《土地法》還包括「土地稅」的內容，其中第二十八條好似與農民談心，說「為打倒反革命的需要（如維持並擴大紅軍及赤衛隊，維持政權機關等），及增加群眾利益需要（如設立學校、看病所，救濟殘廢老幼，修理道路河壩等），蘇維埃得向農民徵收土地稅」。土地稅按照農民分田面積和肥瘠等級徵收，每人分田收穀五擔以下的，免徵土地稅，六擔，徵稅百分之一，七擔以上累進，至十二擔，徵稅百分之八點五。百分之八點五是最高稅率，與國民政府統治區的橫徵暴斂相比，仍顯得很輕。當時井岡山蘇區僅有三百萬人口，而且是貧困地區，僅憑土地稅難以供養十幾萬紅軍和黨政工作人員，所以蘇區政府更主要靠戰爭繳獲、打土豪籌款、發行債券、發動農民捐獻來滿足反圍剿戰爭的需要。獲得土地的農民與共產黨結成休戚與共、血肉相連的關係，為保衛革命成果，寧願犧牲眼前利益。

國民黨當局極端仇視共產黨以暴力方法實現「耕者有其田」，連續對各個蘇區進行軍事圍剿。一九三四年十月，井岡山蘇區的紅軍被迫撤離，開始兩萬五千里長征。在長征路上，到處都留下紅軍書寫的「實現耕者有其田」的標語，有的至今仍清晰可見。

減租減息

一九三七年七月七日，盧溝橋事變爆發，掀起中國全面抗戰高潮。九月二十二日，國民黨中央通訊社播發了中共中央關於國共合作的宣言。中共中央向全國宣告：「取消一切推翻國民黨政權的暴動政策，及赤化運動，停止以暴力沒收地主土地的政策」。第二天，蔣介石發表談話，事實上承認中國共產黨的合法地位。至此，國共兩黨第二次合作正式形成，共同聯合抗日。

國共第二次合作後，兩黨都決定在土地政策上進行調整，共同實施孫中山先生在一九二四年簽署的「二五減租」令，也就是減去原租額的百分之二十五。減租不是減地，但與減地殊途同歸，地主將因此減少收益。

在中共的陝甘寧邊區，以及其他抗日根據地，減租結合減息一同進行。減息就是減輕民間借貸利息。民間借貸自古以來就是高利貸，年利息至少在百分之三十以上，稱為三分息，有的地方在百分之百以上，稱為「驢打滾」利。根據地的民主政府規定：新的借貸，年利息必須減至百分之十五；舊的借貸，如果還息已經超過本金一倍，停息還本，如果還息已經超過本金兩倍，本息全停，視為借貸關係消失。減租減息運動的開展，使地主收入減少，貧農、佃戶的收入增加。減租減息使地價下跌，許多地主都把土地賣給佃戶，這實際上是一場和平方式的土地改革。

在國民黨統治區，「二五減租」僅在局部地區實行，絕大部分地區並未付諸行動。一九四三年鄂西大旱，貧苦農民無力插秧，時任第六戰區司令長官兼湖北省主席的陳誠，為扶助貧困農民，在鄂西十幾個縣推行減租，因地主抵制，而陳誠又調任參謀總長，遂使減租半途而廢。

救國公糧與「三徵」

共產黨在抗日根據地徵收救國公糧，國民政府在其統治區實行「三徵」。

抗日根據地以陝甘寧邊區為例，一九三七年、一九三八年各徵收救國公糧一萬多石，僅佔年產量的百分之一點三，一九三九年徵收救國公糧五萬多石，佔年產量的百分之三，這三年的稅率低於古代的「三十稅一」。一九四〇年徵收救國公糧九萬多石，佔年產量的百分之六點四，相當於古代的「十五稅一」。這四年的稅率真可謂輕傜薄賦。稅率為什麼這麼低呢？因為國民政府按時撥給八路軍軍餉，那麼就可以減輕農民負擔。

一九四〇年八月到年底，八路軍動用二十萬兵力，發動「百團大戰」，打擊華北日軍，但也暴露了共產黨的軍事實力。一九三七年紅軍改編為八路軍時僅有四萬多人，如今僅華北就有二十萬八路軍，這引起蔣介石的警惕，於是在一九四一年停發八路軍的軍餉，並對抗日根據地實行經濟封鎖。日軍也將進攻方向轉向八路軍，對根據地進行大掃蕩，使根據地的經濟雪上加霜。

共產黨只能向內解決經濟困難。陝甘寧邊區一九四一年徵收救國公糧增加到二十萬石，佔年產量的百分之十四。陝甘寧邊區地處貧瘠的黃土高原，僅轄一百三十萬人口，這個稅率是很高的了，於是引起農民的不滿。為了減輕農民負擔，中共中央發動各個根據地的軍隊和黨政人員開展轟轟烈烈的大生產運動。擔負保衛延安任務的三五九旅，開進荒無人煙的南泥灣墾荒種地。在太行山上的八路軍總部，所有的籃球場都開成了菜地。

大生產運動使八路軍渡過難關。在延安，黨政軍自產糧食能滿足邊區所需糧食的百分之四十。一九四二年，陝甘寧邊區徵收救國公糧下降到十六萬石，佔年產量的百分之十一；一九四三年是個豐收年，徵收十八萬石，佔年產量的百分之十；一九四四年徵收十六萬石，佔年產量的百分之九；一九四五年徵收十二萬四千石，佔年產量的百分之八。這四年的稅率基本上相當於古代的「什稅一」，不輕也不重

在國統區，農民為了支持抗戰也做出巨大貢獻。從一九三七年到一九四〇年，各省徵收的田賦直線上升。以四川省為例，一九三七年田賦正稅約為二千餘萬元，到一九四〇年增長到約八千九百餘萬元，增長了約三倍半。由於國民黨一百多萬軍隊集中於後方，而流亡到後方的難民已達數千萬

人，從而導致糧食供應空前緊張，糧價出現飛漲。國民政府為了掌握更多的糧食，決定將田賦收歸中央，並且由徵貨幣改為徵糧食。一九四一年按田賦每元折稻穀二斗，共徵糧食三千餘萬石，但不足所需的一半。於是，一九四二年比一九四一年增加一倍，田賦每元折稻穀四斗。同時，又實行徵購。徵購的價格大大低於市場價，而且付的是不能流通的糧食庫券或法幣儲蓄券。一九四三年，田賦徵糧數量不變，但把徵購改為徵借，一律發放糧食庫券。徵糧、徵購、徵借，時稱「三徵」，從一九四一年到一九四五年共徵稻麥合計二億六千萬石。四川、湖南、雲南等省農民繳納的「三徵」和地方負擔，以及政府規定的百分之十五的「折耗」，佔到產量的一半以上。

「三徵」是對有田之戶之徵，但佃戶也深受其害。國民政府行政院在一九四二年七月通令：出租土地不敷繳糧者，得以加地租。這就為地主加租提供合法理由，許多地方的地主藉口「三徵」都增加了地租。

國民政府「三徵」引起民怨沸騰。明朝萬曆年間有「三征」，崇禎年間有「三餉」，成為歷史上的惡政，而國民黨的「三徵」更讓萬曆「三征」和崇禎「三餉」小巫見大巫。許多國民參政員都說：「抗戰以來，最黑暗者莫如農村，最受壓迫者莫如農民。」與農民飽受壓榨相反，「前方吃緊，後方緊吃」，達官貴人仍在揮霍人民的血汗，更有「四大家族」等官僚資本家在發著國難財。

緊隨國民政府「三徵」之後，各縣政府又有橫徵，這主要是政策造成的。一九四一年，國民政府把田賦收歸中央後，把中央和省劃為國家財政，把縣劃為自治財政。自治財政靠自行籌集經費，那麼苛捐雜稅便越發嚴重，時稱橫徵。由於各縣自行其事，所以每個縣的捐稅名稱都不盡相同，真是五花八門，多如牛毛，而且一年到頭天天都在徵收。

伴隨國民政府糧食「三徵」的還有力役「三徵」，即徵兵、徵工、徵運。應當指出，抗日戰爭是一場民族解放戰爭，廣大民眾「有錢出錢，有力出力」是義不容辭的責任，可是大敵當前，國民政府吏治更加腐敗，其役政在執行過程中弊病叢生，嚴重挫傷了農民的愛國熱情。國民政府軍政部規定徵兵的「三平」原則，即平等：不論貧富，適齡男子均有服兵役義務；平均：依地方適齡男子數量按比例徵兵；平允：不該免役者，雖富貴子弟，亦不能除外。這三條規定，真如二戰期間歐美同盟國的兵役制一般公平。可是實際執行中，官紳富家子弟多不服兵役，貧苦農民該免役者也不能免，徵兵變成了「抓壯丁」。徵工、徵運也變成了抓夫、抓差。

抗日戰爭勝利後，農民渴望休養生息，可是，蔣介石悍然發動內戰，國統區農民承受著比抗戰時期更重的賦稅。

為了打內戰，國民黨六屆二中全會決定，從一九四六年七月一日起繼續實行「三徵」政策。為了與抗戰時期的「三徵」相區別，我們可以稱之為新「三徵」。新「三徵」比抗戰期間更加苛重。

新「三徵」數額提高了。除了田賦每元徵稻穀四斗，借稻穀四斗，又帶徵公糧三成，合計九斗二升。

新「三徵」支付的價格更低了。官方規定的徵購價在各省大約只是市場價的五分之一到三分之一。

伴隨新「三徵」的苛捐雜稅更是變本加厲。抗戰勝利後，國民黨縣級政府繼續列為自治財政，苛捐雜稅比抗戰時期更嚴重。

國民黨的新「三徵」和苛捐雜稅，使一般自耕農付出其收穫量的三分之二以上，佃農在繳納百分之五十的地租以外，繳納的捐稅又佔其剩餘部分的三分之一。這麼高的稅率在中國歷史上是絕無僅有的。

土地改革

抗日戰爭勝利後，各黨派本來可以遵循政治協商會議決議的精神，建立民主聯合政府，先實現「二五減租」，再採取適當方法，實現「耕者有其田」。但是，蔣介石悍然發動內戰，宣布國共合作破裂。在共產黨佔領的解放區，減租減息已不能滿足廣大貧雇農的要求，於是，共產黨決定採取強制的辦法，實行土地改革。一九四七年三月，國民黨軍隊向延安發動進攻，美國女記者安娜‧路易斯‧斯特朗問毛澤東對取得內戰勝利有無把握，毛澤東當即回答：那就要看我們的土地改革工作完成得好不好，蔣介石肯定要失敗，因為他反對農民的土地要求，如果我們能解決土地問題，我們就一定能取得最後的勝利。

土地改革極大地調動了農民進行農業生產的積極性、繳納公糧支持前線的積極性、踴躍參軍保衛勝利果實的積極性。三年解放戰爭，各個解放區農民貢獻的公糧大大高於抗戰時期，一般佔糧食產量的百分之十五到百分之二十二，而且肩挑車載運到前線，所以陳毅元帥說，淮海戰役的勝利是山東農民用小車推出來的。

一位美國人發表評論說，中國內戰期間共產黨頒布的《土地法大綱》，恰如林肯總統頒布的《解放黑奴宣言》在美國南北戰爭期間所起的作用。還有一位美國人，是毛澤東的老朋友，他就是撰寫《西行漫記》的美國著名記者埃德加．斯諾，他早在二十世紀三十年代就預言：「誰贏得農民，誰就贏得中國」，「誰解決土地問題，誰就贏得農民。」

一九五二年，中國大陸除新疆、西藏外，都實行土地改革，從而使農業生產得到迅速發展。一九五二年和一九四九年相比，全國糧食產量增加百分之四十四點八，農業總產值增加百分之四十一點四。

撤退到臺灣的國民黨，對在大陸的失敗進行深刻反省，認識到沒有實行「耕者有其田」，是其失敗的根本原因。一九四九年到一九五三年，國民黨在臺灣也實行土地改革，方法是以低價徵購地主的土地，再以低價出售給農民。具體實施分為三個步驟：

一、三七五減租。減租後增產不增租，災年減產則減免地租。

二、公地放領。臺灣被日本佔領期間，百分之二十的土地為日本統治者和日本財團佔有，抗戰勝利後當局接收了這部分土地，稱為公地。公地的價格定為年產量的二倍半，農民承領後在十年內以實物償清，每年償付年產量的百分之二十五，另外還要繳納百分之十二點五的田賦。

三、徵購地主土地。地主可保留三甲（四十三點五畝）水田或六甲旱田，其餘被低價強制徵購，徵購價格也為平均年產量的二倍半，但不付現金，而是付七成土地債券和三成公營事業股票，然後按放領公田的方法轉售給農民。臺灣當局支付給地主的土地債券和公營事業股票，都需要以資金作基礎，這些資金一部分是從大陸運來的黃金、白銀、銀元，一部分來自美國的經濟援助。

臺灣的土地改革促進農業的發展，也為工業化奠定了基礎。從一九五三年到一九七二年，臺灣實行五個「四年經濟建設計劃」。臺灣的經濟學者一般都認為，臺灣在上世紀七十年代以後成為亞洲四小龍之一，歸根結底是得益於土地改革。

許多經濟學者都認為，上個世紀中期，廢除不公平的土地制度，實現耕者有其田，是一個世界大趨勢。土地改革的必要性，已經凌駕於意識形態和社會制度之上，表面上是政治的需要，而實際上是發展經濟的需要，因為只有公平的土地制度，才能提高農業生產率。其中的道理是很淺顯的。地主出租土地，只關心地租，不會對土地進行投入；佃農繳罷地租，已無力對土地增加投入。這樣，土地只能維持簡單再生產，不可能擴大再生產。而土地改革以後，土地所有者都會千方百計擴大再生產。

日本在二戰後也實行了土地改革。日本政府按規定的價格強制收買地主的土地，然後轉賣給無地的農民。規定的價格本來就很低，又因通貨膨脹，以致實際收買價格和轉讓價格只有戰前地價的百分之一，幾乎等於沒收和分配。

韓國於一九四八年實行土改，核心是清算日本殖民時期的租佃關係，並重新分配土地，自耕農佔有的土地面積由一九四五年的百分之三十五增加到一九五〇年的百分之八十八。

戰後獲得獨立的印度很快就宣布實行土地改革，但實行了幾十年也沒有成功。印度政府規定的地價高達年地租額的十到二十五倍，但卻不是由政府來贖買，而是讓農民一次性付款贖買，絕大多數農民根本不具備贖買能力。而且政府規定的地主持有土地的限額也過高，這部分土地以及用於大規模農場經營的土地都不在贖買範圍之內。那麼，可以贖買的土地就很少了。一九九五年七月三十日《印度時報》報導，自一九四七年實行土地改革以來，政府共獲得二百六十二萬公頃的土地，分配二百零六萬公頃，只佔總耕地面積的百分之一，原來的土地制度基本上沒有改變。

拉丁美洲不公平的土地制度是西班牙殖民統治時期留下來的，各國的土地改革的進展參差不齊。墨西哥在一九三四年至一九四〇年，瓜地馬拉在一九四四年到一九五三年，玻利維亞在一九五二至一九六九年，古巴在一九五九年至一九六三年，先後完成強制性的土地改革。其他國家因為地主勢力的阻撓，土地改革搞了幾十年也沒有太大的進展。

沒有實行土地改革的國家，其經濟發展至今仍受累於這一根本性的制度缺陷。

歷史的趨向

每一個國家都要走工業化道路，這是強國富民的必然選擇。但是工業化不可能像農業那樣從土地上種植出來，它需要原始資本積累，而原始資本積累只能從農業中來，也就是把農業稅作為工業的原始資本積累。這是世界性的歷史趨向。

一九五三年，中國大陸實行第一個五年計劃，工業化就是從這一年開始的。大規模的工業建設，增加大量的工業人口和城市人口，商品糧頓時緊張起來。要滿足工業化對糧食的需求，有兩個辦法，一是提高農業稅稅率。二是向農民購糧。一九五二年的農業稅稅率為百分之十二點五，這與當時的生產力水準是相適應的，也有利於農民休養生息，在和平建設時期，不可能再像戰爭時期那樣實行過高的稅率。而向農民購買糧食，國家又沒有那麼多的錢。最終決定，農業稅稅率不變，但要以國家制定的價格向農民統一徵購糧食。而國家制定的價格較低，並非農民滿意的市場價格，所以需要廣泛深入地發動，甚至需要強制。與此同時，國家向農民銷售的生活必需品、農業生產資材等工業產品的價格卻定得較高。較高的工業品價格和較低的農產品價格之間的差價，被形象地成為「剪刀差」，它實質上屬於隱性稅收。到一九八四年，農業大豐收，糧食的市場價格下跌，與國家統一徵購糧食的價格持平，統一徵購才被取消。據統計，從一九五三年到一九八三年，通過「剪刀差」，農民對工業化的貢獻超過六千億元。農業稅是二〇〇四年開始減徵的。從一九四九年到二〇〇三年，國家共向農民徵收農業稅四千億元。兩者相加，農民對工業化的貢獻為一萬億元。

臺灣的工業化也是從一九五三年開始的，為工業化提供原始資本積累的田賦，相當於大陸的農業稅，隨田賦徵購稻穀和化肥換稻穀，相當於大陸的糧食統購和「剪刀差」。

當工業發達以後，工業提供的稅收成為財政收入的主體，農業稅收已經微不足道，這時，國家就會取消農業稅收，並實行以工補農。就像當初以農業稅為工業化提供原始資本積累一樣，免除農業稅也是普遍的世界趨向。西方工業化國家通過對農業制定特別優惠稅率和對農產品實行價格補貼的方式，實現農業零稅率或接近零稅率。中國則直接免徵農業稅收。臺灣一九七三年取消隨田賦低價徵購稻穀制度和化肥換稻穀制度，一九七八年起田賦減半徵收，一九八八年停徵田賦。大陸一九八四年取消糧食統購制度，二〇〇四年開始減徵農業稅，二〇〇六年取消農業稅。

在中國延續四千年的農業稅制一去不復返了，但是它對歷史的影響我們不可忘記。

土地改革及田賦制度對歷史的影響　土地制度和田賦制度自古以來就密切相關。土地制度的不公平將使田賦制度更加不公平。這種雙重的不公平，在清朝末年已成為各種社會矛盾的焦點，所以，孫中山先生提出「平均地權」和徵收百分之一地價稅的主張。但是，辛亥革命只推翻封建的政治制度，並沒有改變封建的土地制度及其田賦制度。袁世凱及其北洋政府卻更加惡化了封建的土地制度和田賦制度。蔣介石的南京國民政府雖然在口頭上繼承孫中山先生的革命學說，但卻始終沒有將「平均地權」付諸行動。中國共產黨採取暴力手段進行土地革命，受到廣大農民的擁護，雖然遭到國民黨的軍事圍剿，但卻一路發展壯大，最終奪取全國政權。戰爭結束以後，土地制度和田賦制度又影響著工業化的發展速度。大陸的土地改革和農業稅政策奠定工業化的基礎，臺灣的土地改革和田賦制度也促進工業化的騰飛。當兩岸先後進入工業化中期以後，工業稅收成為財政的主體，都先後免除了農業稅收。農業稅制退出了歷史舞臺，再也不會對今後的歷史產生影響。但它曾經影響中國歷史四千年，凡欲了解歷史的人，都應當知道它是怎樣對歷史產生影響的。

大地叢書介紹

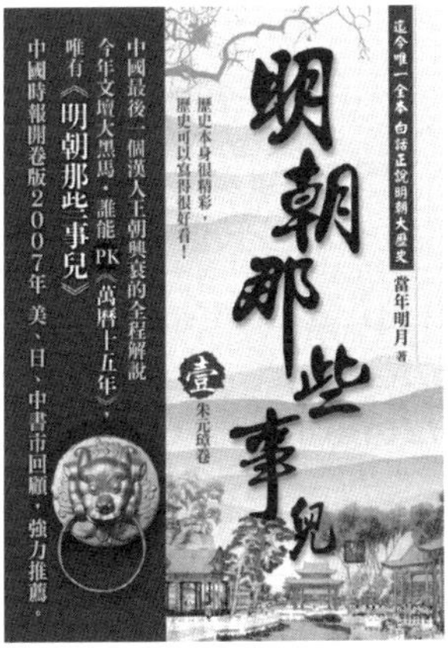

明朝那些事兒(壹)朱元璋卷

作　　者：當年明月　著

定　　價：250 元

從朱元璋的出身開始寫起，到永樂大帝奪位的靖難之役結束為止，敘述了明朝最艱苦卓絕的開國過程，朱元璋PK陳友諒，誰堪問鼎天下？戰太平、太湖大決戰。臥榻之側埋惡虎，鏟除張士誠。徐達、常遇春等名將乘勝逐北，大破北元。更有明朝最大的謎團-----永樂奪位，建文帝失蹤的靖難之役，高潮迭起，欲罷不能！

明朝那些事兒(貳)

作　　者：當年明月　著

定　　價：250 元

《明朝那些事兒》，在第一冊朱元璋卷中，我們一直談到朱棣在驚濤駭浪中，終於排除萬難登上皇帝的寶座，史稱「靖難之役」，第二冊一開始的主角就是朱棣，也就是中國史上赫赫有名的明成祖——永樂大帝。

朱棣登基，一個輝煌絢麗的王朝就此揭開序幕，五度揮軍北上遠征蒙古，派鄭和下西洋足跡遠達非洲東岸，南下平定安南；編撰一部光耀史冊，留芳千古的偉大書籍——《永樂大典》，文治武功達到顛峰，明帝國進入空前盛世，朱棣後來於北伐蒙古歸來途中病逝。

明朝在經歷了比較清明的「仁宣之治」後開始近入一個動盪的時期，大宦官王振把持朝政胡作非為，導致二十萬精兵命喪土木堡，幸虧一代忠臣于謙力挽狂瀾，挽救了明帝國，但隨即在兩位皇帝爭奪皇位的「奪門之變」中被害身亡。 這一連串的事件和人物都精彩無比，可說是高潮迭起，讓人目不暇接，欲罷不能。

大地叢書介紹

明朝那些事兒(參)

作　　者：當年明月 著

定　　價：250 元

《明朝那些事兒》第三部接續上篇，從明英宗朱祁鎮成功復辟的「奪門之變」後寫起，敘述了忠奸不分的朱祁鎮聽信讒言，殺害曾救其於危難之際的大功臣于謙，而這也成為他繼「土木堡之變」後在歷史上留下的另一大污點。而在他病逝後，相繼繼位的兩位皇帝，憲宗和孝宗，一個懦弱不堪無所作為，一個心有餘而力不足，撂下的這副重擔落在了明代三百年中最能鬧的一個皇帝——「朱厚照」身上，寵八虎、建豹房、自封威武大將軍，朝廷中充斥著一幕幕荒唐的鬧劇，局勢更是動盪不安，也就在這種情勢之下，一位亙古罕有的文武奇才，踏上了歷史舞台中央，一生傳奇的經歷就此開始，他的光芒將冠絕當代，映照千古，他就是——「王守仁」，清剿盜寇，平定叛王，勇鬥奸宦，給後人留下許多近乎神話的不朽傳奇。

同時，本書本書中仍然不乏大量描寫精彩的權謀之術，戰爭之術，詭詐之術，相信必能一如既往般深深吸引您的目光。

大地叢書介紹

書　　名：明朝那些事兒(肆)
作　　者：當年明月　著
定　　價：250 元

《明朝那些事兒》第四部，1521年正德皇帝朱厚照駕崩，無子嗣，兄終弟及，興獻王之子朱厚熜即位是為嘉靖皇帝，嘉靖皇帝借「議禮之爭」清除了一批前朝舊臣，總攬大權。此後他的生活日見腐化，一心想得道成仙，國家大事拋諸腦後，奸相嚴嵩因此得以長期把持朝政。同時大明王朝財政空虛，兵備廢弛，東南沿海的倭寇和北方的蒙古不時入侵成為明朝的心腹大患，抗倭名將戚繼光躍上歷史的舞台。本書主要講述嘉靖一朝，朝廷的權力鬥爭，和邊疆的抗倭戰爭，驚心動魄的歷史故事，波瀾壯闊的戰爭場面，值得您一讀再讀。

大地叢書介紹

書　　名：明朝那些事兒(五)
作　　者：當年明月　著
定　　價：280 元

《明朝那些事兒》第五冊內容包括兩大部分。第一部分是內爭。寫嚴嵩倒臺後徐階、高拱、張居正三個傑出的政治家各施手段，你方唱罷我登場。三人都是實幹家，為中興朝廷嘔心瀝血；同樣又都是陰謀家，剷除異己心狠手辣。而這兩點又均以張居正為最：一條鞭法和考成法的改革措施遺惠萬民、澤及百代；順我者昌，逆我者死，雖殺門生亦不眨眼。第二部分是外戰，亦即援朝抗日戰爭。從廟算到外交，從戰爭到和平，帷幄運籌神鬼莫測、驚心動魄。戰爭場面波瀾壯闊、殺聲震天。更描繪了一系列栩栩如生、呼之欲出的英雄人物，如「不世出之英雄」李如松，臨危受命、甘當大任的朝鮮名將李舜臣，誓死不退、以身殉國的老將鄧子龍等。本冊內爭部分寫盡爾虞我詐，波譎雲詭，讀來毛骨悚然；外戰部分極言金戈鐵馬，盪氣迴腸，讓你如臨其境。

大地叢書介紹

影響中國歷史的重大事件
以史為鑒，可以知興亡……
主編：孫鐵
定價：300元

在中國歷史之長河中，所發生的事件不勝枚舉，然而哪些事件真正影響了中國的進程與發展？本書是研究歷史的專家與學者，經過慎重篩選，列出了迄今對中國歷史有著決定性影響的重大事件。

書中對各重大事件的發生與後來的影響均有詳細解讀、深入剖析，旨在讓讀者從歷史的玄機中找到思考的方向與生存的智慧。

以史為鑒，可以知興亡，歷史如同人生，關鍵之處只有幾步，本書去繁就簡，意蘊深厚，一冊在手，受益終生。

影響世界歷史的重大事件
以史為鑒，可以知興亡……
主編：孫鐵
定價：300元

在世界歷史的長河中，所發生的事件不勝枚舉，然而哪些事件真正影響了世界的進程與發展？本書是研究歷史的專家與學者，經過慎重篩選，列出了迄今對世界歷史有著決定性影響的重大事件。

書中對各重大事件的發生與後來的影響均有詳細解讀、深入剖析，旨在讓讀者從歷史的玄機中找到思考的方向與生存的智慧。

以史為鑒，可以知興亡，歷史如同人生，關鍵之處只有幾步，本書去繁就簡，意蘊深厚，一冊在手，受益終生。

影響中國歷史的稅制變革／楊青平著. -- 一版.--
臺北市：大地, 2008.09
面：　公分. --（History：36）

ISBN 978-986-7480-93-4（平裝）
1. 稅制 2. 租稅改革 3. 歷史 4. 中國

567.092　　97015635

影響中國歷史的稅制變革

HISTORY 036

作　　者	楊青平
創 辦 人	姚宜瑛
發 行 人	吳錫清
主　　編	陳玟玟
出 版 者	大地出版社
社　　址	114台北市內湖區瑞光路358巷38弄36號4樓之2
劃撥帳號	50031946（戶名　大地出版社有限公司）
電　　話	02-26277749
傳　　真	02-26270895
E-mail	vastplai@ms45.hinet.net
網　　址	www.vasplain.com.tw
美術設計	普林特斯資訊股份有限公司
印 刷 者	普林特斯資訊股份有限公司
一版一刷	2008年9月

大地

定　　價：280元